अपराधचक्र

राम प्रताप सिंह

Copyright © Ram Pratap Singh
All Rights Reserved.

This book has been published with all efforts taken to make the material error-free after the consent of the author. However, the author and the publisher do not assume and hereby disclaim any liability to any party for any loss, damage, or disruption caused by errors or omissions, whether such errors or omissions result from negligence, accident, or any other cause.

While every effort has been made to avoid any mistake or omission, this publication is being sold on the condition and understanding that neither the author nor the publishers or printers would be liable in any manner to any person by reason of any mistake or omission in this publication or for any action taken or omitted to be taken or advice rendered or accepted on the basis of this work. For any defect in printing or binding the publishers will be liable only to replace the defective copy by another copy of this work then available.

धर्मो रक्षति रक्षितः अर्थात धर्म की रक्षा करने वाले की धर्म रक्षा करता है

न्याय में इतना विलंब नहीं होना चाहिए कि वह अन्याय लगने लगे

क्रम-सूची

प्रस्तावना ix

भूमिका xi

पावती (स्वीकृति) xiii

1. अपराध और न्याय 1

2. नूपुर शर्मा का मामला 15

3. मोपला -हिन्दू नरसंहार 49

4. 1984 का सिख विरोधी दंगा 62

5. कश्मीरी पंडितों का नरसंहार 70

6. गोधरा कांड 87

7. मशहूर ठग नटवर लाल 95

8. बिहार का चारा घोटाला 102

9. हरियाणा का शिक्षक भर्ती घोटाला 111

10. विजय माल्या का बैंक घोटाला 116

11. ए बी जी बैंक घोटाला 122

12. नेशनल हेराल्ड का मामला 127

13. हर्षद मेहता का शेयर घोटाला 135

14. माँ ने बेच डी बेटी की कोख 139

15. सोने की तस्करी 145

16. 30 किलो सोने की तस्करी 153

17. 26 साल बाद 163

18. किडनी रैकेट 165

19. बलात्कार के झूठे मामले 176

क्रम-सूची

20. बाल अपराध — 196

21. वेश्यावृती पेशा है — 206

लेखक की रचनाएं — 213

प्रस्तावना

"अपराधचक्र" का अर्थ है – देश के नियम और कानून के विपरीत कार्य करते हुए ऐसे भंवरजाल में फंस जाना जिसकी परिणति आर्थिक,मानसिक,शारीरिक और सामाजिक क्षति होती है |अपराधी को अंततः अपने गुनाहों की सजा देश के कानून के तहत भुगतनी पड़ती है | इसके बावजूद भी इंसान अपराध करने से बाज नहीं आता है | इसकी वजह है उसकी सोच | यह सोच उसके पालन पोषण ,शिक्षा-दीक्षा, माता-पिता के संस्कार, सामाजिक व आर्थिक स्थिति, देश, काल, और समाज के वातावरण के अनुसार बनती है |

जब भी कोई व्यक्ति सक्षम हो जाता है और परिस्थितियाँ उसके अनुकूल हो जाती हैं तो उसकी आपराधिक प्रवृति उसके कृत्यों से उभरकर सामने आने लगती है | वैसे तो इस विषय का दायरा बहुत व्यापक है पर हम यहाँ सिर्फ एक उदाहरण के तौर पर उन सत्तासीन नेताओं, अधिकारियों और कर्मचारियों का उदाहरण ले सकते हैं जो सत्ता प्राप्त होते ही सत्ता का दुरुपयोग करते हुए भ्रष्ट आचरण में लिप्त हो जाते हैं और तब शुरू होता है भ्रष्टाचार का अपराधचक्र |

यह एक ऐसी प्रक्रिया है जिसमें अपराधी एक बार फंस जाए तो उस दलदल से निकल पाना मुश्किल हो जाता है और वह धँसता ही चला जाता है | अंततः इसकी परिणति अपराधी को एक कष्टसाध्य न्यायिक प्रक्रिया से गुजरना पड़ता है और घोर मानसिक, शारीरिक, आर्थिक परेशानियों का सामना करना पड़ता है | साथ ही सामाजिक प्रतिष्ठा धूमिल हो जाती है और पारिवारिक जीवन तहस नहस हो जाता है | "अपराधचक्र" ऐसी ही कहानियों का संग्रह है |जो हमें जीवन में आपराधिक कृत्यों से बचने की सीख देता है |पढिए यह शानदार कहानी संग्रह – "अपराधचक्र"

भूमिका

मैं भारतीय सेना, मैकनाइज्ड इनफेन्ट्री रेजीमेंट व सीमा सुरक्षा बल में एक सैन्य अधिकारी था | 36 वर्षों की सेवा काल के दौरान मुझे भारत-पाकिस्तान व भारत -बांग्लादेश सीमा में कार्य करने का अनुभव प्राप्त हुआ | इसके अलावा मैंने MA (English Literature),LLB, LLM, PGDHR (Post Graduate Diploma in Human Right),MDBA(Master Diploma in Business Administration), DLL&LW (Diploma in Labour Laws & Labour Welfare) and Diploma in Cyber Laws का अध्ययन किया है | सैन्य सेवा से मुक्त होने के बाद मैं एक कंपनी में प्रशासनिक व सुरक्षा अधिकारी था | मैंने वकालत का पेशा भी अपनाया | अब मैं अपना पूरा समय पठन-पाठन व लेखन में देता हूँ | अपराधचक्र हिन्दी भाषा मे लिखा गया मेरा उन्नीसवाँ उपन्यास है |

जब मैं विद्यार्थी था तो एक बार मैंने अपने पिता से कहा,"बाबूजी, आपको जंगल की ठेकेदारी खुद लेना चाहिए | आपके साथ के लोग कब के ठेकेदार बन गए और आप अब तक मैनेजर ही हैं | आप कब तक ठेकेदारों के यहाँ मैनेजर रहेंगे ? बाबूजी का जवाब था, "मैं बेईमानी करके ठेकेदार नहीं बनना चाहता | बेईमानी की खीर-पूड़ी से भला सूखी रोटी अच्छी है"| बाबूजी की बातों मुझ पर गहरा प्रभाव पड़ा | कालांतर में जब मैं कॉलेज की पढ़ाई करके निकला तो लोगों ने कहा,"बिना अप्रोच के कोई सरकारी नौकरी मिलना मुश्किल है"| मेरी कोई अप्रोच नहीं थी और बाबूजी अप्रोच लगाने वाले नहीं थे | अब एक ही रास्ता था - ईमानदारी के रास्ते पर चलकर अपने बलबूते पर नौकरी की तलास की जाए | मुझे ऐसी नौकरी सेना ही नजर आई जहां मैं ईमानदारी से देश की सेवा कर सकता था | मैं सेना में भर्ती होने के लिए जी जान से जुट गया और तीसरे प्रयास में सेना में भर्ती हो गया | सेना का जीवन ईमानदारी से भरा था | वही ईमानदारी मेरे रग रग में बस गई | मैं अपने सभी कार्य पूरी ईमानदारी से करता रहा | मेरे इस स्वभाव से मुझे लोग "दस्तूरी" कह

कर ताने भी मारते थे पर मेरी तो ईमानदारी से नियमों का पालन करने की आदत सी पड़ गई थी |

जब मैं सेना की सेवा से निवृत होकर सिविल जिंदगी में आया तो देखा यहाँ चारो तरफ भ्रष्टाचार ही भ्रष्टाचार है | एक साल मैंने वकालत भी की |वहाँ भी देखा कि जज के सामने ही बाबू घूस ले रहा है और जज देख कर भी अनदेखा कर रहा है | मैंने अपने आप को वहाँ अनफिट पाया और वकालत का पेशा छोड़ दिया | समाज में फैला भ्रष्टाचार और फिर उससे निकला अपराध मुझे अंदर तक उद्वेलित करता रहा | तभी मुझे ऐसी कहानियों के संकलन का विचार आया |उसी सोच का परिणाम है – "अपराधचक्र" | यह एक छोटा सा प्रयास है | जीवन की कौन सी घटना आपको प्रेरणा देगी यह कहा नहीं जा सकता | हमें उन भ्रष्टाचारियों के जीवन से यह प्रेरणा मिलती है कि "सत्य एक 'डेबिट कार्ड' है, पहले कीमत चुकाएं और बाद में आनंद लें जबकि झूठ एक 'क्रेडिट कार्ड' है, पहले आनंद लें और बाद में कीमत चुकाएं"| भ्रष्टाचार वो कीमत है जो जीवन के संध्याकाल में भी चुकानी पड़ती है | मैंने सच्चाई के रास्ते पर चलकर पहले कीमत चुकाई है, अब जीवन का आनंद ले रहा हूँ | आप भी इस कहानी संग्रह को पढ़ें और जीवन का आनंद लें | कोई सुझाव हो तो संपर्क करें -rps1959@gmail.com Mobile No 91-7000153809.

पावती (स्वीकृति)

"आशा मैं तुम्हारा आभारी हूँ , तुमने मेरे जीवन के हर क्षण को आनंदमय बनाया "

1

अपराध और न्याय

अपराध क्या है?

समाज जिसमें व्यक्ति रहता है, मानवीयसमाज कहलाता है। मानवीय समाज में मानवीय नियम और कानूनसमाजव्यवस्था को चलाने के लिये अलग-अलग समाज के लिये बनाये जाते है। बने हुए सामाजिक नियमों को तोडने को अपराध की श्रेणी में गिना जाता है। सामाजिक नियमों में आर्थिक, राजनैतिक, धार्मिक और मानवीयरहन सहन के नियम, विभिन्न समय और सभ्यताओं के अनुसार प्रतिपादित किये जाते हैं।

अपराध जिस समय मानव समाज की रचना हुई अर्थात् मनुष्य ने अपना समाजिक संगठन प्रारंभ किया, उसी समय से उसने अपने संगठन की रक्षा के लिए नैतिक, सामाजिक नियम बनाए। उन नियमों का पालन मनुष्य का 'धर्म' बतलाया गया। किंतु, जिस समय से मानव समाज बना है, उसी समय से उन नियमों के विरुद्ध काम करनेवाले भी पैदा होते रहे है |

मनुष्य चेतनशील प्राणी है | उसके अंदर सोचने, कल्पना करने और उनको कार्य रूप में ढालने की अपार क्षमता है | इसी क्षमता का परिणाम है की वह रोज नए नए उपाय सोचता है | वो उपाय रचनात्मक भी होते हैं और विध्वंसात्मक भी होते हैं | वो देश के कानून के अनुकूल भी होते हैं और प्रतिकूल भी होते हैं | जो प्रतिकूल कार्य हैं वही अपराध की श्रेणी में

गिने जाते हैं | देखने में आता है की कोई एक कार्य किसी देश में अपराध है जबकि वही कार्य दूसरे देश में अपराध नहीं है | फिर भी कुछ अपराध ऐसे हैं जो सार्वभौम रूप से अपराध माने जाते हैं | जैसे चोरी करना, किसी की हत्या करना ,बलात्कार करना इत्यादि |

युगों से अपराध की व्याख्या करने का प्रयास हो रहा है पर इसकी व्याख्या करना कठिन है। पूर्वी तथा पश्चिमी देशों के प्रारंभिक विधानों के नैतिक, धार्मिक तथा सामाजिक नियमों का तोड़ना समान रूप से अपराध था। <u>सारजेंट सटीफन</u> ने लिखा है कि समुदाय का बहुमत जिसे सही बात समझे, उसके विपरीत काम करना अपराध है। <u>ब्लेकस्टन</u> कहते हैं कि समुचे समुदाय के प्रति कर्तव्य और अधिकारों का उल्लंघन अपराध हैं | आज के कानून में अपराध 'सार्वजनिक हानि' की वस्तु समझा जाता है।

दो सौ वर्ष पूर्व तक संसार के सभी देशों की यह निश्चित नीति थी कि जो समाज के आदेशों की अवहेलना करता था , उससे बदला लिया जाता था । इसीलिए अपराधी को घोर यातना दी जाती थी। जेलों में उसके साथ पशु से भी बुरा व्यवहार होता था। यह भावना अब बदल गई है। आज समाज की निश्चित धारणा है कि अपराध, शारीरिक तथा मानसिक दोनों प्रकार का रोग है, इसलिए अपराधी की चिकित्सा करनी चाहिए। उसे समाज में वापस करते समय शिष्ट, सभ्य, नैतिक नागरिक बनाकर वापस करना है। अतएव कारागार यातना के लिए नहीं, सुधार के लिए है।

यह तो स्पष्ट हो गया कि अपराध यदि नैतिक तथा सामाजिक आदेशों की अवज्ञा का नाम है तो इस शब्द का कोई निश्चित अर्थ नहीं बतलाया जा सकता।मनोवैज्ञानिक फ्रायड को मानने वाले विद्वान प्रत्येक अपराध को कामवासना का परिणाम बतलाते है तथा हीली जैसे शास्त्री उसे सामाजिक वातावरण का परिणाम कहते हैं, किंतु ये दोनों मत मान्य नहीं है। एक देश में एक ही प्रकार का धर्म नहीं है। हर एक में एक ही प्रकार का सामाजिक संगठन भी नहीं है, रहन सहन में भेद है, आचार विचार में भेद है, ऐसी स्थिति में एक देश का अपराध दूसरे देश में सर्वथा उचित हो सकता है। कहीं पर स्त्री को तलाक देना वैध बात है, कहीं

पर सर्वथा वर्जित है। कहीं पर संयुक्त परिवार के जीवन उचित है, कहीं पर पारिवाकि जीवन का कोई कानूनी नियम नहीं है। सन् 19460-47 में इंग्लैंड में चोरबाजारी करनेवालो को कड़ा दंड मिलता था, फ्रांस में उसे एक 'साधारण' बात समझा जाता था। कई देश धार्मिक रूप से किया गया विवाह ही वैध मानते है। पूर्वी यूरोप तथा अन्य अनेक साभ्यवादी देशों में धार्मिक प्रथा से किए गए विवाह का कोई कानूनी महत्व ही नहीं होता।

संयुक्त राष्ट्रसंघ ने भी अपराघ की व्याख्या करने की चेष्टा की है और उसने भी केवल 'असामाजिक' अथवा 'समाजविरोधी' कार्यों को अपराध स्वीकार किया है। पर इससे विश्वव्यापी नैतिक तथा अपराध संबंधी विधान नहीं बन सकता। मोटे तौर पर सच बोलना, चोरी न करना, दूसरे के धन या जीवन का अपहरण न करना, पिता, माता तथा गुरुजनों का आदर, कामवासना पर नियंत्रण, यही मौलिक नैतिकता है जिसका हर समाज में पालन होता है और जिसके विपरीत काम करना अपराध है।

फ्रांस की राज्यक्रांति ने 'मानव के अधिकार' की घोषणा की। अपराधी भी मनुष्य हैं। उसका भी कुछ नैसर्गिक अधिकार है। इसलिए अपराधी अपराध की व्याख्या चाहते है। इसकी सबसे स्पष्ट वयाख्या सन् 1934 के फ्रांसीसी दंडविधान ने की। अपराध वही है जिसे कानूनन मना किया गया हो। जिस चीज को तत्कालीन वातावरण में मना कर दिया गया है, उसी का नाम अपराध है। किंतु, कानूनन नाजायज काम करना ही अपराध नहीं रह गया है। डॉ॰ गुतनर ने जो बात उठाई थी वही आज हर एक न्यायालय के लिए महान् विषय बन गई है। वही अपराध है। यदि छत पर पतंग उड़ाते समय किसी लड़के के पैर से एक पत्थर नीचे सड़क पर आ जाए और किसी दूसरे के सिर पर गिरकर प्राण ले ले तो वह लड़का हत्या का अपराधी नहीं है। अतएव महत्व की वस्तु नीयत है। अपराध और उसके करने की नीयत-इन दोनों को मिला देने से ही वास्तविक न्याय हो सकता है।

किंतु समाजशास्त्र के पंडितों के सामने यह समस्या भी थी और है कि समाज की हानि करनेवाले के साथ व्यवहार कैसा हो। अफलातून का मत

था कि हानि पहुँचानेवाले की हानि करना अनुचित है। प्रसिद्ध समाज-शास्त्री जिविक ने स्पष्ट कहा था कि न्याय कभी नहीं चाहता कि भूल करनेवाले यानी अपराध करनेवाले को पीड़ा पहुँचाई जाए। लार्ड हाल्डेन ने भी अपराध का विचार न कर अपराधी व्यक्ति, उसकी समस्याएँ, उसके वातावरण पर विचार करने की सलाह दी है। ब्रिटेन के प्रसिद्ध राजनीतिज्ञ तथा कई बार प्रधान मंत्री बननेवाले विंस्टन चर्चिल का कथन है कि अपराध तथा अपराधी के प्रति जनता की कैसी भावना तथा दृष्टि है, उसी से उस देश की सभ्यता का वास्तविक अनुमान लग सकता है। ब्रिटिश कानून उसी काम को अपराध समझता है जो दुर्भावना , स्वेच्छा या धूर्ततापूर्वक किया, कराया, करने दिया या होने दिया गया हो।

नवीन औद्योगिक सभ्यता में अपराध का रूप तथा प्रकार भी बदल गया है। नए किस्म के अपराध होने लगे हैं जिनकी कल्पना करना कठिन है।इसलिए अपराध की पहचान अब इस समय यही है कि कानून ने जिस काम को मना किया है, वह अपराध है। जिसने मना किया हुआ काम किया है, वह अपराधी है। किंतु, अपराधी परिस्थिति का दास हो सकता है, विवश हो सकता है, इसलिए उसे पहचानने का प्रयत्न करना होगा। आज का अपराध शास्त्र इसमें विश्वास नहीं करता कि कोई पेट से सीखकर अपराधी बना है या कोई जानबूझ कर उसे अपना 'जीवन' बना रहा है। हर एक अपराध का तथा हर एक अपराधी का अध्ययन होना चाहिए। इसीलिए आज प्रत्येक अपराध तथा प्रत्येक अपराधी व्यक्तिगत अध्ययन, व्यक्तिगत निदान तथा व्यक्तिगत चिकित्सा का विषय बन गया है।

आधुनिक मनोविश्लेषण

मनोविज्ञान अपराध को मनुष्य की मानसिक उलझनों का परिणाम मानता है। जिस व्यक्ति का बाल्यकाल प्रेम और प्रोत्साहन के वातावरण में नहीं बीतता उसके मन में अनेक प्रकार की हीनता की मानसिक ग्रंथियाँ बन जाती हैं। इन ग्रंथियों में उसके मन में उसकी बहुत सी मानसिक शक्ति संचित रहती है। डॉ. अलफ्रेड एडलर का कथन है कि जिस व्यक्ति के मन में हीनता की मानसिक ग्रंथियाँ रहती हैं वह

अनिवार्य रूप से अनेक प्रकार के अपराध करता है। यह अपराध वह इसलिए करता है कि स्वयं को वह दूसरे लोगों से अधिक बलवान सिद्ध कर सके। हीनता की ग्रंथि जिस व्यक्ति में मन में रहती है वह सदा भीतरी मानसिक असंतोष की स्थिति में रहता है। वह हमेशा ऐसे कामों में अपनेआप को लगाए रहता है जिससे सभी लोग उसकी ओर देखें और उसकी प्रशंसा करे। हीनता की मानसिक ग्रंथि मनुष्य को ऐसे कामों में लगाती है जिनके करने से मनुष्य को अनेक प्रकार की निंदा सुननी पड़ती है। ऐसा व्यक्ति स्वयं को सदा चर्चा का विषय बनाए रखना चाहता है। यदि उसके भले कामों के लिए चर्चा नहीं हुई तो बुरे कामों के लिए ही हो। उसकी मानसिक ग्रंथि उसे शांत मन से रहने नहीं देती। वह उसे सदा विशेष काम करने के लिए प्रेरणा देती रहती है। यदि ऐसे व्यक्ति को दंडित किया जाए तो इससे उसका सुधार नहीं होता, अपितु इससे उसकी मानसिक ग्रंथि और भी जटिल हो जाती है। ऐसे अपराधी के उपचार के लिए मानसिक चिकित्सक की आवश्यकता होती है।

आधुनिक मनोविज्ञान ने हमें बताया है कि समाज में अपराध को कम करने के लिए दंडविधान को कड़ा करना पर्याप्त नहीं है। इसके लिए समाज में सुशिक्षा की आवश्यकता होती है। जब मनुष्य की कोई प्रवृत्ति बचपन से ही प्रबल हो जाती है तो आगे चलकर वह विशेष तरह के कार्यों में परिलक्षित होती है। ये कार्य समाज के लिए हितकर होते हैं अथवा समाजविरोधी होते है। समाजविरोधी कार्य करने वाले व्यक्ति के प्रति हमें उचित दृष्टिकोण रखना होगा। जिस बालक को बड़े लाड़ प्यार से रखा जाता है और उसे सभी प्रकार के कार्यों को करने के लिए छूट दे दी जाती है, उसमें दूसरों के सुख के लिए अपने सुख को त्यागने की प्रवृत्ति नहीं होती। ऐसे व्यक्ति की सामाजिक भावनाएँ अविकसित रह जाती है। इसके कारण वह न तो सामाजिक दृष्टि से भले बुरे का विचार कर सकता है ओर न बुरे कामों से स्वयं को रोकने की क्षमता प्राप्त कर पाता है। बालक के माता-पिता और आसपास का वातावरण तथा पाठशालाएँ इसमें महत्वपूर्ण प्रभाव डालती हैं। उचित शिक्षा का एक उद्देश्य यही है कि बालक के अंदर आत्म संयम की क्षमता विकसित हो जाए। जिस व्यक्ति में आत्मनियंत्रण की स्थिति जितनी अधिक रहती

है वह अपराध उतना ही कम करता है |

समाज में बहुत से लोग अपने विवेक से प्रतिकूल अपराध करते हैं। इसका कारण क्या है? आधुनिक मनोविज्ञान की खोजों के अनुसार ऐसे लोगों का बाल्यकाल ठीक से व्यतीत नहीं हुआ होता। ये लोग बुद्धि में तो जन्म से ही प्रवीण थे अतएव ये अनेक प्रकार के विचारों को जान सके। परंतु उनके मन में बचपन में ही ऐसे स्थायी भाव नहीं बने जिससे वे स्वयं को अनुचित कार्य करने से रोक सकें। ये स्थायी भाव जब तक मनुष्य के स्वभाव के अंग नहीं बन जाते तब तक वे मनुष्य को दुराचार से रोकने की क्षमता नहीं देते। ऐसे विद्वान् लोग अपराध करते हैं और उनके लिए स्वयं को कोसते भी हैं। इससे वे अपनी मानसिक उलझनें बढ़ा लेते हैं। कभी कभी वे अपने अनुचित कार्यों की नैतिकता सिद्ध करने में अपनी विद्वता का उपयोग कर डालते हैं। इनका सुधार सामान्य दंडविधान से नहीं हो पाता। वे इनसे बचने के अनेक उपाय रच लेते हैं। ऐसे लोगों को सुधारने के लिए आवश्यक है कि शिक्षा का ध्येय आजीविका कमाना अथवा व्यवहारकुशलता प्राप्त कर लेना न होकर मानव व्यक्तित्व का संपूर्ण विकास अर्थात् बौद्धिक और भावनात्मक विकास हो। जब मनुष्य दूसरों के हित में अपना हित देखने लगता है और इस विचार के अनुसार आचरण करने की क्षमता प्राप्त कर लेता है तभी वह समाज का सुयोग्य नागरिक होता है। ऐसा व्यक्ति जब कुछ करता है, वह समाज के हित के लिए ही होता है।

अपराध एक प्रकार की सामाजिक विषमता है। यह व्यक्तिगत मानसिक विषमता का परिणाम है। इस प्रकार की विषमता का प्रारंभ बाल्य काल में ही हो जाता है। इसके सुधार के लिए प्रारंभ में आदत डालनी पड़ती है कि वह दूसरों के सुख में निज सुख का अनुभव करे। वह ऐसे काम करे जिससे सभी का हित हो और सब उसकी प्रशंसा करें।

अपराध विषयक हिन्दू मान्यता

हिंदू धर्मशास्त्रों के अनुसार सामान्यतया चलित धर्मशास्त्र के नियम, सामाजिक नियम और राजनियम के विरूद्ध आचरण करना ही अपराध हैं। हिंदू धर्मशास्त्रों का विचार क्षेत्र बहुत व्यापक हे जिसके अंतर्गत आर्थिक, राजनीतिक, सामाजिक आदि सभी प्रकार के नियमों

के उल्लंघन का विचार मिलता हैं। इसी के अनुसार हिंदू धर्मशास्त्रों में सामान्य रूप से 32 प्रकार के अपराध बताए गए हैं। इनकी संख्या और अधिक भी हो सकती हैं क्योंकि देश, काल और समाज की भिन्नता के अनुसार इन अपराधों के स्वरूप में भी भिन्नता मिलती हैं। इसलिए भिन्न-भिन्न प्रकार के विचार व्यक्त करते दिखाई पड़ते हैं। हिंदू धर्मशास्त्र अथवा स्मृतिग्रंथ अपराधों और उनके दंड के संबंध में भिन्न-भिन्न प्रकार के विचार व्यक्त करते दिखाई पड़ते हैं। हिंदू धर्मशास्त्र के अंतर्गत अपराध के स्वरूप पर विचार करने के लिए मनु, याज्ञवल्क्य, पराशर, नारद, बृहस्पति, कात्यायन आदि के लेखों को प्रमाण माना जाता हैं।

भारतीय दंड संहिता की धारा 511 के तहत अपराध करने का प्रयास

कानून न केवल अपराधों के लिए आर्थिक दंड का प्रावधान करते हैं बल्कि ऐसे गलत कामों के खिलाफ भी कार्रवाई करते हैं जो समाज के लिए हानिकारक हैं। प्रयास का क्या अर्थ है?

इस प्रयास को भारतीय दंड संहिता में परिभाषित नहीं किया गया है। IPC की धारा 511 केवल अपराध का प्रयास करने की सजा से संबंधित है। प्रयास को प्रारंभिक अपराध के रूप में भी जाना जाता है क्योंकि यह कुछ ऐसा है जो अभी तक पूरा नहीं हुआ है।

यदि हम 'प्रयास' और 'तैयारी' के बीच अंतर के बारे में बात करते हैं, तो तैयारी और प्रयास के बीच एक बहुत पतली रेखा है। तैयारी और प्रयास दो अलग-अलग चीजें हैं जो एक अपराध के कमीशन में आवश्यक हैं। 'तैयारी' का अर्थ है किसी भी अपराध को करने के लिए साधनों की व्यवस्था करना, जबकि प्रयास 'एक ऐसा चरण है जो तैयारी के बाद आता है जिसमें व्यक्ति तैयारी के बाद अपराध का प्रयास करता है।

अपराध के चरण

आपराधिक कानून शब्द का तात्पर्य मूल आपराधिक कानूनों से है। यह अपराध और सजा को परिभाषित करता है जो पहले से तय है। इसके विपरीत, आपराधिक प्रक्रिया उस प्रक्रिया को परिभाषित करती है जिसके माध्यम से अदालतें आपराधिक कानून लागू कर सकती हैं। उदाहरण के लिए, जो कानून हत्या पर रोक लगाता है वह एक महत्वपूर्ण

आपराधिक कानून है। आइए हम अपराध के विभिन्न चरणों पर चर्चा करें।

इरादा (Intention or mens rea)

यह किसी भी अपराध का पहला चरण है और इसे मानसिक और मनोवैज्ञानिक चरण भी कहा जाता है। किसी के इरादे को साबित करना बहुत मुश्किल है, सिर्फ इरादे होने से अपराध नहीं होगा। कोई भी व्यक्ति तब तक निर्दोष माना जाता है जब तक कि न्यायालय में दोषी साबित न हो जाए। यह अवस्था तब होती है जब अपराधी पहली बार अपराध करने के विचार या इरादे को ध्यान में रखता है तो कानून किसी भी गैरकानूनी कार्य को करने के सिर्फ इरादे के लिए किसी व्यक्ति को दंडित नहीं कर सकता है।

तैयारी (Preparation)

अपराध करने के लिए तैयारी दूसरा चरण है। इसमें उन सभी आवश्यक संसाधनों की व्यवस्था की जाती है जो जानबूझकर आपराधिक कृत्य के निष्पादन के लिए आवश्यक हैं। इरादा और तैयारी अपराध का गठन करने के लिए पर्याप्त नहीं है। यह दंडनीय नहीं है क्योंकि यह साबित करना मुश्किल है। कई मामलों में, अभियोजन यह साबित करने में विफल रहता है कि तैयारी किसी विशेष अपराध के निष्पादन के लिए है या नहीं।

प्रयास (Attempt)

तीसरा चरण वह है जब वह अपराध करने का प्रयास करता है। यदि तीसरा चरण सफल होता है तो अंत में अपराध का वास्तविक कमीशन होता है। एक योजना की तैयारी के बाद अपराध के निष्पादन की दिशा में एक प्रयास है। अपराध करने का एक मात्र इरादा दंडनीय नहीं है। इसी तरह, कुछ शर्तों को छोड़कर, केवल तैयारी को कानून द्वारा दंडनीय नहीं बनाया गया है। इसके अलावा, एक व्यक्ति अपराध करने का प्रयास करने के लिए दोषी है, भले ही तथ्य ऐसे हों कि अपराधों का निष्पादन असंभव हो।

सिद्धि (Accomplishment)

सिद्धि अपराध के संकलन में अंतिम चरण है। इसे एक सफल समापन माना जाता है। यदि अभियुक्त अपराध करने के अपने प्रयास में सफल हो जाता है, तो वह पूर्ण अपराध का दोषी होगा। इसके अलावा, अगर उसका प्रयास असफल रहा तो वह अपने प्रयास का दोषी होगा।

क्या एक प्रयास अपराध है?

एक प्रयास आवश्यक रूप से अपराध नहीं है, यह तब होता है जब एक प्रयास उस बिंदु तक पहुंच जाता है जिस पर अपराध के कमीशन की ओर एक कार्य किया जाता है। इसलिए, अपराध का कोई भी प्रयास अपराध की तैयारी के बाद होता है और अपराधी अपराध करने के इरादे से कुछ करना शुरू कर देता है।

उदाहरण:

1. 'A' की योजना बैंक में डकैती करने की है | वह बैंक में जाता है | वहाँ एक आदमी को मुश्किल मे पड़ा देख वह अपराध पर ध्यान केंद्रित करने के बजाय उस आदमी की मदद करने लगता है । तो इस मामले में, व्यक्ति को एक प्रयास के तहत दोषी नहीं ठहराया जाता है क्योंकि वह अपराध के सभी तत्वों को पूरा नहीं कर रहा है।

2. 'A' नकली मुद्रा नोटों को चलाने की योजना बना रहा है, लेकिन वह ऐसा प्रयास नहीं करता है वह प्रयास का दोषी नहीं है, हालांकि वह नकली नोट रखने का दोषी हो सकता है। यदि वह बाजार में जाता है और नकली नोट को इरादे से दुकानदार को सौंपता है, तो वह धारा 511 के तहत एक प्रयास का दोषी है। यदि वह अनजाने में उस नकली मुद्रा को इस्तेमाल करता है, तो वह अपराध के लिए दोषी नहीं हो सकता है|

न्याय क्या है ?

विधि शास्त्र के अनुसार 'न्याय' शब्द अंग्रेजी के Justice शब्द और लैटिन भाषा के Jus'से बना है। जिसका अर्थ होता है। 'बाँधना' या 'जोड़ना' । इस प्रकार न्याय का व्यवस्था से स्वाभाविक सम्बन्ध है । यह कहा जा सकता है कि न्याय उस व्यवस्था का नाम है जो व्यक्तियों

समुदायों तथा समूहों को एक सूत्र में बाँधती है। किसी व्यवस्था को बनाए रखना ही न्याय है। क्योंकि कोई भी व्यवस्था किन्हीं तत्त्वों को एक-दूसरे के साथ जोड़ने के बाद ही बनती है।रफल के अनुसार-"न्याय उस व्यवस्था का नाम है जिसके द्वारा व्यक्तिगत अधिकार की रक्षा होती है। तथा समाज की मर्यादा भी बनी रहती है।"

कानून का एकमात्र लक्ष्य न्याय की व्यवस्था करना है। अतः न्याय का लक्ष्य है, और कानून का साधन है। न्याय प्रशासन के लिए कुछ कठोर नियमों का होना आवश्यक है। यदि वहां ऐसा अभाव है ,तो निश्चित नियमों की अनुपस्थिति में सद्बुद्धि , विवेक और प्राकृतिक न्याय का सहारा लेना पड़ता है।

सांविधानिक दायित्वों को पूरा करने के लिए हमारे देश को इस क्षेत्र में साफ और प्रभावी सुधार की आवश्यकता है। यह आवश्यक है कि न्याय और कानून के संदर्भ में जनता के विश्वास को न सिर्फ बचाया जाए बल्कि उसे बढ़ाया भी जाए । न्याय व्यवस्था का मुख्य काम सिर्फ विवादों को सुलझाना नहीं होता बल्कि न्याय की रक्षा करना भी होता है। न्याय व्यवस्था कितनी प्रभावी है इसका आकलन इसी आधार पर होता है कि वह किस हद तक न्याय की रक्षा करता है|

आधुनिक भारत का न्याय-प्रशासनः आम कानून (कॉमन लॉ) पर आधारित प्रणाली है। यह प्रणाली अंग्रेजों ने औपनिवेशिक समय में बनाई थी। इस प्रणाली को 'आम कानून व्यवस्था' के नाम से जाना जाता है जिसमें न्यायाधीश अपने फैसलों, आदेशों और निर्णयों से कानून का विकास करते हैं।

15 अगस्त 1947 को स्वतंत्र होने के बाद 26 जनवरी 1950 से भारतीय संविधान लागू हुआ। इस संविधान के माध्यम से ब्रिटिश न्यायिक समिति के स्थान पर नयी न्यायिक संरचना का गठन हुआ था। इसके अनुसार, भारत में कई स्तर के तथा विभिन्न प्रकार के न्यायालय हैं। भारत का शीर्ष न्यायालय नई दिल्ली स्थित सर्वोच्च न्यायालय है जिसके मुख्य न्यायधीश की नियुक्ति भारत के राष्ट्रपति के द्वारा की जाती है। नीचे विभिन्न राज्यों में उच्च न्यायालय हैं। उच्च न्यायालय के नीचे जिला न्यायालय और उसके अधीनस्थ न्यायालय हैं जिन्हें

'निचली अदालत' कहा जाता है।

सर्वोच्च न्यायालय

भारत की स्वतंत्र न्यायपालिका का शीर्ष सर्वोच्च न्यायालय है, जिसका प्रधान प्रधान न्यायाधीश होता है। सर्वोच्च न्यायालय को अपने नये मामलों तथा उच्च न्यायालयों के विवादों, दोनो को देखने का अधिकार है। भारत में 25 उच्च न्यायालय हैं, जिनके अधिकार और उत्तरदायित्व सर्वोच्च न्यायालय की अपेक्षा सीमित हैं। न्यायपालिका और व्यवस्थापिका के परस्पर मतभेद या विवाद का सुलह राष्ट्रपति करता है।

उच्च न्यायालय

उच्च न्यायालय राज्य के न्यायिक प्रशासन का एक प्रमुख होता है। भारत में 25 उच्च न्यायालय हैं जिनमें से तीन के कार्यक्षेत्र एक राज्य से ज्यादा हैं। दिल्ली एकमात्र ऐसा केंद्रशासित प्रदेश है जिसके पास उच्च न्यायालय है। अन्य सात केंद्र शासित प्रदेश विभिन्न राज्यों के उच्च न्यायालयों के तहत आते हैं। हर उच्च न्यायालय में एक मुख्य न्यायाधीश और कई न्यायाधीश होते हैं। उच्च न्यायालय के मुख्य न्यायाधीश की नियुक्ति भारत के मुख्य न्यायाधीश और संबंधित राज्य के राज्यपाल की सलाह पर राष्ट्रपति द्वारा की जाती है। उच्च न्यायालयों के अन्य न्यायाधीशों की नियुक्त प्रक्रिया वही है सिवा इस बात के कि न्यायाधीशों के नियुक्ति की सिफारिश संबद्ध उच्च न्यायालय के मुख्य न्यायाधीश करते हैं। उच्च न्यायालयों के न्यायधीश 62 वर्ष की उम्र तक अपने पद पर रहते हैं। न्यायाधीश बनने की अर्हता यह है कि उसे भारत का नागरिक होना चाहिए, देश में किसी न्यायिक पद पर दस वर्ष का अनुभव होना चाहिए या वह किसी उच्च न्यायालय या इस श्रेणी की दो अदालतों में इतने समय तक वकील के रूप में प्रैक्टिस कर चुका हो।

प्रत्येक उच्च न्यायालय को मौलिक अधिकारों की रक्षा करने के लिए या किसी अन्य उद्देश्य से अपने कार्यक्षेत्र के अंतर्गत किसी व्यक्ति या किसी प्राधिकार या सरकार के लिए निर्देश, आदेश या रिट जारी करने का अधिकार है। यह रिट बंदी प्रत्यक्षीकरण , परमादेश , निषेध , अधिकार

पृच्छा और उत्प्रेषण के रूप में भी हो सकता है। कोई भी उच्च न्यायालय अपने इस अधिकार का उपयोग उस मामले या घटना में भी कर सकता है जो उसके कार्यक्षेत्र में घटित हुई हो, लेकिन उसमें संलिप्त व्यक्ति या सरकारी प्राधिकरण उस क्षेत्र के बाहर के हों। प्रत्येक उच्च न्यायालय को अपने कार्यक्षेत्र की सभी अधीनस्थ अदालतों के अधीक्षण का अधिकार है। यह अधीनस्थ अदालतों से जवाब तलब कर सकता है और सामान्य कानून बनाने तथा अदालती कार्यवाही के लिए प्रारूप तय करने और मुकदमों और लेखा प्रविष्टियों के तौर-तरीके के बारे में निर्देश जारी कर सकता है।

अधीनस्थ न्यायालय या निचली अदालतें :देश भर में निचली अदालतों का कामकाज और उसका ढांचा लगभग एक जैसा है। इन अदालतों का दर्जा इनके कामकाज को निर्धारत करता है। ये अदालतें अपने अधिकारों के आधार पर सभी प्रकार के दीवानी और आपराधिक मामलों का निपटारा करती हैं। ये अदालतें नागरिक प्रक्रिया संहिता 1908 और अपराध प्रक्रिया संहिता 1973 के आधार पर कार्य करती है। अदालतों को इन संहिताओं में उल्लिखित प्रक्रियाओं के आधार पर निर्णय लेना होता है। इन्हें स्थानीय कानूनों का भी ध्यान रखना होता है।

ऑल इंडिया जजेस एसोसिएशन के मामले डब्ल्यू.पी (सिविल) 1022/1989 में उच्चतम न्यायालय द्वारा किए गए निर्देश के अनुसार देश भर में निचली अदालतों में न्यायिक अधिकारियों के पदों में एकरूपता रखी गई है। सी आर.पी सी के तहत, दीवानी मामलों के लिए जिला एवं अतिरिक्त जिला न्यायाधीश, सिविल जज (सीनियर डिविजन) और सिविल जज (जूनियर डिविजन) होते हैं जबकि आपराधिक मामलों के लिए सत्र न्यायाधीश, अतिरिक्त सत्र न्यायाधीश, मुख्य न्यायिक मजिस्ट्रेट, न्यायिक मजिस्ट्रेट आदि होते हैं। अगर आवश्यक हो तो सभी राज्य सरकारों/केंद्र शासित प्रदेशों के प्रशासन इन श्रेणियों के समान श्रेणियों के माध्यम से वर्तमान पदों में कोई उपयुक्त नियोजन कर सकते हैं।

भारत के संविधान के अनुच्छेद 235 के अनुसार, अधीनस्थ न्यायिक सेवाओं के सदस्यों पर प्रशासनिक नियंत्रण उच्च न्यायालय के क्षेत्राधिकार में आता है। अनुच्छेद 233 और 234 के साथ अनुच्छेद 309 के प्रावधानों के तहत, प्रदत अधिकारों के संदर्भ में, राज्य सरकारें उच्च न्यायालय के साथ परामर्श के बाद इन राज्यों के लिए नियम और विनियम बनाएंगी। राज्य न्यायिक सेवाओं के सदस्य इन नियमों और विनियमों द्वारा शासित होंगे। इस स्तर पर सिविल आपराधिक मामलों की सुनवाई अलग अलग होती है इस स्तर पर सिविल तथा सेशन कोर्ट अलग अलग होते है इस स्तर के जज सामान्य भर्ती परीक्षा के आधार पर भर्ती होते है उनकी नियुक्ति राज्यपाल राज्य मुख्य न्यायाधीश की सलाह पर करता है।

फास्ट ट्रेक कोर्ट – ये अतिरिक्त सत्र न्यायालय है इनका गठन दीर्घावधि से लंबित अपराध तथा अंडर ट्रायल वादों के तीव्रता से निपटारे हेतु किया गया है |ये अतिरिक्त सत्र न्यायालय है इनका गठन दीर्घावधि से लंबित अपराध तथा अंडर ट्रायल वादों के तीव्रता से निपटारे हेतु किया गया है |इसके पीछे कारण यह था कि वाद लम्बा चलने से न्याय की क्षति होती है तथा न्याय की निरोधक शक्ति कम पड जाती है जेल में भीड बढ़ जाती है |10 वें वित्त आयोग की सलाह पर केंद्र सरकार ने राज्य सरकारों को 1 अप्रैल 2001 से 1734 फास्ट ट्रेक कोर्ट गठित करने का आदेश दिया | अतिरिक्त सेशन जज या उंचे पद से सेवानिवृत जज इस प्रकार की अदालतों में जज होते हैं इस प्रकार की अदालतों में वाद लंबित करना संभव नहीं होता है हर वाद को निर्धारित समय में निपटाना होता है |

ट्रिब्यूनल

सामान्य तौर पर ट्रिब्यूनल एक व्यक्ति या संस्था को कहा जाता है, जिसके पास न्यायिक काम करने का अधिकार हो चाहे फिर उसे शीर्षक में ट्रिब्यूनल ना भी कहा जाए। उदाहरण के लिए, एक न्यायाधीश वाली अदालत में भी हाजिर होने पर वकील उस जज को ट्रिब्यूनल ही कहेगा। ट्रिब्यूनल का गठन सरकार की अधिसूचना के अनुसार होता है |

लोक अदालत

लोक अदालतें नियमित कोर्ट से अलग होती हैं। पदेन या सेवानिवृत जज तथा दो सदस्य एक सामाजिक कार्यकता, एक वकील इसके सदस्य होते है सुनवाई केवल तभी करती है जब दोनों पक्ष इसकी स्वीकृति देते हों। ये बीमा दावों क्षतिपूर्ति के रूप वाले वादों को निपटा देती हैं | इनके पास वैधानिक दर्जा होता है पर वकील पक्ष प्रस्तुत नहीं करते हैं | यह मामलों को आपसी सहमति से निपटाने की व्यवस्था है|

2

नूपुर शर्मा का मामला

27 मई 2022 का है ये मामला | 'टाइम्स नाऊ' की एक डिबेट में हिस्सा लेने वाले एक मुस्लिम ने हिन्दू धर्म के बारे में अपमानजनक टिप्पणी की थी |भाजपा की पूर्व प्रवक्ता नुपूर शर्मा ने उसी लहजे में उसका जवाब दिया | हालांकि उनके द्वारा कही गई बाते पैगंबर मुहम्मद के खिलाफ सत प्रतिशत सत्य थी परंतु मुस्लिम समुदाय ने इसे पैगंबर मुहम्मद का अपमान माना और उन्हे जान से मारने की धमकियाँ देने लगे |

उनके विरुद्ध 'ऑल्ट न्यूज' के सह-संस्थापक मोहम्मद जुबैर जैसे भारतीय मुसलमानों ने स्थिति को भड़काया और देखते ही देखते वह पैगंबर का अपमान करने वाली घोषित कर दी गई। इसके बाद अब तमाम इस्लामी संगठन और तालिबान-अलकायदा जैसे आतंकी नुपूर के सिर काटने की माँग करने लगे । वहीं भारत के कुछ इस्लामी संगठन सामने आए और इस्लाम के खिलाफ बोलने वालों को दंड देने के लिए विशेष कानून बनाने की माँग करने लगे ।

उत्तर प्रदेश के दारुल उलूम ने मांग की है कि नुपूर शर्मा को दंड दिया जाए। उनका कहना है कि जो कोई इस्लाम के प्रतीकों पर आपत्तिजनक टिप्पणी करके देश में नफरत फैलाने की कोशिश करे उन पर सख्ती से कार्रवाई हो।

अब ये बयान तो ऐसा है कि किसी भी इस्लामी संगठनों से इसकी अपेक्षा की जा सकती है लेकिन दारुल देवबंद के मौलाना मुफ्ती ने कहा है कि वो ऐसा कानून चाहते हैं जिसमें इस्लाम का अपमान करने वालों को सजा दी जाए।

कथित तौर पर मौलाना ने कहा, "मैं हमारे प्रिय पैगंबर पर आपत्तिजनक टिप्पणी की कड़ी निंदा करता हूँ। किसी भी धर्म के अनुयायियों की मजहबी भावनाओं को अभिव्यक्ति की आजादी के नाम पर नहीं आहत किया जा सकता। पैगंबर का अपमान मुस्लिम नहीं सहेंगे।" अपने बयान में उन्होंने कहा कि भारत सरकार को ऐसा विशेष कानून लाना चाहिए जो उन लोगों को सजा दे जो मुस्लिमों के प्रतीकों को निशाना बनाते हों"

मौलाना ने सामाजिक सौहार्दता पर बात करते हुए कहा कि भारत के मुसलमानों को एक विशेष कानून की जरूरत है। उनके मुताबिक, "भारत एक सेकुलर देश है और लोग यहाँ साथ में सदियों से रह रहे हैं। ऐसे में सांप्रदायिक और चरमपंथी न केवल देश की शांति को बिगाड़ रहे हैं बल्कि देश के धर्मनिरपेक्ष ताने-बाने को भी छेड़ रहे हैं।"

हर बार दोहराए जाने वाले हुए उसी एक पैटर्न के बावजूद 'विशेष कानून की माँग' केवल ये है कि मुस्लिम समुदाय की भावनाओं की रक्षा हो सके। कट्टरपंथियों की हिंसा के लिए पीड़ित को दोष देते हुए मौलाना मुफ्ती अब्दुल कासिम ने विशेष कानून को लाने की माँग की है ताकि उन लोगों को सजा हो सके जो मुस्लिमों के प्रतीकों का अपमान करते हैं, उनकी भावनाओं को आहत करते हैं। यही माँग अन्य संगठनों से भी आई है। यहाँ तक बॉलीवुड अभिनेता नसीरुद्दीन शाह तक ने ये कह दिया कि इस्लामी राज्यों में ईशनिंदा करने पर मौत की सजा मिलती है लेकिन भारत में कोई कार्रवाई तक नहीं हुई। भले ही शाह के इस बयान में प्रत्यक्ष रूप से विशेष कानून या मौत की माँग नहीं की गई लेकिन उनकी भावनाएँ साफ थीं कि आज का मुसलमान तभी ज्यादा खुश हो पाएगा जब देश में अलग से सख्त कानून आएगा जो मुस्लिमों की भावना आहत करने वालों को सजा देगा।

शायद किसी को ये विशेष कानून की माँग गैर-हानिकारक और गैर-जरूरी लग सकती है जिस पर शायद अभी हम ध्यान न दें। लेकिन इस दौरान ये पता होना चाहिए कि ये जो भी हो रहा है वह उन्हीं घटनाओं की पुनरावृत्ति है जिसके कारण भारत टूटा।

****

यहाँ सन 1923 की घटना का उल्लेख करना आवश्यक है | इस संदर्भ में महाशय राजपाल को याद करना जरूरी है। उन्होंने 'रंगीला रसूल' नाम से किताब छापी थी और अंत में इसके लिए वो मार दिए गए थे। हमने ज्यादातर इस किताब को लेकर बस यही सुना कि चूँकि महाशय राजपाल ने पैगंबर मोहम्मद पर 'रंगीला रसूल' नाम से व्यंग्य प्रकाशित किया था, इसलिए उन्हें मार दिया गया। लेकिन हम ये नहीं जानते कि उन्होंने ऐसा क्यों किया था। दरअसल 1923 में मुस्लिमों ने दो किताब प्रकाशित की थी। एक का नाम था- कृष्णा तेरी गीता जलानी पड़ेगी। इसमें उन्होंने भगवान श्रीकृष्ण को लेकर अभद्र और अश्लील टिप्पणियाँ की थी। इसके बाद अगली किताब थी- उन्नीसवीं सदी का महर्षि। ये किताब आर्य समाज के संस्थापक स्वामी दयानंद सरस्वती पर अभद्र टिप्पणी करते हुए लिखी गई थी।

इस्लामी कट्टरपंथियों द्वारा लिखी गई इन्हीं किताबों के बदले पंडित चामूपति लाल जो कि महाशय राजपाल के अच्छे दोस्त थे उन्होंने पैगंबर मोहम्मद पर एक व्यंग लिखा और राजपाल से यह वादा लिया कि वो कभी भी इस किताब के लेखक यानी कि उनका नाम किसी को नहीं बताएँगे। शायद वह परिणाम जानते थे। किताब बिना किसी नाम के प्रकाशित की गई। लेखक के नाम की जगह लिखा गया- "दूध का दूध, पानी का पानी।"

इस किताब के प्रकाशित होने के बाद मुस्लिम समुदाय भड़क उठा। मोहनदास करमचंद गाँधी ने अपनी 'यंग इंडिया' में एक तरफा भाईचारे को दर्शाते हुए इस किताब की निंदा की और इस बात को एक सिरे से नजरअंदाज किया गया कि कैसे पहले मुस्लिमों ने हिंदुओं को भड़काया। 1924 में ब्रिटिशों ने इस किताब को बैन कर दिया। किताब के खिलाफ आईपीसी की धारा 153 ए के तहत तमाम केस दर्ज हुए। 1927 में

महाशय राजपाल को ये सबूत देख छोड़ दिया गया कि किताब में जो लिखा था वो सब तथ्यों पर आधारित था, इसलिए ये नहीं कह सकते कि इसने दो गुटों में नफरत बढ़ाई। जब इस किताब को लेकर फैसला कोर्ट ने सुनाया तो मुस्लिम भीड़ तिलमिला गई। उन्होंने दंगे शुरू कर दिए और महाशय राजपाल का सिर तन से जुदा करने की माँग उठाई। नारों में बताया गया कि कैसे महाशय राजपाल की हत्या शरीया में हलाल है।

जैसे ही मुस्लिम भीड़ उपद्रव पर उतरी उसके बाद 295 ए भी भीड़ की भावनाओं के मद्देनजर उसी साल ले आया गया। उससे पहले महाशय राजपाल को मारने की दो कोशिशें हो चुकी थीं।

6 अप्रैल, 1929 को वो दिन आया जब एक 19 साल के इल्मुद्दीन नामक बढ़ई ने महाशय राजपाल के सीने में 8 बार चाकू घोंपकर उन्हें मौत के घाट उतार दिया। जिस समय उन्हें मारा गया वो अपनी दुकान के बाहर बैठे हुए थे। इस घटना से पहले कोर्ट कार्रवाई के दौरान उन्हें ऑफर दिया गया था कि पंडित चामुपति लाल का नाम बता दें। हालाँकि उन्होंने ऐसा करने से मना किया और बाद में मुँह बंद रखने की कीमत चुकाई। महाशय राजपाल के साथ जो हुआ वो सिर्फ किताब प्रकाशित करने के कारण हुआ, वो भी तब जब कोर्ट ने उन्हें रिहा कर दिया था और मुस्लिमों को उनकी भावनाओं के लिए एक कानून भी दे दिया गया था।

घटना के कुछ ही समय बाद ही देश का विभाजन हुआ और देश को तोड़ने वाले वो थे जिन्हें लगा था कि वो मुस्लिमों को शांत करवा लेंगे। 'रंगीला रसूल' विवाद के बाद हिंदुओं ने खिलाफत आंदोलन देखा, जिसे कॉन्ग्रेस और मोहनदास करमचंद गाँधी द्वारा समर्थन प्राप्त था। हिंदुओं ने मोहम्मद अली जिन्ना जैसे मुस्लिम नेताओं का उदय भी देखा जिनके कारण देश के टुकड़े हुए।

अब देखें तो रंगीला रसूल ने विभाजन की वजह नहीं था, लेकिन इसे पीछे और विभाजन के पीछे एक सामान्य तार जरूर था- मोहम्मद अली जिन्ना। जिन्ना ने ही महाशय राजपाल के हत्यारे की पैरवी कोर्ट में की थी जिनकी तारीफों के कसीदे आज भी वामपंथियों द्वार पढ़े जाते हैं और उनके सम्मान में गीत लिखे जाते है। पाकिस्तान ने तो जिन्ना को गाजी कहकर भी नवाजा था।

देश का विभाजन मजहबी आधार पर हुआ। ये इसलिए नहीं था कि हिंदुओं ने मुस्लिमों की माँगों को स्वीकार नहीं किया था। ये इसलिए था क्योंकि मुसलमानों को लगने लगा था कि वे यहाँ उत्पीड़ित हो रहे हैं। मुस्लिम समुदाय ने एकजुट होकर आवाज उठाई थी कि वे अपने लिए एक राष्ट्र चहते हैं और अब काफिरों के साथ आगे नहीं रह सकते। इस्लामी राष्ट्रवाद के विचार ने जनमानस को मुख्य रूप से प्रभावित किया, जहाँ उम्माह के प्रति मुस्लिमों का झुकाव भारत की ओर से बहुत ज्यादा था। ये कहा जाने लगा कि मुस्लिम लोग अपनी विशिष्ट मजहबी, सांस्कृतिक और राजनीतिक विचारधारा के साथ एक जगह नहीं रह सकते, इसलिए उन्हें एक अलग राज्य चाहिए।

क्या दो राष्ट्र सिद्धांत मुस्लिम समुदाय द्वारा महसूस की जा रही उत्पीड़न और अलगाव की भावना थी, जैसा कि कई वामपंथी इतिहासकारों ने हमें बताया? या इसे वीर सावरकर द्वारा चलाया गया जैसा कि वो दावा करते हैं? नहीं, बिलकुल नहीं। अलीगढ़ मुस्लिम यूनिवर्सिटी के संस्थापक सैयद अहमद खान ने 1876 में कहा था, "मैं ये बात मान चुका हूँ कि हिंदू और मुसलमान कभी भी एक राष्ट्र में नहीं रह सकते क्योंकि इनका मजहब और जीने का तरीका दोनों एक दूसरे अलग है।" इस कथन के 7 वर्षों बाद सैयद अहमद ने दोबारा अपने बोल दोहराए। उन्होंने कहा, "दोस्तों, भारत में दो महत्वपूर्ण समूह रहते हैं, जिन्हें हिंदुओं और मुसलमान नाम से जाना जाता है। हिंदू या मुसलमान होना आंतरिक विश्वास का मामला है जिसका आपसी संबंधों और बाहरी स्थिति से कोई लेना-देना नहीं है। इसलिए ऊपर वाले का हिस्सा उसपर छोड़ दें और अपने हिस्से की चिंता करें। भारत हम दोनों का घर है। भारत में लंबे समय से रहने के कारण दोनों का खून बदल चुका है।"

12 साल बाद उन्होंने कहा, "मान लो, अंग्रेजी साम्राज्य और सेना देश छोड़ दे। अपने साथ सभी तोपें, उनके शानदार हथियार और अन्य सभी चीजें लेकर चला जाए तो भारत का शासक कौन होगा? क्या ये संभव है कि इन परिस्थितियों में दो समूह मुसलमान और हिंदू एक सिंहासन पर बैठ सकें और सत्ता में बराबर रहें? निश्चित रूप से नहीं। यह आवश्यक है कि उनमें से कोई एक, दूसरे के ऊपर विजय प्राप्त करे। यह सोचना कि

दोनों साथ में रह सकेंगे असंभव और अकल्पनीय है। जब तक एक समूह दूसरे समूह के ऊपर विजय प्राप्त नहीं कर लेता, उसे अपने अधीन नहीं बना लेता तब तक देश में शांति का शासन नहीं होगा।"

जिन्ना ने कहा था, "ये एक ख्वाब ही है कि हिंदू और मुस्लिम एक साथ राष्ट्र बनाएँगे।" जिन्ना ने महाशय राजपाल के हत्यारे की पैरवी के कुछ सालों बाद ही 1940 में मुस्लिम लीग को संबोधित करते हुए कहा था, "हिंदू और मुसलमान दो अलग-अलग धार्मिक दर्शन, सामाजिक रीति-रिवाजों और साहित्यिक परंपराओं से जुड़े हैं। वे न तो अंतर्विवाह करते हैं और न ही एक साथ खाते हैं, और वास्तव में वे दो अलग-अलग सभ्यताओं से संबंधित हैं जो मुख्य रूप से परस्पर विरोधी विचारों और धारणाओं पर आधारित हैं।"

महाशय राजपाल की हत्या ही दो राष्ट्र सिद्धांत थी जिसे एक व्यक्ति के खून से विस्तृत रूप से लिखा गया था। मुस्लिम समुदाय वाकई ये मानता था कि हिंदू और मुसलमानों का रहन-सहन इतना अलग है कि वो लोग कभी शांति से एक साथ नहीं रह सकते। रंगीला रसूल के मामले में देखें जिन्होंने हिंदू देवी-देवताओं के विरुद्ध भड़काऊ बातें लिखीं उसे कभी कोई नुकसान नहीं हुआ। जो शुरुआत में नाराजगी थी उसे भी महात्मा गाँधी और बुद्धिजीवियों द्वारा दबा दी गई। ज्यादातर लोग आज भी नहीं जानते हैं कि रंगीला रसूल हिंदू धर्म पर व्यंग्य करने की एक प्रतिक्रिया थी, न कि कोई मुस्लिमों के विरुद्ध नफरत।

वैसी स्थितियों में मुस्लिमों ने खुद सोच लिया कि हिंदुओं का अपमान स्वीकार्य है लेकिन 'गुस्तान-ए-रसूल की सजा, सिर तन से जुदा' है चाहे कानून में इसकी इजाजत हो या न हो। मुस्लिम समुदाय शरीया के मुताबिक जीना चाहते थे फिर चाहे राज्य उन्हें ये अनुमति दे या न दे, उनका इरादा इस इसे छीनना और लागू करके वो करने का था जो होता है- यानी चाकू लेकर महाशय राजपाल की हत्या।

सच्चाई यह है कि जिन्ना ने राजपाल के हत्यारे की पैरवी की थी और ये बताया कि ये कारनामा तो इस्लामी जगत में बहादुरी का प्रमाण है। ये उसी नेता द्वारा किया गया जिसने बाद में मुसलमानों की पाक जमीन

तैयार की क्योंकि वो मानते थे काफिरों के लिए मौत की सजा ही जायज है। कोएनराड एल्स्ट ने अपनी पुस्तक 'डीकोलोनाइजिंग द हिंदू माइंड' में इसका उल्लेख किया है।

आज जब नुपूर शर्मा मामले में दोबारा भावनाओं को आहत होने से बचाने के लिए विशेष कानून की माँग की जा रही है तो हमें इतिहास से सबक लेना होगा।

नुपूर शर्मा ने न केवल देश के कट्टरपंथियों की बल्कि कई इस्लामी देशों की नींव हिला कर रख दी है। उन्होंने जो टिप्पणी की वो लगातार ज्ञानवापी के शिवलिंग का मजाक उड़ता देखने के बाद की। कई मौलानाओं ने शिवलिंग को लेकर कहा था कि हिंदू लिंग की पूजा क्यों करते हैं। कुछ ने सड़क में खड़े किसी भी ढाँचे को शिवलिंग से जोड़ उसका अपमान किया और हिंदू धर्म को एक बर्बर पंथ के रूप में प्रदर्शित करने का प्रयास किया। ये सब सिर्फ इसलिए हुआ क्योंकि हिंदू अपना धार्मिक स्थल वापस चाहते हैं जिन्हें मुस्लिम आक्रमणकारियों ने तोड़ा। रंगीला रसूल मामले की तरह लगता है कि हिंदू समुदाय पर हुए शुरुआती हमले फिर भुला दिए गए थे। हालाँकि नुपूर शर्मा की टिप्पणी ने इसे अंतरराष्ट्रीय मुद्दा बना दिया। जगह जगह गुस्ताख ए रसूल की एक सजा सिर तन से जुदा बोला जाने लगा, नुपूर के पुतले लगाए गए, उन्हें बीच रास्ते में फाँसी पर लटका दिखाया गया।

ये सड़कों पर उतरती भीड़ बिलकुल वैसी है जैसी रंगीला रसूल का पहला संस्करण देख उतरी थी। ये लोग सच में मानते हैं कि देश का कानून जो काफिरों के राज्य में काफिरों ने बनाया है उससे बड़ा शरीया है।

यदि रंगीला रसूल विवाद और महाशय राजपाल की हत्या टू नेशन थ्योरी का एक एक्शन थी, तो नुपूर शर्मा की घटना इसका एक्शन रीप्ले है।

कम्युनिज्म के जनक माने जाने वाले कार्ल मार्क्स ने सन् 1854 कुरान और इससे निकलने वाले 'मुस्लिम कानून' के विषय में कहा था, "ये लोगों के नस्ल और भूगोल को स्पष्ट शब्दों में सिर्फ दो वर्गों में विभाजित कर देता है – इस्लाम में विश्वास रखने वाले, अर्थात मुस्लिम

और दूसरा काफिर। काफिर, मतलब उनका दुश्मन। इस्लाम 'काफिर' के विषय में जो सिद्धांत देता है, उससे मुस्लिमों और गैर-मुस्लिमों के बीच अनंत काल तक दुश्मनी की व्यवस्था बनी रहेगी।"

उस समय में मोहनदास करमचंद गाँधी ने महाशय राजपाल की निंदा की लेकिन उपद्रवी भीड़ की नहीं। इसके बाद गाँधी ने मोपला मुसलमानों को सराहा और खिलाफत को समर्थन देकर हिंदुओं को उनके ही नरसंहार का जिम्मेदार ठहरा दिया। उस समय भी हमने देखा था कि इस्लामवादियों की भावना के मद्देनजर कैसे कानून ले आया गया।

आज हम लिबरलों को कट्टरपंथी भीड़ की निंदा करने की बजाय नुपूर शर्मा की निंदा करते देखते हैं। हमारे पास ऐसे राजनेता हैं जो नुपूर शर्मा को पार्टी से बाहर का रास्ता दिखा देते हैं ताकि इस्लामी देशों से उनके संबंध न खराब हों जिसके बाद मुस्लिम भीड़ सड़कों पर आती है और जुमा नमाज के बाद दंगे करती है। आज हमारे पास वो लोग हैं जो इस्लामी कट्टरपंथ के अस्तित्व को नकारते हैं जिससे भारत जूझ रहा है और दिल्ली में हुए हिंदू विरोधी दंगों को मुस्लिमों के विरुद्ध रची गई साजिश बताते हैं। आज हमें कट्टरपंथी भावना को दूर भगाने के लिए विशेष कानून की जरूरत लगती है।

भारत एक बहुत संवेदनशील मुकाम पर खड़ा है। हमने पहले भी दो राष्ट्र सिद्धांत के एक्शन में होने को नकारा था और आँख मूंदे रहना चुना था और अगर आज भी हम दोबारा भाईचारे, बहुलवाद, समकालिक संस्कृति जैसे शब्दों पर विचार को केंद्रित करके गलती दोहराना चुनते हैं तो वो समय दूर नहीं जब दोबारा से माँ भारती पर खतरा मंडराएगा। एक समय आएगा जब हम सोचेंगे कि काश हम भारत के पहले विभाजन से सीख ले लेते – और उस दिन हम अपने बच्चों की ओर देखेंगे और उन्हें ये समझाना कठिन होगा कि हमने वह सब क्यों नहीं किया जिसे हम रोक सकते थे।

****

बीजेपी की प्रवक्ता रही नूपुर शर्मा ने ये टिप्पणी 27 मई 2022 को एक भारतीय टीवी चैनल में हुई डिबेट में की थी | उनकी इस टिप्पणी पर भारतीय मुसलमानों और 12 से अधिक मुस्लिम देशों में आपत्ति जताई

नुपूर शर्मा की पैगंबर पर टिप्पणी से नाराज कतर बोला – "माफी मांगे भारत" बीजेपी ने नूपुर शर्मा को पार्टी से निलंबित कर दिया | उनके साथ-साथ पार्टी के दिल्ली मीडिया यूनिट के प्रभारी नवीन कुमार जिंदल को नूपुर शर्मा के बयान वाले पोस्ट को ट्वीट करने के लिए पार्टी की प्राथमिक सदस्यता से निष्कासित कर दिया |

बीजेपी ने एक बयान जारी करते हुए कहा कि "पार्टी ऐसी किसी भी विचारधारा के बिल्कुल ख़िलाफ़ है, जो किसी संप्रदाय या धर्म का अपमान करती है |" साथ ही बीजेपी ने लिखा, "वह सभी धर्मों आदर करती है और किसी भी धार्मिक महापुरुष के किसी अपमान का पुरज़ोर निंदा करती है |"

दूसरी तरफ नूपुर शर्मा की टिप्पणी से नाराज़ इस्लामिक देशों की नाराज़गी कम करने के लिए भारतीय कूटनीतिज़ों ने कहा है कि ये बयान भारत सरकार की विचारधारा को प्रदर्शित नहीं करते और ये कुछ "फ्रिंज एलिमेंट्स" यानी कुछ शरारती तत्वों की विचारधारा है |

हालांकि कई लोगों का कहना है कि नूपुर शर्मा बीजेपी का फ्रिंज एलिमेंट नहीं है |निलंबित किए जाने से पहले तक 37 साल की वकील रही नूपुर शर्मा "आधिकारिक तौर पर बीजेपी की प्रवक्ता" थीं और सत्ताधारी पार्टी का प्रतिनिधित्व करते हुए एक के बाद एक हर दिन टीवी डिबेट में नज़र आ रही थीं |

नूपुर शर्मा ने दिल्ली यूनिवर्सिटी के क़ानून विभाग से अपनी पढ़ाई की है | उन्होंने अपने राजनीतिक करियर की शुरुआत साल 2008 में उस वक्त की जब वो अखिल भारतीय विद्यार्थी परिषद (एबीवीपी) की उम्मीदवार के तौर पर दिल्ली यूनिवर्सिटी छात्रसंघ की अध्यक्ष चुनी गईं | एबीवीपी हिंदू राष्ट्रवादी संगठन राष्ट्रीय स्वयंसेवक संघ की छात्र शाखा है |लंदन स्कूल ऑफ़ इकोनॉमिक्स के इंटरनेशनल बिज़नेस लॉ में मास्टर्स करने के बाद वो भारत लौटीं जिसके बाद साल 2011 में उनके राजनीतिक कैरियर का ग्राफ़ तेज़ी से आगे बढ़ने लगा |अंग्रेज़ी और हिंदी दोनों ही भाषाओं में स्पष्ट तरीके से अपने नज़रिए को सामने रख सकने की उनकी क्षमता की वजह से 2013 के दिल्ली विधानसभा चुनावों में

बीजेपी की मीडिया कमिटी में उन्होंने अपनी जगह बनाई |

दो साल बाद जब फिर से चुनाव कराए गए तो वो आम आदमी पार्टी के संयोजक अरविंद केजरीवाल के ख़िलाफ़ बीजेपी की तरफ से चुनावी अखाड़े में उतारी गईं |ये ऐसा चुनाव नहीं था जिसमें नूपुर शर्मा से जीतने की उम्मीद की गई थी, लेकिन उनका जोशीला चुनाव अभियान उन्हें एक बार फिर चर्चा के केंद्र में लेकर आया | उन्हें आधिकारिक तौर पर दिल्ली का पार्टी का प्रवक्ता बनाया गया और फिर 2020 में उन्हें बीजेपी की "राष्ट्रीय प्रवक्ता" बनाया गया |

बीते कुछ सालों में नूपुर भारतीय टेलीविज़न चैनलों में जाना पहचाना चेहरा बन गई थीं | लगभग हर शाम टीवी पर उन्हें अपने राजनीतिक प्रतिद्वंदियों के साथ बहस करते, और कभी-कभी उन पर तीखे कटाक्ष करते सुना जा सकता था |बीते दिनों नूपुर शर्मा के कई समर्थकों ने ट्विटर पर उनका एक छोटा वीडियो शेयर किया है, जिसमें उन्होंने अपने साथ टीवी डिबेट में शामिल एक पैनलिस्ट को 'दोगला और झूठा' बताते हुए उन्हें 'चुप रहने' के लिए कहा |

जब नूपुर ने वो वीडियो अपने ट्विटर टाइमलाइन में शेयर किया, जहां उनके 5 लाख समर्थक थे | उनके समर्थकों ने उनकी तारीफ़ की और उन्हें "शेरनी, बहादुर और निडर लड़ाका" कहा |

पार्टी से निलंबित किए जाने के बाद नूपुर शर्मा ने एक बयान जारी किया और कहा कि वो "बिना शर्त" अपनी टिप्पणी वापिस ले रही हैं | हालांकि उन्होंने अपनी टिप्पणी को सही ठहराते हुए ये भी दावा भी किया कि "मेरे सामने बार-बार इस प्रकार से हमारे महादेव शिवजी के अपमान को मैं बर्दाश्त नहीं कर पाई और मैंने रोष में आकर कुछ बातें कह दीं |"

नूपुर ने पैग़बंर मोहम्मद को लेकर आपत्तिजनक टिप्पणी टीवी में ज्ञानवापी मस्जिद को लेकर चल रहे डिबेट के एक कार्यक्रम के दौरान दी थी |हिंदुओं का कहना है कि वाराणसी में बनी ये मस्जिद 16वीं सदी में एक हिंदू मंदिर के अवशेष के ऊपर ये बनाई गई है, जिसे 1669 में मुग़ल बादशाह औरंगज़ेब ने नष्ट कर दिया था |इस मामले में कुछ हिंदू समूहों ने अदालत का दरवाज़ा खटखटाया है और कोर्ट से मस्जिद में प्रार्थना करने की इजाज़त मांगी है |इसके बाद एक विवादित कोर्ट ऑर्डर जिसमें

मस्जिद का सर्वे वीडियो रिकॉर्ड करने की इजाज़त दी गई थी, जिसमें मस्जिद के भीतर मिली एक आकृति को हिन्दू पक्ष ने शिवलिंग कहा जबकि मस्जिद अधिकारियों ने वज़ूखाने में लगा फ़व्वारा बताया |

इसके बाद पत्रकार और फैक्ट चेकर मोहम्मद ज़ुबैर ने ट्विटर पर उनके बयान की एक वीडियो क्लिप शेयर की | इस मुद्दे को लेकर नूपुर ने दिल्ली पुलिस में शिकायत की कि "उन्हें और उनकी बहन और माता पिता को बलात्कार, हत्या और सिर काटने की धमकियां मिल रही हैं."

उन्होंने मोहम्मद ज़ुबैर पर "माहौल को ख़राब करने, सांप्रदायिक वैमनस्य पैदा करने और उनके और उनके परिवार के ख़िलाफ़ सांप्रदायिक और नफरत पैदा करने के लिए फर्ज़ी ख़बर फैलाने" का आरोप लगाया |शुक्रवार के दिन उत्तर प्रदेश के शहर कानपुर में उनकी टिप्पणी के ख़िलाफ़ मुसलमानों ने प्रदर्शन किया | ये प्रदर्शन जल्द हिंसक हो गए |

योगी आदित्यनाथ के नेतृत्व वाली प्रदेश सरकार ने तेज़ी से प्रदर्शनों को रोकना शुरू किया | सैकड़ों मुसलमानों के ख़िलाफ़ शिकायत दर्ज की गई और दर्जनों को हिरासत में लिया गया |

एक के बाद एक मध्यपूर्व के कई देशों ने भी उनके बयान की निंदा करना शुरू किया जिसके बाद नूपुर शर्मा के लिए और बीजेपी को इस मामले में बैकफुट पर आना पड़ा |कुवैत, ईरान और कतर ने भारतीय राजदूतों को बुलाकर आपत्ति जताई तो सऊदी अरब ने कड़ी आपत्ति जताते हुए एक बयान जारी किया | यहां तक कि संयुक्त अरब अमीरात जिसके साथ भारत के संबंध पिछले कुछ सालों में काफी सुधरे हैं,उसने भी नूपुर शर्मा की टिप्पणियों की आलोचना की |

इमेज स्रोत,HINDUSTAN TIMES

बीते दिनों नूपुर शर्मा के 'ईशनिंदा वाली टिप्पणी' को लेकर उन्हें गिरफ्तार किए जाने की मांग हो रही है और विपक्षी पार्टियों के सरकार वाले राज्यों में इस मामले को लेकर उनके ख़िलाफ़ जांच भी शुरु की गई है | दिल्ली पुलिस ने एक चरमपंथी समूह के हत्या की धमकी का कारण बताते हुए उनकी सुरक्षा बढ़ा दी है |

लेकिन पूर्व बीजेपी प्रवक्ता नूपुर शर्मा के निलंबन के बाद से उनका समर्थन बढ़ रहा है. सोशल मीडिया पर #ISupportNupurSharma और #TakeBackNupurSharma जैसे हैशटैग रोज़ ही ट्रेंड कर रहे हैं हज़ारों और लोग उनकी प्रशंसा भी कर रहे हैं |

****

नूपुर शर्मा ने ज्ञानवापी मस्जिद के समले पर 27 मई को एक बहस के दौरान विवादित टिप्पणी की थी |पैगंबर पर विवादित टिप्पणी करने की वजह से बीजेपी से निकाली जा चुकीं पूर्व प्रवक्ता नूपुर शर्मा को सुप्रीम कोर्ट ने कड़ी फटकार लगाई है | कोर्ट ने कहा है कि नूपुर ने अपने बयानों से देश का माहौल खराब किया है, जिसके लिए उन्हें पूरे देश से माफी मांगनी चाहिए थी | सुप्रीम कोर्ट ने कहना है कि पिछले दिनों देश में कई ऐसी दुर्भाग्यपूर्ण घटनाएं हुई हैं, जिनके लिए सिर्फ नूपुर शर्मा जिम्मेदार हैं | लिहाजा उन्हें देश से माफी मांगनी ही चाहिए थी | जस्टिस सूर्य कांत और जस्टिस जेबी पारदीवाला की वेकेशन बेंच ने यह टिप्पणी उस याचिका पर सुनवाई के दौरान की, जिसमें नूपुर शर्मा ने देश के विभिन्न राज्यों में अपने खिलाफ दायर एफआईआर को एक साथ मिलाने का अनुरोध किया था| कोर्ट ने इस याचिका पर विचार करने से इनकार करते हुए अर्जी वापस लेने की अनुमति दी है |

नूपुर के वकील मनिंदर सिंह ने शर्मा की जिंदगी के खतरे की बात उठाई तो जस्टिस सूर्य कांत ने कहा कि नूपुर शर्मा को खतरा है या वह खुद सुरक्षा के लिए खतरा बन चुकी हैं? जस्टिस ने कहा कि देश भर में जो दुर्भाग्यपूर्ण घटनाएं हो रही हैं, उसके लिए सिर्फ नूपुर शर्मा ही जिम्मेदार हैं | जब शर्मा के वकील ने कहा कि नूपुर लिखित माफी मांग चुकी है तो जस्टिस कांत ने कहा कि उन्होंने ऐसा करने में न सिर्फ बहुत देर की, बल्कि माफी मांगी भी तो शर्तों के साथ | जस्टिस ने कहा कि उन्हें टीवी चैनल पर जाकर पूरे देश से माफी मांगनी चाहिए थी |

सुप्रीम कोर्ट ने कहा कि सीधे सुप्रीम कोर्ट में याचिका दायर करना नूपुर के अहंकार को दिखाता है | ऐसा लगता है वे अपने सामने देश के सभी मजिस्ट्रेट्स को बहुत छोटा मानती हैं | जस्टिस सूर्यकांत ने कहा कि एक पार्टी की प्रवक्ता होने के नाते उन्हें लगता है कि उनके पास

तगड़ा सपोर्ट है और वे देश के कानून का ख्याल रखे बिना कोई भी बयान दे सकती हैं |

कोर्ट ने सुनवाई के दौरान कहा कि ये बयान बहुत व्यथित करने वाले हैं और इनसे अहंकार की बू आती है | इस प्रकार के बयान देने से उनका क्या मतलब है? इन बयानों के कारण देश में दुर्भाग्यपूर्ण घटनाएं हुईं | ऐसे लोग धार्मिक नहीं हैं | वे अन्य धर्मों का सम्मान नहीं करते | ये टिप्पणियां या तो सस्ता प्रचार पाने के लिए की गईं या किसी राजनीतिक एजेंडे या घृणित गतिविधि के तहत की गईं |

कोर्ट ने नूपुर शर्मा की टिप्पणियों को "तकलीफ़देह" बताया और कहा कि किसी पार्टी की प्रवक्ता होने का मतलब ये नहीं है कि उनके पास ऐसे बयान देने का लाइसेंस है |कोर्ट ने ये भी कहा कि जिस तरह से नूपुर शर्मा ने देश भर में भावनाओं को उकसाया, वैसे में देश में जो भी हो रहा है उसके लिए वो अकेली ज़िम्मेदार हैं | उन्हें पूरे देश से माफ़ी मांगनी चाहिए थी |

सुप्रीम कोर्ट के न्यायधीशों ने नुपूर शर्मा को निश्चित तौर पर ईशनिंदा करने वाला घोषित कर दिया है। ये वही न्यायालय है जिन्होंने कभी गर्व से कहा था कि असहमति ही लोकतंत्र का सुरक्षा कवच है। आज उसी कोर्ट के जजों ने नुपूर शर्मा और उनके कथन को कन्हैया लाल की हत्या का जिम्मेदार बता दिया। साथ ही कुछ हद तक वैसे इस्लामवादियों की तरह अपनी टिप्पणी दी जो खुद के कृत्यों के लिए महिला को ही जिम्मेदार बताते हैं। कोर्ट के जस्टिस ने भी देश में हो रही हिंसा के लिए नुपूर शर्मा की 'फिसली जुबान' को दोषी बताया है।

आदरणीय न्यायधीशों ने सुनवाई में कहा कि नुपूर को राष्ट्र से माफी माँगनी चाहिए। इतना ही नहीं, नुपूर की ओर से जब कोर्ट में कहा गया कि वो अपने ऊपर हुई शिकायत मामले की जाँच में सहयोग कर रही हैं तब सर्वोच्च न्यायलय के न्यायधीशों द्वारा उनके ऊपर 'रेड कार्पेट' वाला तंज भी कसा गया।

मीलॉर्ड ने नुपूर को लेकर ये तक कहा, "कई बार सत्ता (ताकत) का सुरूर दिमाग में चढ़ जाता है। लोग सोचते हैं कि उनके पास बैक अप है और वो कुछ भी बोल सकते हैं।" मीलॉर्ड द्वारा लगातार की गई ऐसी हर

टिप्पणी ने आज उस मिथ को तोड़ा, जो ये बताता था कि न्यायव्यवस्था ऐसी महिला की मदद के लिए है जिसे मौत की धमकियाँ और रेप की धमकियाँ मिल रही हों, वो भी सिर्फ टेलीविजन डिबेट शो में अपना मत रखने के कारण।

रिपोर्ट बताती हैं कि नुपूर शर्मा ने सुप्रीम कोर्ट का दरवाजा इसलिए खटखटाया ताकि उनके विरुद्ध हुई सारी एफआईआर दिल्ली में ट्रांसफर हों और यहीं पर जाँच आगे बढ़े। अपनी याचिका में उन्होंने साफ भी किया कि ये सब इसलिए है क्योंकि उन्हें लगातार मौत की धमकियाँ आ रही हैं। हालाँकि कोर्ट ने इस मुद्दे पर सुनने की बजाय देश में हो रही हिंसा और हत्या की घटनाओं का ठीकरा उन्हीं पर फोड़ दिया और उन कट्टरपंथियों का नाम तक नहीं आया जिन्होंने वाकई नुपूर शर्मा के समर्थन में पोस्ट करने पर कन्हैया लाल का गला रेता। कोर्ट ने नुपूर को आरोपित बताते हुए उनकी याचिका में की गई माँग भी खारिज कर दी।

सुप्रीम कोर्ट निश्चित ही अपनी टिप्पणियों से कह रहा था कि ये नुपूर शर्मा का कसूर है जिसकी वजह से इस्लामवादी गुस्से में आ गए, उन्होंने सड़कों पर दंगा कर दिया, हत्या की धमकियाँ दे दीं, बलात्कार करने को कह दिया और एक हिंदू का सिर काट दिया...। शायद न्यायधीशों को कहना था कि ये सब नुपूर की ही गलती थी। उन्हें महिला होने के नाते अपनी जगह का एहसास होना चाहिए था। उन्हें पता होना चाहिए था कि महिला होने के नाते उन्हें अपना मुँह बंद रखना था... पर अब वो जब अपना मत रख चुकी हैं तो जरूरी है कि उन्हें लटका दिया जाए, एक डायन की तरह, जिसके ऊपर भीड़ पत्थर फेंकते हुए तेज-तेज चिल्लाती है।

कमाल की बात है कि इस्लामी कट्टरपंथियों ने भी अपनी हिंसा के लिए यही सब तो कहा। उन्होंने कहा कि गुस्ताख-ए-नबी की एक सजा सिर तन से जुदा। उन्होंने ये भी कहा कि अगर कोर्ट मौत का दंड नहीं दे पाई तो वह देंगे। उन्होंने बताया कि वो शांतिप्रिय समुदाय के लोग हैं। वह आराम से रहना चाहते हैं। बस अगर किसी ने उनकी इच्छा के विरुद्ध काम किया तो वो इस्लाम को बचाने के लिए खून खच्चर पर भी उतर जाएँगे। जैसा कि इस्लामवादियों के लिए ये सब करना आसान

है क्योंकि उनके लिए देश के कानून का कोई मतलब नहीं है। वे केवल अपने मजहबी कानून के प्रति सम्मान रखते हैं जो उन्हें इजाजत देता है कि काफिरों का गला काटें।

सुप्रीम कोर्ट का काम है देश के संविधान से चलना जबकि उनकी टिप्पणी इस्लामवादियों को ये हिम्मत देगी कि वो अपनी हिंसा को वाजिब दिखा सकें। उनकी टिप्पणी यही दर्शाती है कि अगर कोई इस्लाम के बारे में कुछ भी कहे तो इस तरह कट्टरपंथियों का सड़कों पर आना और भावना आहत के नाम पर किसी का भी गला काटना वाजिब है ।

जब से सुप्रीम कोर्ट के जजों ने नुपूर शर्मा की फिसली जुबान को कन्हैया लाल की हत्या का दोषी बताया है, उसके बाद से यही लग रहा है कि इन न्यायधीशों को आत्मचिंतन की जरूरत है। हैरानी नहीं होगी अगर ये दोनों जज उन इस्लामी हिंसा के लिए कर्नाटक हाईकोर्ट के न्यायधीशों को जिम्मेदार ठहराएँ जिनके फैसले सुन कट्टरपंथी सड़कों पर आ गए थे। मार्च 2022 में कर्नाटक हाईकोर्ट ने हिजाब पर फैसला दिया था। इसके बाद इस्लामी कट्टरपंथियों ने कर्नाटक कोर्ट के जजों को धमकी देने शुरू कर दी। जाँच में जो कट्टरपंथी पकड़े गए। उनमें एक कोवई रहमतुल्ला और दूसरा जमाल मोहम्मद उस्मानी था।

बिजनेस स्टैंडर्ड की <u>रिपोर्ट में कहा गया</u> कि कोवई रहमतुल्लाह ने कर्नाटक जजों के विरुद्ध हिंसा को भड़काया था। उसने झारखंड के उस जज की मौत का उदाहरण दिया था जो मॉर्निंग वॉक के दौरान मारे गए। इसके बाद उसने ये भी कहा था कि वो जानता है कि कर्नाटक के चीफ जस्टिस कहाँ सुबह की सैर करने जाते हैं।बस इसी आधार पर आरोपित गिरफ्तार हुए थे।

अब यही तर्क यदि नुपूर शर्मा मामले में लगाया जाए तो क्या सुप्रीम कोर्ट के न्यायधीशों को टिप्पणी से पहले खुद से पूछना नहीं चाहिए कि क्या वह अपने हाईकोर्ट के जजों से भी कहेंगे कि उनकी फिसली जुबान के कारण इस्लामी भड़के और जज की हत्या का षड्यंत्र रचा।

स्पष्ट तौर पर नैतिकता के आधार पर लिया गया फैसला जो एक लिए सही है वो सबके लिए सही ही होगा, लेकिन यहाँ पूछना होगा कि क्या एक आम नागरिक के लिए नीति अलग हैं और मीलॉर्ड के लिए

अलग?

क्या सुप्रीम कोर्ट कर्नाटक हाईकोर्ट के जज से माफी माँगने को कहेगा क्योंकि उनके फैसले के बाद इस्लामियों ने हत्या को करने मन बनाया। क्या सुप्रीम कोर्ट, हाई कोर्ट के उन जजों से माफी माँगने को कहेगा जिनके फैसले के बाद इस्लामी सड़कों पर आ गए।

इस्लामी लगातार धमकाते हैं कि वो अयोध्या मंदिर को गिराकर बाबरी खड़ा करेंगे।अगर इस्लामी कल को भीड़ में जुटकर राम मंदिर पर हमला करें तो क्या सुप्रीम कोर्ट इसके लिए खुद को जिम्मेदार ठहराएगा, क्योंकि राम मंदिर के पक्ष में दिया गया फैसला तो सुप्रीम कोर्ट का ही था |क्या सुप्रीम कोर्ट तैयार है ऐसे समय में देश से माफी माँगने के लिए? क्या तब कहा जाएगा कि ताकत का नशा दिमाग में चढ़ता है तो लोगों को लगता है कि उनके पास बैकअप हैं और कुछ भी बोला जा सकता है।इन प्रश्नों का उत्तर होगा –नहीं |फिर तो नुपूर शर्मा के मामले में न्यायाधीशों द्वारा की गई टिप्पणी दोहरे मानदंड को दर्शाती है | इस तरह देश की सर्वोच्च न्यायालय द्वारा दोहरे मानदंड अपनाना न्याय व्यवस्था पर कई प्रश्नचिन्ह खड़े करता है |

न्याय पालिका को अपने प्रचुर ज्ञान से ये निश्चित करना होगा कि वो इस्लामी कट्टरपंथियों से प्रभावित होकर न्याय करना चाहते हैं या फिर प्राकृतिक रूप से देश के संविधान और विधान के तहत न्याय करना चाहते हैं । नुपूर शर्मा की याचिका पर सुनवाई के दौरान कोर्ट की कही गई टिप्पणियों से यही निष्कर्ष निकलता है की सच बोलना भी अपराध है | नुपूर शर्मा ने सच बोलकर बहुत बड़ा अपराध किया है इसलिए वो न्याय की हकदार नहीं है | न्याय की कुर्सी पर बैठे न्यायधीशों को आत्मनिरीक्षण की जरूरत है | यदि ऐसी ही टिप्पणी माननीय न्यायाधीश करते रहे तो एक आम नागरिक का देश की न्याय व्यवस्था से विश्वास उठ जाएगा |

****

पार कर दी लक्ष्मण रेखा', नूपुर की अर्जी पर SC की टिप्पणी के खिलाफ पूर्व जजों समेत हस्तियों का खुला पत्र

गौरतलब है कि 1 जुलाई 2022 को नूपुर शर्मा ने सुप्रीम कोर्ट का रुख किया था। नूपुर शर्मा की अर्जी में अपने खिलाफ अलग-अलग राज्यों में दर्ज केसों को दिल्ली में ट्रांसफर करने की मांग वाली अर्जी सुप्रीम कोर्ट में दाखिल की गई थी। इस पर सुप्रीम कोर्ट ने उन्हें राहत तो नहीं दी थी, लेकिन तीखी टिप्पणियां करते हुए कहा था कि उनके बयान ने देश में आग लगा दी है। यही नहीं अदालत की बेंच ने कहा था कि उदयपुर में हुआ हत्याकांड भी उनके बयान की ही देन था।

माननीय सुप्रीम कोर्ट ने याचिकाकर्ता के मौलिक अधिकार की रक्षा करने के बजाय, याचिका का संज्ञान लेने से इनकार कर दिया और याचिकाकर्ता को याचिका वापस लेने और उचित फोरम (उच्च न्यायालय) से संपर्क करने के लिए मजबूर किया, यह अच्छी तरह से जानते हुए कि हाई कोर्ट के पास एक राज्य से दूसरे राज्य में मामले को स्थानांतरित करने का अधिकार क्षेत्र नहीं है।

नूपूर शर्मा की याचिका पर टिप्पणी करने वाले दोनों न्यायधीशों के खिलाफ सर्वोच्च न्यायालय के मुख्य न्यायाधीश के पास अर्जी दाखिल की जा चुकी है। हालांकि नुपूर शर्मा की याचिका को अस्वीकार करने के आदेश में न्यायाधीशों द्वारा कही गई कठोर टिप्पणियों का उल्लेख नहीं है। पर देश की सर्वोच्च अदालत के न्यायाधीशों द्वारा की गई टिप्पणी देश के नागरिकों के लिए बहुत अहमियत रखती है। यह टिप्पणी न्यायालय की निष्पक्षता पर भी सवाल खड़े करती है।

नूपुर शर्मा की ओर से दायर अर्जी पर सुप्रीम कोर्ट के जजों की तीखी टिप्पणियों के खिलाफ 117 लोगों ने खुला पत्र लिखा है। इन लोगों में 15 पूर्व जज, 77 पूर्व नौकरशाह और 25 पूर्व सैन्य अफसर शामिल हैं। इस पत्र में कहा गया है कि सुप्रीम कोर्ट के जजों ने टिप्पणियों के जरिए लक्ष्मण रेखा को लांघने का काम किया है। इसके अलावा पत्र में तत्काल इसमें सुधार के लिए कदम उठाने की भी मांग की गई है। पत्र में कहा गया है कि हम जागरूक नागरिक के तौर पर मानते हैं कि देश का लोकतंत्र तभी पूरी तरह से सुरक्षित रह सकता है, जब देश के सभी संस्थान संविधान के दायरे में रहकर ही काम करें।

पत्र में कहा गया है, 'सुप्रीम कोर्ट के दो जजों जस्टिस सूर्यकांत और जस्टिस जेबी पारदीवाला की टिप्पणियों ने लक्ष्मण रेखा लांघी है और हमें खुला पत्र लिखने के लिए मजबूर किया है।' पत्र में कहा गया है कि जो दुर्भाग्यपूर्ण टिप्पणियां की गई हैं, वे भारत की न्यायिक व्यवस्था पर एक अमिट दाग की तरह हैं। देश की कई हस्तियों की ओर से लिखे पत्र में कहा गया कि न्यायपालिका के इतिहास में इस तरह की दुर्भाग्यपूर्ण टिप्पणियों का कोई दूसरा उदाहरण देखने को नहीं मिलता है। यही नहीं पत्र में मांग की गई है कि इस पर तत्काल सुधार के कदम उठाए जाने चाहिए। इसका लोकतांत्रिक मूल्यों और देश की सुरक्षा पर गंभीर असर देखने को मिल सकता है।

हस्तियों ने कहा- जजमेंट का हिस्सा ही नहीं थी टिप्पणियां |पूर्व जजों समेत कई हस्तियों के खुले पत्र में कहा गया, 'दुर्भाग्यपूर्ण और अप्रत्याशित टिप्पणियों से देश और दुनिया में बहुत से लोगों को सदमा सा लगा। न्यूज चैनलों पर जजों की जिन टिप्पणियों पर खबरें चलीं, वह जजमेंट का हिस्सा ही नहीं थे। ऐसे में इन टिप्पणियों ने न्यायिक व्यवस्था पर भी सवाल खड़े किए हैं। ऐसा कोई और उदाहरण देश के न्यायिक इतिहास में देखने को नहीं मिलता है।'

सुप्रीम कोर्ट के जजों की टिप्पणियों पर खुला पत्र लिखने वाले पूर्व जजों में बॉम्बे हाई कोर्ट के पूर्व चीफ जस्टिस क्षितिज व्यास, गुजरात हाई कोर्ट के पूर्व जज एस.एम सोनी, राजस्थान उच्च न्यायालय के जज आर एस राठौर और प्रशांत अग्रवाल शामिल हैं। इसके अलावा दिल्ली हाई कोर्ट के पूर्व जज एस.एन ढींगरा भी पत्र लिखने वाले जजों में से एक हैं। यही नहीं पूर्व आईएएस अधिकारी आर.एस. गोपालन, एस कृष्ण कुमार, निरंजन देसाई, पूर्व डीजीपी एसपी वैद्य और बीएल वोहरा शामिल हैं।

****

कॉन्ग्रेस की 'मुस्लिम तुष्टिकरण' की भेंट चढ़े कन्हैया लाल, खतरा जानकर भी सोती रही राजस्थान पुलिसः टोंक से उदयपुर तक इसी मजहबी आग में झुलसे हैं हिंदू।

राजस्थान सरकार ने मुस्लिम तुष्टीकरण की हदें पार करते हुए रमजान के महीने में मुस्लिम बाहुल्य क्षेत्रों में बिजली कटौती नहीं करने का आदेश दिया। इसके विपरीत, हिंदू त्योहारों पर कई जिलों में धारा 144 लागू किया गया और रैली आदि निकालने के लिए पुलिस की अनुमति लेना अनिवार्य कर दिया गया।

राजस्थान के उदयपुर में 28 जून 2022 को कन्हैया लाल साहू नाम के हिंदू व्यक्ति की गला काटकर दिन-दहाड़े हत्या कर दी गई। नुपूर शर्मा के समर्थन में कन्हैया लाल के फोन से एक वीडियो पोस्ट हुआ था | इस्लामी आतंकियों ने न सिर्फ गला काटा, बल्कि बाद में वीडियो भी बनाया और उनके रसूल की गुस्ताखी पर लोगों को धमकाया। इस पूरे मामले की जांच NIA कर रही है |

इस तरह की घटनाएँ अफगानिस्तान में तालिबान और इराक एवं सीरिया में इस्लामिक स्टेट (IS या ISIS) के आतंकियों द्वारा अंजाम देते हुए हमने देखे हैं, लेकिन ये घटनाएँ अब हमारे देश में होने लगी हैं और हालात देखकर यही कहा जा सकता है कि अगर इस तरह की आतंकी घटनाओं को सख्ती से नहीं रोका गया तो "शांतिप्रिय" संप्रदाय के लोगों द्वारा देश के किसी भी हिस्से में दोहराई जाती रहेंगी |

आतंकी घटना को रोकने में समाज और सरकार की भूमिका होती है। सरकार अगर दृढ़ निश्चयी हो तो समाज भी पूरे जोश के साथ लड़ता है, लेकिन उदयपुर की घटना देखने के बाद साफ लगता है कि इस्लामी आतंकवाद की गंभीरता को देखने के बजाय मुख्यमंत्री अशोक गहलोत की नेतृत्व वाली कॉन्ग्रेस एक समुदाय विशेष की तुष्टिकरण की नीति पर चल रही है। इसका परिणाम ये हो रहा है कि राजस्थान जल रहा है।

कन्हैया लाल की सरेआम सिर कलम करने की घटना ने कॉन्ग्रेस सरकार और वहाँ के प्रशासन पर कई सवाल खड़े किए हैं। जब कन्हैया लाल को इस्लामी चरमपंथियों की धमकी मिल रही थी, तब पुलिस ने उन्हें सुरक्षा मुहैया क्यों नहीं कराई? धमकी देने वालों को गिरफ्तार क्यों नहीं किया? या फिर कार्रवाई नहीं करने वाले पुलिस अधिकारियों पर सरकार ने एक्शन क्यों नहीं लिया?

ये ऐसे सवाल हैं, जिनमें कन्हैया लाल की हत्या का राज छुपा हुआ है। नूपुर शर्मा का समर्थन करना अपराध नहीं है, क्योंकि शर्मा ने वही बात कही थी जो इस्लामी विद्वान अपने मुँह से खुद कहते आए हैं, उनकी किताबों में लिखी हैं और जो तकरीरों में अक्सर बताई जाती हैं।

जब नूपुर शर्मा का कन्हैया लाल ने समर्थन किया और इस्लामी चरमपंथियों ने उनके खिलाफ शिकायत की तो पुलिस ने तुरंत कार्रवाई करते हुए उन्हें गिरफ्तार कर लिया। लेकिन, जमानत मिलने के बाद भी उन्हें हत्या की धमकी मिलती रही तो कन्हैया लाल 15 जून 2022 को थाने में शिकायत की। लेकिन, पुलिस ने इस्लामी चरमपंथियों पर कार्रवाई करने के बजाय उन्हें थाने में बुलाकर समझौता करा दिया और कन्हैया लाल को दो चार दिन छुपकर रहने का मुफ्त सलाह देकर अपने कर्तव्यों से इतिश्री कर ली।

इसका परिणाम ये हुआ कि थाने में समझौता करने के बाद भी चरमपंथियों ने कन्हैया लाल का सिर कलम कर दिया। स्पष्ट है कि कॉन्ग्रेस सरकार की मुस्लिम तुष्टीकरण की चरम ने पुलिसकर्मियों के हाथ बाँध रखे। हालाँकि, पुलिस यहाँ अपने संवैधानिक दायित्वों के निर्वहन में पूरी तरह विफल रही। कई बार सरकार की ऐसी नीतियाँ भ्रष्ट पुलिसकर्मियों के लिए सुनहरे अवसर का काम करती हैं और वे इसका खूब लाभ उठाते हैं।

****

राजस्थान की कॉन्ग्रेस सरकार की मुस्लिम तुष्टिकरण पिछले कुछ दिनों की स्थितियों में साफ नजर आ रहा है। हिंदू नववर्ष पर 2 अप्रैल 2022 को करौली हिंसा में जिस तरह हिंदुओं की शोभायात्रा पर हमले किए गए और पुलिस की प्रतिक्रिया रही, उससे इन लोगों ने पैशाचिक आत्मविश्वास और बढ़ता गया।

करौली हिंसा के बाद सरकार ने अगर उचित कार्रवाई की होती तो चरमपंथियों के मन में कानून के प्रति खौफ पैदा होता। हालाँकि, राज्य की कॉन्ग्रेस सरकार ने राजनीतिक लाभ लेने की मंशा की वजह से अपराधियों पर उचित और त्वरित कार्रवाई नहीं की। उस मामले के कई अपराधी आज भी खुलेआम घूम रहे हैं।

इसी तरह 2 मई 2022 को जालोरी गेट पर स्वतंत्रता सेनानी बालमुकंद बिस्सा की प्रतिमा पर ईद की नमाज पढ़कर निकले दंगाइयों ने तोड़फोड़ की और इस्लामी झंडे फहरा दिए। सरकार यहाँ भी कार्रवाई करने में विफल रही या कहें कि जानबूझकर कार्रवाई नहीं की।

राजस्थान के कॉन्ग्रेस सरकार की अनदेखी और पुलिस-प्रशासन की लापरवाही के कारण टोंक जिले के मालपुरा प्रखंड के हिन्दू पलायान करने को मजबूर हो रहे हैं। मालपुरा के हिंदुओं का कहना है कि इलाके में मुस्लिमों की संख्या अवैध रूप से बढ़ती जा रही है और वे हिंदुओं को तरह-तरह से प्रताड़ित कर रहे हैं। हालात से तंग आकर वहाँ के हिंदुओं ने अपने घरों पर मकान बिकाऊ है के पोस्टर लगाए, लेकिन सरकार ने कोई कार्रवाई नहीं की |

राजस्थान की अशोक गहलोत सरकार के इस कार्यकाल के ऐसे तमाम काम हैं, जो उन्मादी भीड़ को हौसला देने का काम कर रहे हैं। मुस्लिम तुष्टीकरण की सरकारी नीति आतंकवाद को प्रश्रय, चरमपंथियों को हौसला और हिंदू समाज में भय का माहौल व्याप्त कर दिया है।

राजस्थान की कॉन्ग्रेस सरकार ने ऐसे कई कदम उठाए जो सीधा मुस्लिम तुष्टीकरण की इशारा करता है। अक्टूबर 2021 में राज्य में सरकारी स्कूलों की हालत खस्ता होने के बावजूद सरकार ने उसमें सुधार के लिए फंड जारी करने के बजाए हर मदरसे को 15 से 25 लाख रुपये तक देने का प्रावधान किया। यह सीधे तौर पर एक समुदाय विशेष को खुश करने की कवायद थी।

इसी तरह जनवरी 2022 में मुस्लिमों के परंपरागत हुनर के विकास, उन्हें रोजगार देने, वक्फ भूमि या सार्वजनिक भूमि पर बने कब्रिस्तान, मदरसों में चारदीवारी निर्माण के लिए 100 करोड़ रुपए का कोष जारी किया।

राजस्थान सरकार ने मुस्लिम तुष्टीकरण की हदें पार करते हुए रमजान के महीने में मुस्लिम बाहुल्य क्षेत्रों में बिजली कटौती नहीं करने का आदेश जारी कर दिया। इसको लेकर विद्युत वितरण कंपनियों ने आदेश जारी किए गए। इस तरह का आदेश का हिंदू त्योहारों पर राज्य

सरकार ने कभी नहीं दिया। इसके विपरीत, हिंदू त्योहारों पर कई जिलों में धारा 144 लागू किया गया और रैली आदि निकालने के लिए पुलिस की अनुमति लेना अनिवार्य कर दिया गया।

ऐसे बहुत से कारण हैं, जो विहिप के अधिकारी पर हमले, हिंदू व्यक्ति के साथ मारपीट के बाद सांप्रदायिक तनाव से होते हुए भगवा झंडा हटाकर इस्लामी झंडा फहराने तक और फिर करौली में शोभायात्रा पर भारी हिंसा तक बात पहुँच गई। अब ISIS की तरह खुलेआम गला काटने के बाद वीडियो बनाकर प्रधानमंत्री तक को मारने की धमकी देने की हिम्मत भी ये आतंकी करने लगे।

राज्य सरकार और पुलिस प्रशासन अगर अपने रूख में बदलाव नहीं करता तो पाकिस्तान से सटा यह सीमावर्ती राज्य भारत के कश्मीर की तरह एक और नासूर बन जाएगा। इसके साथ ही आतंकियों संगठनों के स्लीपर सेल एवं भर्ती का पनाहगाह स्थल भी साबित होगा।

****

नागरिक और पुलिस का सहयोग और कन्हैया लाल हत्याकांड के अभियुक्तों की गिरफ़्तारी

(राजसमंद पुलिस के CO राजेंद्रसिंह पुलिसकर्मी वीरेंद्रसिंह, बाबूसिंह और अपनी बाईक से अपराधियों को पीछा कर के उन्हें पकड़ाने में मदद करने वाले ज़िम्मेदार नागरिक शक्ति सिंह और प्रह्लाद सिंह की अनसुनी कहानी)

जैसे ही कन्हैया लाल की नृशंस हत्या की सूचना सोशल मीडिया पर फैली पूरे प्रदेश में आक्रोश और दहशत का माहौल बन गया| सब शांति चाहते है पर शायद ही कोई व्यक्ति ऐसा होगा जो प्रदेश और देश में दंगो की आशंका से सिहर न गया हो!

ताल के पास लसानी गाँव के दो युवक शक्ति सिंह और प्रह्लाद सिंह चुण्डावत भी उस दिन ऐसी ही चिंता में शाम पाँच बजे उदयपुर की घटना पर गम्भीर होकर आप में चर्चा कर रहे थे।

तभी मोबाईल पर इलाक़े के पुलिसकर्मी बाबूसिंह का फ़ोन आया! बाबूसिंह उन दोनो को जानते थे। पुलिस की नफ़री इतनी नही होती है कि हर सड़क और चौराहे पर नाका लगा ले! ऐसे में आस पास के ज़िम्मेदार

नागरिकों की मदद ली जाती है!

भीलवाड़ा देवगढ़ मार्ग भी एक अलग थलग मार्ग है! इस पर टोल CCTV न होने से शातिर अपराधियों द्वारा भागने के लिए इसका उपयोग किया जा सकता है |

बाबूसिंह के पास वायरलेस अलर्ट आ चुका था | दोनो हत्यारे RJ 27 AS 2611 बाइक से फ़रार होने की सूचना थी | नाकाबंदी के आदेश हो चुके थे | बाबूसिंह के पास आगे पुलिसकर्मी की मदद लेने की संभावना नहीं थी। पुलिस की कड़ी में वह अंतिम थे! वे प्राप्त सूचना के अनुसार दूसरे सम्भावित मार्ग पर निकल गए | फिर विचार आया कि अगर अपराधी 40 मील के रास्ते निकल गए तो वहाँ उनको कोई पुलिस नही मिलेगी|फिर अचानक उनको शक्तिसिंह का विचार आया! शक्तिसिंह इस मार्ग पर गाँव के रहने वाले है | इसलिए उन्होंने फ़ोन किया |शक्तिसिंह को उन्होंने बताया कि बहुत बड़ी वारदात करके दो अपराधी भागे है | एक हेलमेट पहने हुए है दूसरे के दाढ़ी है |उनकी बाइक का नम्बर 2611 है| शक्तिसिंह ने कहा उन्हें पता है वे उदयपुर में हत्या करके भागे है | वायरल विडीओ में दोनो को देखा है |

सूचना पाते ही शक्ति सिंह और प्रहलाद सिंह अपनी बाईक लेकर पास के सूरजपुरा बस स्टेंड पहुँच गये | बाइक साइड में लगा वही बैठकर आने जाने वाले वाहनों पर निगाह रखने लगे |

तभी अपराधियों के हुलिये से मिलते जुलते दो व्यक्ति बाईक पर गुज़रे तो वे चौंक गये | उन्होंने नम्बर देखे तो 2611 ही थे | शक्ति सिंह में वापस पुलिस को फ़ोन किया तो जवाब मिला कि पुलिस अभी दूर है क्या वे बाईक का पीछा कर सकते है?

शक्तिसिंह ने प्रहलाद सिंह को जल्दी बाईक स्टार्ट करने को कहा और वह पीछे बैठ गया! थोड़ी देर में वो बाईक उनकी पहुँच में थी! अपराधियों के ट्रेस होने की सूचना पूरे जिले के वायरलेस सिस्टम पर दनदना रही थी! कोऑर्डिनेट टीम के एक और सदस्य पुलिसकर्मी वीरेंद्र सिंह ओसिया 40 मील के रास्ते पर पुलिस की बाक़ी टीमों और CO राजेंद्र सिंह के सम्पर्क में थे | उन्होंने शक्तिसिंह को फ़ोन किया कि वे उस बाईक का लगातार पीछा करें और उसे ओझल न होने दें | और

लगातार फ़ोन पर सूचना देते रहें |बाबूसिंह और वीरेंद्र सिंह लगातार शक्ति सिंह से फ़ोन पर लोकेशन ले कर पुलिस की टीमों को दे रहे थे | CO ख़ुद चालीस मील के रास्ते में बढ़ गए |

ईधर शक्तिसिंह और प्रह्लाद पीछा करने वाले बाईक के नज़दीक पहुँचे तो बाईक सवार धमकाने के अन्दाज़ से उन्हें डराने लगे | उन्होंने अपनी बाईक धीमी कर ली और सुरक्षित दूरी बना कर पीछा करने लगे | ज़ाहिर है नृशंस हत्या करके भागने वाले हथियार के साथ ही होंगे| और उन्हें ऐसा दुबारा करने का भी भय या संकोच नहीं होगा |दोनो के चेहरे पर तनाव और डर एक साथ आया मगर उन्होंने हिम्मत नही हारी |अगर आज अपराधी नहीं पकड़े जाते है तो पूरे देश प्रदेश में भारी तनाव फैल सकता है | न जाने कितनी मासूम जिंदगियाँ ख़तरे में पड़ जाएगी | यही तो मक़सद था इस हत्या का | दोनों ने सोचा |

"तुम पीछा करते रहो चालीस मील पर पुलिस आ जाएगी| डरना मत और उन्हें ओझल मत होने देना| और सुरक्षित दूरी बनाए रखना | ख़तरा हो सकता है |" वीरेंद्रसिंह ने फ़ोन पर कहा| चालीस मील नज़दीक ही था, चलो थोड़ी ही देर में पकड़े जाएँगे| हत्यारों को भी भनक लग गयी थी| उन्होंने स्पीड बढ़ा दी | प्रह्लाद सिंह ने भी स्पीड बढ़ा दी| चालीस मील से वे भीम के रोड पर मुड़ गए| पुलिस पहुँचने से कुछ मिनट पहले वे आगे जा चुके थे| दोनो ने पीछा जारी रखा | अंजाम या ख़तरों के बारे में सोचना बंद कर दिया था| "वे भीम की तरफ़ जा रहे है |हम अब भी उनके पीछे है|"

शाबाश! वीरेंद्र ने CO साहब को इत्तिला की कि अभी भी अपराधी निगाहो में है | उन्होंने चैन की साँस ली परंतु तनाव बढ़ता जा रहा था |बीस किलोमीटर तक पीछा करने के बाद एक क़स्बे के पास सामने से पुलिस की गाड़ी आते देख अपराधी अपनी बाईक लेकर गलियों में घुस गए | प्रह्लाद और शक्ति सिंह भी पीछे हो गये| मगर शातिर अपराधी छोटी गलियों में घुस गये और जीप को चकमा दे दिया| मगर वे शक्तिसिंह और प्रह्लाद सिंह को चकमा नही दे पाए | मुख्य सड़क पर पहुँचते ही विरेंद्र से बात हुई | पुलिस की टीमें नज़दीक थी | एक पुलिस की बाईक भी उनका पीछा करने लगी| अपराधी अब घिर चुके थे |भीम

से थोड़ा पहले उन्हें रोककर अच्छी तरह से कूटा गया और गिरफ़्तार कर लिया गया |

हमें गर्व है हमारी पुलिस पर |हमें गर्व है हमारे भाई शक्तिसिंह प्रह्लाद सिंह जैसे ज़िम्मेदार नागरिकों पर जिन्होंने जान जोखिम में डालकर पुलिस की मदद की |हमें गर्व है वीरेंद्र सिंह बाबूसिंह जैसे बहादुर पुलिस जवानों पर जिन्होंने अपनी सहज बुद्धि से बहादुर नागरिकों का सहयोग लेते हुए अपराधियों को पकड़ने का टास्क अत्यंत कम समय में सफलता पूर्वक कोऑर्डिनेट किया |हमें गर्व है राजसमंद पुलिस के CO राजेंद्र सिंह और बहादुर जवानो पर जिन्होंने इतनी फुर्ती से आतंकियों को धर दबोचा और प्रदेश में शांति बहाल की |

कन्हैया लाल की हत्या की जांच एन आई ए को सौंप दी गई है और इस मामले में अब तक 7 आरोपियों को पकड़ा जा चुका है | इसमें मुस्लिम संगठन पीपुल्स फ्रन्ट ऑफ इंडिया के सदस्यों की संलिप्तता पाई गई है | पूरा खुलासा पूरी जांच और अदालत की कार्रवाई के बाद ही पता चलेगी |

****

उमेश कोल्हे की गला रेतकर हत्या : महाराष्ट्र के अमरावती शहर में एक मेडिकल स्टोर मालिक की हत्या का मामला सुर्खियां बनता जा रहा है। बीती 21 जून 2022 की रात 10 से साढ़े दस बजे के बीच 54 वर्षीय उमेश कोल्हे की हमलावरों ने गला रेतकर हत्या कर दी थी। यह घटना तब हुई थी जब वो अपने बेटे और बहू के साथ अलग अलग बाइक पर घर जा रहे थे। हमलावरों ने कोल्हे की गर्दन पर वार किए थे। पुलिस ने इस मामले में अब तक कुल 6 आरोपियों को गिरफ्तार किया। इस घटना की जांच के लिए एनआईए की टीम भी अमरावती पहुंची है। मामले की कड़ी जांच के लिए बीजेपी राज्यसभा सांसद अनिल बोंडे ने अमरावती की सीपी आरती सिंह से भी मुलाकात की है। जिले में कोल्हे समेत कई लोगों को जान से मारने की धमकी भी आई थी। सभी आरोपियों को 4 जुलाई तक पुलिस कस्टडी में भेज दिया गया है।

सूत्रों के मुताबिक उमेश कोल्हे ने व्हाट्सएप पर नूपुर शर्मा के समर्थन में एक पोस्ट सोशल मीडिया पर शेयर किया था। जो गलती से

एक मुस्लिम सदस्यों के ग्रुप में चला गया। जिनमें कुछ उनके ग्राहक भी थे। गिरफ्तार किए गए आरोपियों में से एक ने पुलिस को बताया कि उनके मुताबिक यह पैगंबर का अपमान था। इसलिए उन्हें इसलिए उनकी हत्या की गई।

गला रेतकर हत्या

उमेश कोल्हे महाराष्ट्र के अमरावती जिले में अमित मेडिकल नाम से एक मेडिकल स्टोर चलाते थे। अंग्रेजी अखबार द इंडियन एक्सप्रेस के मुताबिक 54 वर्षीय कोल्हे 21 जून 2022 की रात को जब बेटे संकेत और बहू वैष्णवी के साथ अलग-अलग बाइक पर अपने घर जा रहे थे। तभी घात लगाकर बैठे हमलावरों ने उनकी गर्दन पर पीछे से चाकू से हमला कर दिया। अचानक हुए इस हमले में वो बुरी तरह से जख्मी हो गए थे। घटना के बाद उनके बेटे और बहू ने उन्हें लहूलुहान हालत में अस्पताल पहुंचाया। हालांकि उनकी जान नहीं बचाई जा सकी, डॉक्टरों ने उन्हें मृत घोषित कर दिया। इस घटना को अंजाम देने के बाद आरोपी फरार हो गए थे।

मामले की जांच NIA को दे दी गई है | आने वाला समय बताएगा की अपराधी न्यायचक्र में फँसेंगे या नहीं | *******

तालिब हुसैन के होटल में हिन्दू देवी-देवताओं की तस्वीरों में चिकन की पैकिंग, जाँच के लिए गई यूपी पुलिस पर चाकू से हमला

यह 4 जुलाई 2022 की घटना है |पुलिस अधीक्षक के मुताबिक, कुछ लोगों की शिकायत के बाद पुलिस की एक टीम मौके पर पहुँची थी। जाँच के दौरान तालिब ने पुलिस दल पर चाकू से हमला किया।

उत्तर प्रदेश के संभल जिले से देवी-देवताओं की तस्वीरों वाले अखबार में चिकन रखकर बेचने का मामला सामने आया है। सूचना पाकर मौके पर पहुँची पुलिस ने जब होटल संचालक तालिब हुसैन को ऐसा करने से रोका तो उसने धारदार हथियार से उन पर हमला कर दिया। होटल संचालक को हमला करने के आरोप में गिरफ्तार कर लिया गया है।

पुलिस अधीक्षक चक्रेश मिश्रा ने बताया कि यह शिकायत वरिष्ठ उपनिरीक्षक अजय कुमार ने 4 जुलाई, 2022 को दर्ज कराई है। शिकायत में कहा गया है कि संभल कोतवाली क्षेत्र में तालिब हुसैन नाम

का शख्स अपने होटल में देवी-देवताओं के फोटो वाले अखबार में चिकन रखकर बेच रहा था।

पुलिस अधीक्षक के मुताबिक, कुछ लोगों की शिकायत के बाद पुलिस की एक टीम मौके पर पहुँची थी। जाँच के दौरान तालिब ने पुलिस डल पर चाकू से हमला किया। इस मामले में 3 जुलाई, 2022 देर रात तालिब के खिलाफ आईपीसी की धारा 153 'अ' (वैमनस्य फैलाना), 295 ए (किसी वर्ग के धर्म का अपमान करने के आशय से उपासना के स्थल को क्षति पहुँचाना या अपवित्र करना), 353 (सरकारी काम में बाधा डालना) और 307 (हत्या का प्रयास) के तहत मुकदमा दर्ज कर उसे गिरफ्तार कर लिया गया। मिश्रा ने बताया कि मौके से देवी-देवताओं की तस्वीरों वाले अखबार की कॉपियाँ और हमले में इस्तेमाल किया गया चाकू बरामद कर लिया गया है।

यह पहला मामला नहीं है, जब हिंदू देवी देवताओं के चित्रों का गलत इस्तेमाल किया गया है। वर्ष 2019 में अमेजन पर हिन्दू देवी देवताओं के चित्र वाली टॉयलेट सीट कवर और डोरमैट्स (दरवाजे पर बिछाए जाने वाले मैट) बेचने का आरोप लगा था। ई-कॉमर्स वेबसाइट ने लोगों के विरोध के बाद भी हिंदू देवी-देवताओं के चित्र वाले टॉयलेट कवर और पायदान बेचना बंद नहीं किया था।

इससे पहले वर्ष 2017 में अमेजन की कनाडा वाली वेबसाइट पर भारतीय तिरंगे के चित्र वाले डोरमैट बेचने का आरोप लगा था। तब भारत सरकार ने अमेरिकी और कैनेडियन एंबेसी के सामने ये मुद्दा उठाया था। नवंबर 2020 में ऑनलाइन गांजा बेचे जाने को लेकर अमेजन के डायरेक्टर्स के खिलाफ NDPS एक्ट के तहत केस दर्ज किया गया था।

****

इस्लाम की भेंट चढ़ गया 33% भारत, 75% वाले गाँव में चाहिए शरिया: डेमोग्राफी चेंज से 'मुस्लिम पट्टी' बनाने की भी तैयारी

झारखंड की एक हालिया घटना(जून 2022) को ही देख लीजिए। गढ़वा के एक विद्यालय में प्रधानाध्यापक पर इसीलिए इस्लामी नियम-कानून लागू करने का दबाव है, क्योंकि वहाँ मुस्लिम 75% हो गए

हैं। ये अलग बात है कि देश के 8 राज्यों में अल्पसंख्यक होने के बावजूद हिन्दुओं को इसका फायदा नहीं मिलता और सुप्रीम कोर्ट भी इससे जुड़ी याचिका रद्द कर चुका है। मुस्लिम कहीं 100% हो जाएँ, फिर भी उन्हें सरकारी स्तर पर अल्पसंख्यकों वाली सारी सुविधाएँ मिलती रहेंगी और वे अल्पसंख्यक ही बने रहेंगे |

गढ़वा में समुदाय के दबाव के चलते स्कूल की प्रार्थना बदल गई है। पहले यहाँ 'दया का दान विद्या का...' प्रार्थना करवाई जाती थी। हालाँकि अब 'तू ही राम है तू ही रहीम' प्रार्थना स्कूल में होने लगी है। इसके साथ स्कूल में बच्चों को हाथ जोड़ कर प्रार्थना करने से भी मना कर दिया गया है। गाँव का मुखिया शरीफ अंसारी है। मुस्लिमों के हंगामे के कारण प्रिंसिपल को सलाह दी गई कि उनके कहे अनुसार चलाएँ। क्या आज तक हिन्दुओं ने किसी स्कूल में घुस कर हंगामा किया है कि वहाँ यज्ञ-हवन करवाएँ जाएँ।

लेकिन, ये तो इस्लामी कट्टरवाद की बस 33% सफलता है। बाकी की सफलता उन्हें तब प्राप्त होगी, जब उनका 'गजवा-ए-हिंदुस्तान' का सपना पूरा होगा। पूरे भारत पर इस्लाम का राज। इसकी एक साजिश हमें तभी देखने को मिली थी, जब देश के बँटवारे के समय बांग्लादेश (तब पूर्वी पाकिस्तान) से लेकर पाकिस्तान तक एक 'मुस्लिम पट्टी' की माँग की गई थी। अर्थात, भारत के बीचोंबीच मुस्लिम जनसंख्या बढ़ा कर देश को और खंडित करना।

डेमोग्राफी में बदलाव के क्या दुष्परिणाम हो सकते हैं, ये हिन्दुओं को अब समझ में आ रहा है। ऐसा नहीं है कि इतिहास में इसका खामियाजा हमें नहीं भुगतना पड़ा, बल्कि उस इतिहास को हम भूल चुके हैं। पाकिस्तान के रूप में हमारा 8 लाख वर्ग किलोमीटर का क्षेत्र और बांग्लादेश के रूप में डेढ़ लाख वर्ग किलोमीटर क्षेत्र हमसे छिन गया। अफगानिस्तान, जो पहले भारतवर्ष का हिस्सा हुआ करता था, आज उस साढ़े 6 लाख वर्ग किलोमीटर में शरिया चलता है।

यानी, कुल मिला कर ये 16 लाख वर्ग किलोमीटर का क्षेत्र हमारे हाथों से इस्लाम को फिसल गया। ये कोई छोटा क्षेत्र नहीं है, बल्कि भारत के वर्तमान क्षेत्रफल का लगभग आधा है। अर्थात, आधा भारत

हमने खो दिया। वहाँ आज हिन्दू बेहाल हैं। पाकिस्तान में उनकी बहू-बेटियों का अपहरण कर जबरन धर्मांतरण और निकाह करा दिया जाता है, अफगानिस्तान में गुरु ग्रन्थ साहिब सिर पर लाद कर भारत लाना पड़ता है और बांग्लादेश में एक झूठी अफवाह के कारण देश भर में दुर्गा पूजा पंडालों पर हमले होते हैं।

ये होता है जनसांख्यिकी में बदलाव का असर। 1930 के दशक के कराची की तस्वीर देखिए। महाशिवरात्रि के मेले में भीड़ दिखेगी। आम हिन्दू वहाँ आते थे, समृद्ध हिन्दुओं की गाड़ियाँ पार्क हुई दिखेंगी। आज कराची में इस तरह के नज़ारे के बारे में कोई सोच भी नहीं सकता। क्यों? क्योंकि ये मुस्लिम बहुल इलाका है। नेपाल, भूटान, तिब्बत या म्यांमार भी प्राचीन भारत से अलग हुए, लेकिन वहाँ हिन्दुओं पर अत्याचार नहीं होते। कारण कि वहाँ मुस्लिम बहुसंख्यक नहीं हैं।

अफगानिस्तान में शरिया लागू है। यहाँ तक कि सिनेमा और गीत-संगीत पर भी प्रतिबंध है। भगवान बुद्ध की प्रतिमा को बम से उड़ा दिया गया। गुरुद्वारों पर हमले होते हैं। बांग्लादेश में कुरान के अपमान की झूठी अफवाह से कैसे देश भर के मंदिरों पर हमले और आगजनी हुई, हमने देखा। तीनों देशों में अल्पसंख्यकों, खासकर हिन्दुओं की जनसंख्या पिछले कुछ दशकों में कई गुना कम हो गई। जो बचे-खुचे हैं, डर कर रहते हैं। डर कर रहना पड़ता है।

ये साजिश अभी भी चल रही है। बांग्लादेश से पाकिस्तान तक एक 'मुस्लिम पट्टी' बनाए जाने के आरोप लगते रहे हैं, यानी रास्ते में आने वाले सभी जिलों को मुस्लिम बहुसंख्यक बना दो। इससे न सिर्फ भारत के टुकड़े होंगे, बल्कि हिन्दू भी डर कर रहेंगे। पश्चिम बंगाल, बिहार, उत्तर प्रदेश और हरियाणा जैसे राज्यों पर इसका सबसे ज्यादा असर पड़ रहा है। पूर्व विधान पार्षद हरेंद्र प्रताप के इस मुस्लिम गलियारे के बारे में बताते हुए जानकारी दी थी कि कैसे इससे पाकिस्तान और बांग्लादेश को जोड़ने की साजिश चल रही है।

उन्होंने आँकड़े गिनाए थे कि मुस्लिम बहुल इलाकों मुजफ्फरनगर (50.14%), मुरादाबाद (46.77%), बरेली (50.13%), सीतापुर (129.66%), हरदोई (40.14%), बहराइच (49.17%) और गोंडा

(42.20%) से 'मुस्लिम पट्टी' बनाने की साजिश है। कैराना से हिन्दुओं के पलायन और पश्चिम बंगाल में रोहिंग्या मुस्लिमों के बढ़ते प्रभाव को उन्होंने इससे जोड़ कर देखा था। चिकेन्स नेक काटने की साजिश की तो शाहीन बाग़ में शरजील इमाम जैसों ने ही पोल खोल दी।

ये इस तरह की अकेली घटना नहीं है। राजस्थान के उदयपुर में टेलर कन्हैया लाल तेली का सिर कलम किए जाने का मामला हो या महाराष्ट्र के अमरावती में केमिस्ट उमेश कोल्हे की गर्दन में खंजर घोंप कर उनकी हत्या की घटना, इस्लामी कट्टरपंथ का प्रयास यही है कि हिन्दू डर कर रहें। कश्मीर में दशकों से आम नागरिक निशाना बनाए जा रहे हैं। पश्चिम बंगाल में एक छोटी सी घटना पर निकली मुस्लिम भीड़ रेलवे की अरबों की संपत्ति का झटकों में नुकसान कर देती है।

खासकर जहाँ भाजपा की सरकार नहीं है, वहाँ ऐसी घटनाएँ और ज्यादा होती हैं। अव्वल तो ये कि इन्हें तुरंत अंतरराष्ट्रीय समर्थन मिल जाता है। 50 से अधिक इस्लामी मुल्क हैं दुनिया में, ऊपर से कई देशों में वो बहुसंख्यक हैं और कइयों में प्रभावशाली स्थिति में हैं। फिर भी वो पीड़ित बन कर ही रहते हैं। मीडिया आतंकवाद और कट्टरपंथ के विरोध को 'इस्लामोफोबिया' कहता है। किसी हिन्दू का सिर जिहादी काट लें, फिर भी 'TIME' जैसे मैगजीन एक तरह से ये पूछते हैं कि ये हिन्दू बिना शोर मचाए क्यों नहीं मर रहे?

जहाँ मुस्लिमों की जनसंख्या ज्यादा नहीं है, वहाँ भी कई गली-मोहल्लों में ये एक साथ रहते हैं। ये इलाके फिर 'संवेदनशील' कहे जाते हैं। वहाँ मस्जिद होता है। सड़क सरकार की होती है, लेकिन वहाँ से हिन्दू त्योहारों के जुलूस नहीं गुजर सकते। डीजे बजाने पर पत्थरबाजी होती है। लेकिन, ये सड़क पर नमाज पढ़ सकते हैं। सार्वजनिक स्थान पर शांतिपूर्ण हनुमान चालीसा पाठ को 'गुंडई' बता दिया जाता है। यानी, इनकी मंशा है कि ये जहाँ भी रहें, मर्जी इनकी ही चले। शरिया का पालन मुस्लिम ही नहीं, सभी गैर-मुस्लिम भी करें।

उत्तराखंड में भी डेमोग्राफी बदलने की बात सामने आई है। पर्यटन और हिन्दू तीर्थाटन आधारित इस राज्य के उद्योग-धंधों में बाहरी मुस्लिमों का वर्चस्व हो गया है। पश्चिम बंगाल में तो लगभग एक

तिहाई जनसंख्या मुस्लिमों की होने जा रही है। तभी भाजपा कार्यकर्ताओं के नरसंहार पर मुस्लिमों की बदौलत सत्ता में आई मुख्यमंत्री ममता बनर्जी चुप रहती हैं। हैदराबाद की सभी विधानसभा और लोकसभा सीटें असदुद्दीन ओवैसी को जाती हैं। बिहार के सीमांचल में मुस्लिम उम्मीदवार ही जीतते हैं। ये होता है डेमोग्राफी में बदलाव का असर।

हम कश्मीर को कैसे भूल सकते हैं। लाखों की संख्या में जहाँ पंडित हुआ करते थे और डल झील के किनारे मंत्र जपते पंडित जिस राज्य की पहचान थे, वहाँ से उन्हें अपनी घर-संपत्ति छोड़ कर भागना पड़ा और अपने ही देश में शरणार्थी बन कर जीना पड़ रहा है। नरसंहार हुआ, बलात्कार हुआ, पलायन हुआ – बदल गई डेमोग्राफी। इसकी कोई गारंटी नहीं कि ये प्रक्रिया भारत के अन्य हिस्सों में नहीं दोहराई जाएगी। गुजरात में एक जैन कॉलोनी का इस्लामीकरण कर <u>दिया गया</u>, जहाँ अहिंसक जैन को कटते हुए पशुओं की चीखें सुननी पड़ती है, बहता खून देखना पड़ता है। यही तो है डेमोग्राफी चेन्ज की प्रक्रिया।

यह बड़े आश्चर्य की बात है की भारत के इस्लामी कट्टरपंथी ईश निंदा के लिए पाकिस्तान की तर्ज पर एक अलग कानून की मांग कर रहे हैं ताकि सामाजिक सौहार्द बना रहे। जबकि सच ये है कि ईश निंदा कानून की आड़ लेकर मुस्लिम पाकिस्तान में हिंदुओं और अल्पसंख्यकों पर अत्याचार कर रहे हैं।परिणाम स्वरूप वहाँ हिंदुओं की आबादी 2 % रह गई है।भारत में इसी समुदाय के लोग समाज की शांति और लोकाचार को आगजनी, दंगों, प्रदर्शनों और "गुस्ताख-ए-रसूल की एक सजा- सिर तन से जुदा" जैसा नारा देकर छिन्न-भिन्न करते हैं, फिर विरोध करने पर दूसरे धर्म के लोगों को सामाजिक सौहार्दता बिगाड़ने का दोषी मानते हैं। और फिर लोगों का सिर कलम करने की धमकी देते हैं। इन लोगों का ऐसा ढंग वाकई हैरान करने वाला है क्योंकि ये हर बार यही करते हैं। पहले ये खुद ही किसी बात से आहत होते हैं, फिर दंगों के लिए दौड़ते हैं, हिंसा करते हैं, फिर शांति भंग करने का इल्जाम हिंदुओं पर लगाते हैं। ये सब बिलकुल ब्लैकमेल करने के हथकंडों की तरह है। इनके लिए वो हर व्यक्ति काफिर है जो इनके धर्म को नहीं मानता। दूसरे

धर्मों के लोगों का सम्मान करना इनकी धार्मिक शिक्षा का हिस्सा नहीं है | आज पूरा विश्व इनकी इस हिंसावादी मानसिकता से जूझ रहा है | सातवीं शताब्दी में अरब के रेगिस्तान से निकला यह पंथ तलवार के बल पर पूरी दुनिया को अपने अधीन करना चाहता है | पिछले 1400 वर्षों का इतिहास बताता है की अब तक इन्होंने मार काट और हिंसा के बल पर ही अपने धर्म को फैलाया है | भारत तो इसका जीता जागता उदाहरण है |

दुनिया के कुल 57 मुस्लिम देश है, जिसमें सबसे बड़ी आबादी मुस्लिम है | इन देशों का निर्माण इस्लामिक विचारधारा पर हुआ है या देश की व्यवस्था इस्लाम से प्रभावित है | इनमें कुछ देशों को छोड़कर ज्यादातर सामान्य और गरीब देश ही शामिल हैं | इन 57 देशों में अधिकतर एशिया और अफ्रीका महाद्वीप में मौजूद हैं | इन 57 देशों में मुस्लिम आबादी 100 करोड़ से ज्यादा है | जबकि भारत, पाकिस्तान और इंडोनेशिया में दुनिया के सर्वाधिक मुस्लिम रहते हैं | अकेले भारत में इनकी आबादी 20 करोड़ से ऊपर है जिनकी जनसंख्या की रफ्तार बाकी समुदायों से अधिक है |अमेरिका के वाशिंगटन स्थित प्यू रिसर्च सेंटर के अनुसार दुनिया में आने वाले भविष्य में मुस्लिमों की संख्या पहले पायदान पर पहुँच सकती है जबकि ईसाई दर की संख्या में ज्यादा वृद्धि नहीं होगी | इसके साथ हिन्दू धार्मिक समुदाय सामान्य वृद्धि दर के साथ बना रहेगा | भारत के संदर्भ में भी अनुमान लगाया है की भारत में मुस्लिम जनसंख्या 2050 तक सर्वाधिक हो सकती है |

नुपूर शर्मा की विवादित टिप्पणी तो इस समुदाय के लिए देश में हिंसा फैलाने और अपने आक्रोश को व्यक्त करने का बहाना था | इसके पहले भी भारत में हिन्दू-मुस्लिम दंगों का इतिहास रहा है | देश में राष्ट्रवादी सरकार आने के बाद कट्टरपंथी और देशविरोधी ताकतों पर लगाम लगाया गया | परंतु यह आक्रोश अंदर ही अंदर सुलगता रहा जिसकी परिणति देश में दंगे और हिन्दू समुदाय के लोगों की हत्या है |

इस समस्या से निजात पाने के कुछ सुझाव –

1. देश के कानूनों में आवश्यक बदलाव और कट्टरपंथी मुस्लिमों को बचपन से दी जाने वाली शिक्षा में सुधार हो | इसकी जगह पर ऐसी शिक्षा

और संस्कार हो जो "सर्वधर्म समभाव" की शिक्षा दे, जिससे सभी धर्म के लोग शांति और सुरक्षा के साथ जी सकें |

2. अल्पसंख्यक और बहुसंख्यक का दर्जा खत्म हो | सब को समान अवसर मिले | जातिगत आरक्षण खत्म हो | इसकी जगह आर्थिक आधार पर प्राथमिकता दी जाए |

3. जनता के पास भ्रष्ट और नकारा जन प्रतिनिधियों को वापस बुलाने का भी अधिकार हो जिसे Right to Recall कहते हैं |

4. जनसंख्या नियंत्रण कानून बने जो सब के ऊपर लागू हो |

5. यूनिफ़ार्म सिविल कोड लागू हो |

6. विदेशी घुसपैठियों को म्यांमार की तरह देश से बाहर निकाला जाए |

7. राजद्रोह कानून में सुधार हो | इस स्पष्ट रूप से परिभाषित किया जाए |

8. देश विरोधी गतिविधियों में लिप्त किसी भी व्यक्ति और संस्था की संपत्ति को जब्त करने का केंद्र और राज्य सरकार को पूर्ण अधिकार हो |

8. अपुष्ट और भ्रामक खबरें फैलाने वाली मीडिया, सोशल मीडिया और व्यक्तियों पर सख्त कार्रवाई करने का कानून बनाया जाए जो रात-दिन नकारात्मक सनसनीखेज खबरें फैलाकर जनता को भड़काते हैं | अभिव्यक्ति की आजादी के नाम पर किसी को भी और कुछ भी बोलने, लिखने और प्रकाशित करने की आजादी नहीं दी जा सकती | इस पर नियंत्रण बहुत आवश्यक है|

9. देश के नागरिकों को वोट के लिए प्रलोभन देकर मुफ़्त में राशन, सायकल, टी वी, सिलाई मशीन, बिजली पानी, बस व ट्रेन के किराये में छूट, किसानों का कर्ज माफी, व्यापारियों का कर्ज माफी पर रोक लगे| भ्रष्टाचार में लिप्त नेता की पूरी संपत्ति जब्त की जाए और उसे आजीवन चुनाव लड़ने से वंचित किया जाए | हमारे देश में बहुत प्रतिभावान और ईमानदार लोग हैं | अतः नेताओं की कमी नहीं पड़ेगी |

10. जाति आधारित आरक्षण नाम की बीमारी को समाप्त किया जाए | इसकी जगह पर अत्यंत पिछड़े और आर्थिक रूप से अक्षम लोगों

को ही आरक्षण दिया जाए |आरक्षण की वजह से लोगों में निकम्मापन पनप रहा है| काबिल युवा हैं वो दूसरे देशों में पलायान कर रहे हैं | समाज में असंतोष फैल रहा है | जातिगत आरक्षण संविधान की मूल भावना के विपरीत है |

11. 12 वीं कक्षा तक सभी को मुफ़्त शिक्षा का प्रावधान हो | प्राइवेट विद्यालयों को चलाने के लिए समान नियम बनाए जाएँ ताकि विद्यालय मनमानी फीस वसूल न कर सकें | साथ ही पढ़ाने वाले शिक्षकों की राष्ट्रीय स्तर पर प्रवेश परीक्षा हो | उनकी सेवा के दौरान एक निश्चित अवधि के दौरान उनकी क्षमता का मूल्यांकन हो ताकि वो भी अपने ज्ञान के स्तर को तत्कालीन परिस्थितियों और आवश्यकताओं के अनुरूप बढ़ा सकें |

यह कल्पना करना आसान है पर व्यवहार में उतना ही कठिन है | इसका कारण है - मुस्लिमों को वोट बैंक मानने वाले और उनका तुष्टीकरण करने वाले राजनैतिक दल ऐसा कभी नहीं होने देंगे | इसके लिए भारत के सभी नागरिकों को राष्ट्रहित के लिए जागृत होना होगा और सरकार को आमूलचूल बदलाव करने के लिए बाध्य करना होगा | यदि ऐसे ही धर्म के नाम पर संघर्ष होते रहे तो गृह युद्ध होने में देर नहीं लगेगी | देशहित में ये कदम सरकार को जल्द से जल्द उठाने होंगे वरना देश की अखंडता को बनाए रखना हमारी सेना और पुलिस के लिए दुष्कर कार्य हो जाएगा |

3

मोपला -हिन्दू नरसंहार

मोपला नरसंहार:कैसे टीपू सुल्तान और उसके पिता हैदर अली ने मोपला नरसंहार के बीज बोए थे ?

हमारे देश में अनेक दंगे, अनेक नरसंहार हुए, परंतु उन्हें हमारी स्मृतियों से ऐसे हटाया गया जैसे रेत पर बने किसी चित्र को समुद्र की लहर हटाती है। ऐसा ही एक नरसंहार केरल के मालाबार में किया गया था। एक ऐसा नरसंहार जो आरंभ तो तुर्की के खलीफा के नाम पर किया गया था परंतु निशाने पर थे मालाबार के हिन्दू। हमारी स्मृतियों से मोपला के नरसंहार को कब निष्कासित किया गया, तथा कब वह एक 'हिंदू विरोधी नरसंहार' से एक 'कृषि विरोधी' आंदोलन में परिवर्तित हो गया, हमें आभास भी नहीं होने दिया गया।

मोपला नरसंहार इस्लामिक क्रूरता और धर्मान्धता का सबसे वीभत्स उदाहरण है। ये दंगे खिलाफत, जिहाद, इस्लामी चरमपंथ और उन्माद जैसे सभी अवधारणाओं की विकृत और निकृष्टतम प्रस्तुतीकरण है जिसकी नींव 1771 में हैदर अली के शासन काल में पड़ी थी। ये दंगे एक नृशंस धार्मिक नरसंहार को कृषक-विद्रोह और छद्मराष्ट्रवाद में परिवर्तित करने की कहानी मात्र ही नहीं अपितु जिहादियों की महिमा गाथा भी है।

एक आम भारतीय इन्हें वस्तुतः एक सामान्य सांप्रदायिक दंगे के रूप में देखता है। स्वाधीनता पश्चात वाम और "वाम के हाथ" अर्थात कांग्रेस के मध्य झूलती शिक्षा व्यवस्था से यही अपेक्षित भी था। परंतु अब भावी पीढ़ियाँ राष्ट्रीय और बौद्धिक पुनर्जागरण के मध्य खड़ी हैं। अतः जनप्रबोधन अत्यंत आवश्यक है जिससे कि अनभिज्ञता का ये आवरण हटे और शीघ्रताशीघ्र इन दंगों के पीछे का सच और सिद्धांत दोनों सामने आये। यह आवश्यक है कि जनमानस इस वीभत्स नरसंहार से अवगत हो।

केरल के मालाबार में हुए नरसंहार की कोरी कल्पना भी रोम-रोम में भय का संचार करती है। ये नरसंहार हत्या का वो तांडव था जिससे मनुष्य की अंतरात्मा तक कांप उठे। मोपला दंगों की नींव मैसूर में पड़ चुकी थी, जब दंगों से 150 वर्ष पूर्व सुल्तान हैदर अली और उसके बाद उसके बेटे टीपू सुल्तान का शासन था।

****

मोपला दंगो के पीछे टीपू और उसके पिता हैदर अली की भूमिका से पूर्व ये जानना नितान्त आवश्यक है कि मोपला कौन थे और दंगे कहां हुए। 1921 के केरल में मालाबार नाम का एक ज़िला था जिसमें 10 तालुकाएँ थी। 10 तालुकाओं से मिलकर बने इस मालाबार क्षेत्र में मुसलमानों की मजबूत उपस्थिति है। मोपला मुसलमानों का प्रादुर्भाव यहाँ लगभग 700 AD में 15 इस्लाम प्रचारकों का एक दल के साथ हुआ जिसका नेतृत्व मलिक-इब्न-दीनार कर रहे थे।

यह दल चेंगन्नूर पर उतरा और समकालीन शासकों से बसने और धर्म प्रचार की अनुमति प्राप्त की। उसने मालाबार और दक्षिण केरला में 10 अलग-अलग स्टेशनों पर दस मस्जिदों का निर्माण किया और साथ ही साथ बड़े पैमाने पर धर्मांतरण भी शुरू किया। इसके परिणामस्वरूप मोपला के नाम से विख्यात मुस्लिमों का उद्भव हुआ। 1921 तक मोपला मालाबार में सबसे बड़ा और सबसे तेजी से बढ़ता समुदाय बन चुका था। इनकी संख्या लगभग 10 लाख थी जो पूरे मालाबार की जनसंख्या का 32 प्रतिशत थी। अधिकांश मोपला दक्षिण मालाबार में केंद्रित थे। जिहाद के केंद्र एरनाड तालुके में इनकी संख्या कुल संख्या का

60 प्रतिशत थी ।
****

अब तार्किक अन्वेषण के माध्यम से यह समझने का प्रयत्न करते हैं कि आखिर कैसे मालाबार क्षेत्रों में इस्लाम का प्रादुर्भाव हुआ और हैदर अली तथा उसके पुत्र टीपू सुल्तान की इसमें क्या भूमिका रही?

मालाबार के संकटग्रस्त इतिहास में औपनिवेशिक साम्राज्यवाद से भी वीभत्स अध्याय हैदर अली और उसके पुत्र टीपू के आगमन से आरम्भ होता है। इस घटना का आरंभ तब हुआ जब हैदर अली अपने ही राजा, मैसूर के वोडेयार की पीठ में छुरा घोंप सिंहासन पर बैठ गया और स्वयं को सुल्तान घोषित कर दिया। अली राजा हैदर अली का एक विश्वासपात्र सहयोगी था जिसे बाद में हैदर ने उच्च पदों पर आसीन कर पुरस्कृत किया। यह समाचार अली राजा के लिए कोल्लाथिरि के शाही परिवार के साथ पुरानी दुश्मनी का हिसाब बराबर करने का सुनहरा मौका था |अली राजा ने हैदर अली को हमला करने का आमंत्रण भेज दिया।

यही नहीं अली राजा ने कन्नूर की एक मस्जिद के ऊपर एक सुनहरा शिखर इस्लाम की पहली पताका फहराई । यह "हिंदू धर्म" का "सबसे बड़ा अपमान" था क्योंकि उस समय पूरे मालाबार में "प्रमुख शिवालयों" के अलावा किसी भी संरचना पर स्वर्ण शिखरों का निर्माण स्थापित संस्कृति के विरुद्ध था। जनवरी 1763 को, अंग्रेजों को खुफिया जानकारी मिली कि अली राजा हैदर अली को मालाबार पर आक्रमण करने के लिए आमंत्रण भेजा था और वह उस लड़ाई में हैदर अली का साथ देने को तैयार था |

1765 के अंत तक हैदर अली ने अली राजा को हाई एडमिरल के रूप में नियुक्त किया और फरवरी 1766 के तीसरे सप्ताह में, हैदर अली ने मालाबार में विध्वंश किया। अली राजा के 12,000 मोपिलाओं ने हैदर अली की सेना को मालाबार का मार्ग दिखाने वाले स्काउट्स के रूप में कार्य किया। तत्कालीन कोल्लाथिरी का शाही परिवार चार कारणों से असहाय था। एक, वे हैदर के इस्लामी आक्रमण के परिणामों से पूरी तरह अवगत थे। दूसरा, उन्होंने कुन्हिमंगलम में हिंदू मंदिर के भाग्य के बारे में सुना था जिसे हैदर अली ने अपवित्र कर नष्ट कर दिया था।

तीसरा, अली राजा ने चिरक्कल में उनके महल को अपने अधीन कर लिया था और परिवार के सभी सदस्यों को वहां कैद कर लिया था तथा चौथा उन्होंने टेलिचेरी से हिंदुओं की बड़ी संख्या के भागने की खबर सुनी थी।

हैदर अली के आक्रमण को स्थानीय मोपिलाओं द्वारा हर जगह सहायता प्रदान की गयी। कोट्टायम के हिंदू राजा के मोपिला सैनिक विश्वासघात कर हैदर अली के पक्ष में आ गए। तब हैदर अली ने ऐसा मौत का तांडव किया कि चारों दिशाओं में बिखरे हुए अंग और कटे-फटे शरीर से समस्त भूभाग पटा पड़ा था। महिलाओं या बच्चों तक को नहीं छोड़ा गया। सर्वत्र लूट मार, अराजकता और ऐसी निरंकुशता की गई कि हृदय काँप उठे।

****

टीपू की पशुता और विभीषिका

इसके बाद, हैदर अली के बेटे, टीपू सुल्तान ने 1789-90 में मालाबार को रक्तरंजित किया, जिसका वर्णन संदीप बालाकृष्णन ने अपनी पुस्तक 'टीपू सुल्तान: मैसूर के तानाशाह' में विस्तृत रूप से किया है। टीपू को उसके हिंदू नरसंहार में कन्नूर बीबी (मृतक अली राजा की पत्नी) द्वारा भी सहायता प्रदान की गई थी, जिनके टीपू के साथ अवैध सम्बन्ध होने की किंवदंती भी प्रचलित थी। एक तरफ उसने अंग्रेजों से दोस्ती करने का नाटक किया और दूसरी तरफ उसने अपनी बेटी की शादी टीपू से कर दी। मैसूर विजय के दौरान टीपू सुल्तान के आदेश के तहत बलपूर्वक धर्मांतरण शुरू किया गया था तथा यही से नींव पड़ी 1921 के मोपला दंगों की।

मार्च 1789 में 19,000 मैसूरी सैनिकों की टुकड़ी ने 2000 नायरों को सपरिवार कुट्टीपुरम के एक पुराने किले में घेर लिया। यह किला कदथनाद राजपरिवार का मुख्यालय भी था। नायरों ने अदम्य साहस का प्रदर्शन करते हुए कई दिनों तक इस किले का बचाव भी किया। परंतु, मालाबार मैनुअल में उल्लेखित एक उद्धरण के अनुसार, "आखिरकार, किले के बचाव में स्वयं को असमर्थ पाते हुए, उन्होंने टीपू के सामने घुटने टेक दिए तथा स्वैच्छिक धर्मांतरण, सामूहिक निर्वासन या मृत्यु

में से धर्मांतरण का चुनाव किया। अगले दिन सभी पुरुषों का खतना किया गया। पुरुषों और महिलाओं, दोनों को गोमांस खाकर समारोह समाप्ति के लिए विवश किया गया। इस उपलब्धि को सेना की अन्य टुकड़ियों के लिए मानक उदाहरण के रूप में प्रस्तुत किया गया। ईसाई और मूर्तिपूजक महिलाओं की शादी बलपूर्वक मुस्लिमों से की गई।" तलवार की नोक पर आरंभ हुआ धर्मांतरण का यह क्रम मोपला दंगों की नींव मजबूत करता गया।

तलवार की नोक पर धर्मांतरण

टीपू ने पूरे मालाबार को मुस्लिम देश में बदलने की बार-बार प्रतिज्ञा की थी और वह सफल भी होता परंतु 18 मार्च, 1792 की संधि के तहत टीपू को मालाबार को ईस्ट इंडिया कंपनी को सौंपना पड़ा। संधि के बाद, त्रावणकोर में शरण लेने वाले कई हिंदू अपने घरों को लौट गए। हालांकि, संकट अभी समाप्त नहीं हुआ था। मालाबार मैनुअल में उल्लेखित एक अन्य उद्धरण के अनुसार "हिंदुओं के लिए संकट समय के साथ साथ विकराल स्वरुप लेता गया । उपलब्ध रिकॉर्ड से हम पाते हैं कि एरनाड और वल्लुवनद जैसे मुस्लिम बाहुल्य क्षेत्रों में मोपलाओं द्वारा धार्मिक उन्माद और धर्मान्तरण (हल इलकाम) का कार्य एक पेशे के तौर पर चलता रहा। लोगों को बलपूर्वक मुस्लिम संप्रदाय अपनाने पर मजबूर कर दिया गया। इस्लामिक क्रूरता के केंद्र स्थलों में रहने वाले हिंदु इस प्रकार भयाक्रांत थे कि अधिकतर अपने अधिकार के लिए प्रतिकार तक नहीं करते थे और न मोपला मुस्लिमों से भू-किराया लेते थे , क्योंकि उन्हें अपने भू-स्वामित्व छीनने का भय सताता रहा। हिन्दू समाज को अन्य चोटें भी लगी हैं और लगती रहती है परंतु भय की पराकष्ठा देखिये, सिकायत तक नहीं की गई।"

टीपू और उसके पिता हैदर अली का उद्देश्य सिर्फ मालाबार विजय नहीं अपितु इस क्षेत्र में कट्टर इस्लामिक शासन की स्थापना था। जब तक एक भी काफिर बचा है, उनकी विजय पूर्ण नहीं थी। अतः वृहद स्तर पर बलपूर्वक धर्मांतरण कराया गया। जो नहीं माने उन्हें या तो मार दिया गया या निर्वासित कर दिया गया। जो रुके उन पर कर का बोझ डाला गया। जनसांख्यिकी को छल, बल, जिहाद और धर्मांतरण के

अथक प्रयासों से बदला गया। इसमें 'दक्षिण के औरंगजेब' को आशातीत सफलता भी मिली जिसका परिणाम आज भी केरल की जनसंख्या और सामाजिक व्यवस्था पर दिखता है। इन दोनों शासकों के कुकृत्य का ही परिणाम था कि "देवों के देश" में उन्माद और धर्मांधता की नींव पड़ी और इसी नींव की परिणीत मोपला दंगों के रूप में हुई।

इतिहास ऐसे ढेरों उल्लेख, उद्धरणों, साक्ष्यों तथा प्रमाणों से भरा पड़ा है। शब्दकोश में शब्द कम पड़ेंगे और इतिहास के पास प्रमाण। आवश्यकता है तो बस आपको अपनी चेतना को झकझोरने की। सच आपके सामने ही खड़ा है। मोपला दंगों में हमने टीपू और हैदर के भूमिका की विस्तारपूर्वक चर्चा की है।

****

आगे हम इससे भी बड़े कुकृत्य के बारे में चर्चा करेंगे। आखिर कैसे वाम और "वाम के हाथ" अर्थात काँग्रेस ने इस घटना को न सिर्फ छुपाया बल्कि छद्म राष्ट्रवाद और कृषक विद्रोह के नाम पर इस्लामी कट्टरपंथियों का महिमामंडन किया?

हैदर अली और उसके बेटे टीपू सुल्तान के बर्बर और निरंकुश शासन के कारण मोपिलाह मुस्लिमों और उनके अत्याचारों को बढ़ावा मिला। परंतु ऐसा भी नहीं था कि हमारी मातृभूमि वीरों से वंचित रही थी। टीपू सुल्तान के निरंकुश शासन के विरुद्ध जनविद्रोह स्वाभाविक था, और वह हुआ भी।

मलाबार पर अंग्रेजों के शासन में सनातन धर्म के अनुयाइयों ने हैदर अली और टीपू सुल्तान के शासन में जो खोया था, उसे पुनः प्राप्त तो किया, परंतु हैदर और टीपू के अत्याचारों के कारण मुस्लिमों और हिंदुओं में जो कड़वाहट उत्पन्न हुई थी, उससे ऐसी खाई उत्पन्न हुई जो फिर कभी नहीं पाटी जा सकी। सनातन धर्मी हिन्दू निरंकुश शासकों का सफल विद्रोह करके भी मोपला जैसे नृशंस नरसंहार नहीं रोक पाए। हमारे पूर्वजों ने टीपू सुल्तान के निरंकुश शासन से विद्रोह कर अपना सम्मान और अपना यश मालाबार में पुनः प्राप्त तो किया, परंतु उस संस्कृति की रक्षा करने के लिए वे एक सशक्त व्यवस्था की रचना नहीं कर पाए।

परंतु अब प्रश्न ये उठता है – यदि टीपू सुल्तान और हैदर अली ने इतने अत्याचार ढाए थे, तो फिर मोपला दंगों की आवश्यकता क्यों पड़ी ? वास्तव में, मालाबार के मुस्लिम निवासियों को उस क्षेत्र में सम्पूर्ण वर्चस्व चाहिए था।

टीपू सुल्तान के बर्बर शासन से सभी अवगत हैं, परंतु उसके बर्बर शासन के विरुद्ध विद्रोह से हमें अधिकतर अपरिचित ही रखा गया है। 1789 आते-आते टीपू के बर्बर शासन के विरुद्ध मालाबार में विद्रोह प्रारंभ हो गया था, जिसे कुचलने के लिए 1790 में स्वयं टीपू सुल्तान को मालाबार की भूमि पर आने को विवश होना पड़ा। इसी बीच मालाबार के विद्रोहियों की रक्षा हेतु त्रावणकोर के दीवान, राजा केशवदास पिल्लई के नेतृत्व में नेदुमकोट्टा के समक्ष दोनों सेनाओं का सामना हुआ |

जहां टीपू को इस्लामी सेनाओं और फ्रेंच शासन का समर्थन प्राप्त था, तो वहीं त्रावणकोर को अप्रत्यक्ष तौर पर ब्रिटिश साम्राज्य का समर्थन प्राप्त था। यह युद्ध इसलिए प्रारंभ हुआ था क्योंकि मालाबार में टीपू के अत्याचार का विद्रोह कर रहे कई गैर-मुस्लिम योद्धाओं ने त्रावणकोर में शरण ली थी, और जब टीपू सुल्तान ने त्रावणकोर के शासक धर्मराज से उन योद्धाओं को सौंपने को कहा, तो उनका प्रतिनिधित्व कर रहे युवा सेनापति केशव पिल्लई ने उनका प्रस्ताव अस्वीकार कर दिया।

त्रिसुर में पाँच माह तक चले इस भीषण युद्ध का कोई परिणाम नहीं निकला, परंतु इसने शनै शनै: टीपू सुल्तान के अत्याचारी शासन के पतन की नींव डाल दी थी, क्योंकि त्रावणकोर पर आक्रमण मंगलुरु में हस्ताक्षरित ब्रिटिश मैसूर समझौते का उल्लंघन था, जो तीसरे ब्रिटिश मैसूर युद्ध का कारक बना, और इसी के कारण 1799 में टीपू सुल्तान को श्रीरंगपटनम में भीषण युद्ध के बाद त्रावणकोर और ब्रिटिश साम्राज्य की संयुक्त सेना ने मौत के घाट उतार दिया। उस एक क्षण के लिए एक अत्याचारी, निरंकुश आक्रांता का नाश करने के लिए 'दो वैचारिक शत्रु' एक हुए थे।

****

इसी विद्रोह से आरंभ हुआ था हिंदुओं का वापस अपनी संपत्ति पर दावा। तद्पश्चात ब्रिटिश साम्राज्य की नजरों में सबसे बड़ी बाधा बने

टीपू सुल्तान का अंत हुआ, तो वहीं त्रावणकोर समेत सम्पूर्ण मालाबार को मैसूर के निरंकुश शासन से कुछ समय के लिए मुक्ति मिल गई।

परंतु, क्या इससे हिंदुओं और मुस्लिमों के बीच के संबंधों में जो खटास आई, वो कम हुई। ऐसा बिल्कुल नहीं हुआ। इसके विपरीत ऐसे अनेक उदाहरण हैं, जिनसे यह सिद्ध होता है कि टीपू के निरंकुश शासन से विद्रोह करके मालाबार में सनातनियों ने अपनी संपत्ति, अपना सम्मान पुनः प्राप्त तो किया, परंतु कहीं न कहीं धार्मिक उन्माद के बीज यहीं से उत्पन्न होने लगे। इसी विद्रोह के पश्चात जिन संपत्तियों को सनातनियों ने पुनः प्राप्त किया, वहाँ से मोपला मुस्लिमों के मस्तिष्क में बदले की भावना उमड़ने लगी |

****

1921 में केरल के मालाबार जिलों के मुस्लिम किसान जिन्हें मोपला के नाम से जाना जाता है, अपने जमींदारों, नंबूदरी और नायरों के खिलाफ उठ खड़े हुए थे।

केरल के मालाबार के मुसलमानों का यह विद्रोह शुरू में "खिलाफत आंदोलन" के समर्थन और अंग्रेजों के खिलाफ था, परंतु जल्द ही इसने सांप्रदायिक हिंसा का रूप ले लिया। इस हिंसा में बड़े पैमाने पर हिंदुओं का नरसंहार किया गया । हजारों हिंदुओं का धर्म परिवर्तन किया गया। हिंदू महिलाओं के साथ बलात्कार किया गया। यही कारण है कि मोपला विद्रोह को हिंदुओं के खिलाफ मुसलमानों का पहला जिहाद कहा जाता है। परंतु आज भी केरल में हिंदुओं के खिलाफ जिहाद जारी है।

दरअसल, हिंदू जमींदारो को क्षेत्रीय भाषा में 'जेनमी' कहा जाता था। 19 वीं शताब्दी में केरल के मालाबार क्षेत्र के मोपलाओं ने जमींदारों के अत्याचारों से पीड़ित होकर कई बार विद्रोह किया था। अगस्त, 1921 में ये विद्रोह सांप्रदायिक कारणों से प्रेरित होकर हिंदुओं के नरसंहार में बदल गया जो कि <u>खिलाफत आंदोलन का सांप्रदायिक विस्तार</u> था। वरियंकुनाथ कुंजाहमद हाजि, सिथी कोया थंगल, अली मुसलियारी इस विद्रोह के प्रमुख नेता थे।

कारण

20 अगस्त 1921 को, पुलिस ने पुक्कोट्टूर में एरनाड क्षेत्र के खिलाफत समिति के सचिव वडक्केविटिल मुहम्मद को गिरफ्तार करने का प्रयास किया। उसपर आरोप था कि उसने नीलांबुर में एक कोविलकम (जागीर) से एक हिंदू थिरुमुलपद की पिस्तौल चोरी की थी। पड़ोस से 2,000 मप्पिलाओं की भीड़ ने इस प्रयास को विफल कर दिया, लेकिन अगले दिन, पुलिस के एक दस्ते ने कई खिलाफत स्वयं सेवकों को गिरफ्तार कर लिया और तिरुरंगाडी में मम्बरम मस्जिद में रखे रिकॉर्ड को जब्त कर लिया, जिससे अफवाह फैल गई कि मस्जिद को अपवित्र कर दिया गया है। मोपलाओ की एक बड़ी भीड़ तिरुरंगडी पर जमा हो गई और स्थानीय पुलिस स्टेशन को घेर लिया। पुलिस ने भीड़ पर गोलियां चलाईं, जिससे उग्र प्रतिक्रिया हुई, जिसने जल्द ही पड़ोसी क्षेत्रों के साथ-साथ एरानाड और वल्लुवनद तालुका को अपनी चपेट में ले लिया। बाद में इसका कहर हिंदुओं को झेलना पड़ा और उनका नरसंहार दो महीने से अधिक समय तक जारी रहा।

मोपला विद्रोह और सांप्रदायिकता

मोपला विद्रोह प्रारंभ में वर्ग संघर्ष के रूप में शुरू हुआ था लेकिन बाद में उसने सांप्रदायिक रूप ले लिया। लेकिन, इसके विपरीत महात्मा गाँधी के आह्वान पर मालाबार में मोपलाओं के धार्मिक प्रमुख के नेतृत्व में एक 'खिलाफत समिति' का गठन किया गया। भारतीय राष्ट्रीय कांग्रेस द्वारा मोपला विद्रोह का समर्थन किया गया तथा कृषि सुधारों और स्वतंत्रता दोनों की मांग का एक साथ समर्थन किया गया। कुख्यात वरियामकुननाथ कुंजाहम्मद हाजी को खिलाफत आंदोलन का नेता तथा भारतीय राष्ट्रीय काँग्रेस ने उनको भारत में खिलाफत आंदोलन के प्रणेता के रूप में पेश किया। परंतु, ICHR रिपोर्ट के अनुसार हाजी एक 'कुख्यात मोपला विद्रोही नेता' और 'कट्टर अपराधी' था। रिपोर्ट के अनुसार, हाजी ने वर्ष 1921 के मोपला विद्रोह के दौरान असंख्य हिंदू पुरुषों, महिलाओं और बच्चों को मार डाला और उनके शवों को एक कुएँ में फेंक दिया। मोपला विद्रोह के अंतिम चरण में हाजी को अंग्रेजों द्वारा गिरफ्तार कर, 20 जनवरी, 1922 को गोली मारकर हत्या कर दी गई।

विभीषिका

<u>विनायक दामोदर सावरकर</u> ने अपने उपन्यास 'मोपला' के माध्यम से मोपला विद्रोह को हिंदू विरोधी नरसंहार के रूप में वर्णित किया |1924 में यह उपन्यास प्रकाशित होने के बाद यह बेहद लोकप्रिय हो गया था |एक अन्य पुस्तक, द मोपला रिबेलियन, 1921 के अनुसार, हाजी एक डाकू था जिसने विद्रोह में महत्वपूर्ण भूमिका निभाई थी। 1923 में प्रकाशित और क्षेत्र के तत्कालीन डिप्टी कलेक्टर सी गोपालन नायर द्वारा एक साथ रखी गई पुस्तक को इस घटना के सबसे प्रामाणिक पुस्तकों में से एक माना जाता है। नायर ने अपनी किताब में लिखा है, "हत्याएं, डकैती, जबरन धर्म परिवर्तन और हिंदू महिलाओं पर आक्रोश हर दिन का क्रम बन गया।"यहां तक कि डॉ. बी.आर. अम्बेडकर ने 'पाकिस्तान में विद्रोह और भारत विभाजन' नामक अपनी किताब में इस नरसंहार पर एक विस्तृत विवरण प्रदान किया है। हिंदुओं के प्रति यह नरसंहार इतना नृशंस था कि सावरकर और अंबेडकर तक को एक मंच पर आना पड़ा।

निष्कर्ष

'संघ परिवार' सहित अनेक हिंदूवादी नेताओं का मानना है कि मोपला विद्रोह में शामिल नेताओं ने न केवल सैकड़ों हिंदुओं का नरसंहार किया अपितु अनेक हिंदुओं को इस्लाम धर्म अपनाने को मज़बूर किया |आज के परिदृश्य को देखें तो केरल में अभी भी कोई बड़ा बदलाव नहीं आया है।

केरल मे मुसलमानों की आबादी 27% है। वहाँ की वामपंथी सरकार इसे वोट बैंक की तरह देखती है। आईएसआईएस और अन्य आतंकी संगठन के प्रति यहाँ के कुछ युवाओं का प्रेम देश विरोधी तत्वों को बढ़ावा देता है।

सत्तारूढ़ सीपीएम के तत्वावधान में पॉपुलर फ्रंट ऑफ इंडिया और जमात-ए-इस्लामी जैसे इस्लामिक कट्टरपंथी संगठन, हिंदुओं में भय मनोविकृति पैदा करने के लिए 1921 के डर का इस्तेमाल कर रहे हैं। मलप्पुरम में सन 2020 के सीएए विरोधी प्रदर्शनों के दौरान, पीएफआई-जेईआई चरमपंथियों ने नारे लगाए: "हमने मालाबार खंजर को नहीं फेंका है जिसे हमने 1921 में इस्तेमाल किया था।" 1921 के हिंदू

नरसंहार की बरसी मनाने के लिए उन्होंने भड़काऊ नारेबाजी के साथ तलवारें और अन्य हथियार लेकर कई रैलियां भी की थीं। केरल को मोपला इतिहास से कुछ सीखना चाहिए वरना इतिहास आनेवाले वक़्त में इतिहास फिर से खुद को दोहराएगा।

मालाबार के जिलाधिकारी रह चुके मिस्टर कोनोली 1852 में अपनी <u>रिपोर्ट</u> में उल्लेख करते हैं कि,"पिछले कई वर्षों से मालाबार की भूमि वीभत्स आक्रमणों से रक्तरंजित हुई है, जो हिंदुओं पर मोपला मुस्लिमों ने किए हैं। धनाढ्य और सम्मानित हिंदुओं को सार्वजनिक तौर पर अपमानित किया गया, इनपर आक्रमण किया गया, इनके निवासों को आग के हवाले किया और फिर पुलिस या सेना से संघर्ष में अपना सर्वस्व अर्पण किया। पूर्व में मोपला यदा कदा महिलाओं और बच्चों को छोड़ दिया करते थे, परंतु इस बार जो भी मिला सब को मार दिया !"

यहाँ ध्यान देने वाली बात यह है कि कोनोली ने यह बात टीपू की मृत्यु के 50 वर्ष पश्चात 1852 में कही थी। अर्थात उसकी मृत्यु के बाद अपनी संपत्ति को पुनः प्राप्त करने वाले हिंदुओं के विरुद्ध वातावरण बन चुका था तथा वर्ष 1921 के नरसंहार के लिए मजबूत दीवार खड़ी हो चुकी थी। टीपू की मृत्यु के पश्चात हिंदुओं के खिलाफ छोटे-बड़े कई दंगे हुए, कभी संपत्ति को लेकर तो कभी भूमि को लेकर।

परंतु कथा इतने पर समाप्त नहीं होती। मालाबार में सांप्रदायिक हिंसा के पीछे एक और कारण भी था, मोपला मुस्लिमों का अलग स्वभाव, जिसपर अंग्रेज़ों का भी कोई नियंत्रण नहीं था। कुछ इलाकों में पूर्ण रूप से मपिल्ला ही मौजूद थे और अधिकांश मपिल्ला सप्ताह में कम से कम एक बार शुक्रवार की नमाज के लिए और अक्सर मस्जिदों में अन्य समय पर भी एकत्र होते थे। इसलिए वे अपनी किसी तरह की सार्वजनिक राय बना सकते हैं और जोड़ सकते हैं, लेकिन यह सारा काम मजहब की आड़ में किया जाता था। इस कारण हिंदू या यूरोपीय लोगों को भी इसके बारे में कुछ भी जानकारी होना कठिन हो जाता।

1921 में खिलाफत आंदोलन के नाम पर जो मालाबार में मोपला नरसंहार हुआ, जिसमें कई निर्दोष हिंदुओं की हत्या हुई और लाखों हिंदुओं को अपना घर बार छोड़ कर जाना पड़ा। उसका न सिर्फ

महिमामंडन किया गया बल्कि आरएसएस के 'स्वयंसेवकों' को ज़ंजीरें भी पहनाई हुई दिखाई गईं । लेकिन यदि आप सोच रहे हैं कि ये पाकिस्तान या बांग्लादेश में हुआ, तो ये नहीं, ये भारत के ही एक नगर मलप्पुरम का दृश्य था, जिसे आतंकी गुट् PFI ने अंजाम दिया। मोपला दंगे अथवा मालाबार नरसंहार के 100 वें वर्षगांठ को केरल में विशेष तौर पर धूमधाम से मनाया गया। इसी भड़काऊ प्रदर्शन का एक वीडियो सोशल मीडिया पर वायरल हो गया, जहां पर इस्लामिक टोपी पहने कुछ लोग कई लोगों को जंजीरों में बांधकर ले जाते हुए दिखाई दिए । कुछ इनमें अंग्रेज़ी पोशाक पहने थे, जबकि कुछ आरएसएस के स्वयंसेवक के कपड़े पहने थे। ये दृश्य मलप्पुरम जिले के टेनहीपालम कस्बे में हुआ था, जहां अल्लाह हू अकबर जैसे नारे भी लगे थे |

लेकिन यह मोपला का नरसंहार था क्या ? दरअसल 1921 में खिलाफत आंदोलन के नाम पर केरल के मोपला क्षेत्र में कत्लेआम हुआ, जिसमें 10000 से अधिक लोग मारे गए, और 1 लाख से अधिक हिन्दू केरल छोड़ने को विवश हुए थे। अपनी पुस्तक में इसका विवरण करते हुए एनी बेसंट ने लिखा, "जहां गए, वहाँ कट्टरपंथियों ने कत्लेआम मचाया। जिस भी हिन्दू ने धर्मांतरण से मना किया, उसे वहीं काट दिया गया। लगभग एक लाख लोगों को अपना घर बार छोड़ने को विवश होना पड़ा। मालाबार ने हमें सिखाया कि इस्लामिक राज्य कैसा होता है, और यदि यही स्थिति रही तो हमें खिलाफत राज की कोई जरूरत नहीं |"

लेकिन बात यहीं पे नहीं रुकती। आज भी इस नरसंहार को लोग एक उत्सव की तरह मानते हैं, और कथित सेक्युलर नेता इसे केरल के गौरवशाली इतिहास का भाग भी बताते हैं। मजे की बात यह है कि राष्ट्रीय स्वयंसेवक संघ की स्थापना इस दंगे के पूरे 3 वर्ष बाद 1924 के अंत में हुई, लेकिन जिस प्रकार से स्वयंसेवकों को जंजीरों में बंधा दिखाया गया, उससे PFI के कार्यकर्ता यही दिखाना चाहते हैं कि कैसे वे जब चाहे, जिसे चाहे, हिंदुओं को अपना बंधक बना सकते हैं, और आरएसएस को भी जो हिन्दू धर्म का प्रतीक है।

इसमें कोई दो राय नहीं है कि PFI (पीपुल फ्रंट ऑफ इंडिया) इस देश के लिए किसी कलंक से कम नहीं है, और यही बात उन लोगों ने

इस भड़काऊ रैली से सिद्ध भी की। लेकिन यदि केंद्र सरकार अब भी नहीं चेती, तो PFI के नापाक करतूतों को बल मिलता रहेगा, और कहीं ऐसा न हो कि एक दिन PFI ऐसा घाव दे, जिसे भरने में बहुत समय लगे। भारत को मोपला इतिहास से कुछ सीखना चाहिए वरना इतिहास आनेवाले वक़्त में इतिहास फिर से खुद को दोहराएगा।

4

1984 का सिख विरोधी दंगा

31 अक्टूबर 1984 को इंदिरा गांधी की हत्या के बाद दिल्ली में सिख समुदाय के खिलाफ भारी हिंसा हुई थी | सिख विरोधी दंगो के पीछे का कारण जानने की कोशिश करते हैं ।

सिखों द्वारा अलग राज्य की मांग को लेकर किया गए आंदोलनों का इतिहास भारत की आजादी के साथ जुड़ा हुआ है । सिखों को लगता था कि विभाजन में सबसे ज़्यादा प्रभावित होने| वाले वही हैं । कुछ हद तक बात सही भी है । विभाजन के बाद सिखों ने अलग सूबे की मांग की थी जिसे तत्कालीन प्रधानमंत्री जवाहर लाल नेहरू ने ठुकरा दिया | भाषा के आधार पर राज्यों गठन हुआ पर यहां भी सिखों के हाथ कुछ नहीं आया । फिर कई सालों के प्रयासों के बाद पंजाब राज्य की स्थापना हुई । लेकिन फिर हालात दूसरी तरफ करवट लेने लगे । सिखों को डर लगने लगा कि पंजाब में हिंदू बहुसंख्यक बन जायेंगे और उनके पास कुछ भी नहीं रहेगा । आग लगाने का कुछ काम हिंदू संगठनों ने भी किया । माना जाता है कि कांग्रेस ने पंजाब की सबसे बड़ी पार्टी अकाली दल की काट के लिए कट्टरपंथी नेताओं को बढ़ावा दिया और इसी प्रक्रिया के तहत जरनैल सिंह भिंडरावाले का उदय हुआ ।

धीरे-धीरे भिंडरावाले के जादुई व्यक्तित्व का प्रभाव पंजाब में बढ़ने लगा । उसने बेरोज़गार सिखों की फ़ौज तैयार कर हिंदुओं ने ख़िलाफ़ हिंसक आंदोलन शुरू कर दिए । जब हिंदुओं ने जवाब देना शुरू कर दिया तो मामला अलग रंग लेने लग गया । अतिवादी सिख हिंसा पर उतर आए । पंजाब में आतंकवाद की शुरुआत हो गयी ।

हालात खराब हो गए । एक के बाद एक राजनैतिक हत्याएं होने लगीं । पंजाब पुलिस भिंडरावाले को गिरफ़्तार करने की हिम्मत नहीं कर पाती थी । एक बार किया भी तो तब केंद्र की कांग्रेस सरकार के गृह मंत्री जैल सिंह ने उस पर लगे सारे इल्ज़ाम हटवा कर उसे रिहा करवा दिया । जैल सिंह और अन्य कांग्रेसी उसे अकालियों के ख़िलाफ़ इस्तेमाल कर रहे थे । इस बीच वह सिखों की प्रमुख धार्मिक शिक्षण संस्था दमदमी टकसाल का अध्यक्ष बन गया । हिंदुओं के अलावा अतिवादी सिखों ने निरंकारियों को भी निशाना बनाया । इसी दौरान 13 अप्रैल 1978 को हुई एक हिंसक झड़प में 20 से अधिक निरंकारी मार दिए गए ।

अब बात केंद्र के हाथ से निकलती जा रही थी । दोबारा गिरफ़्तार होने से बचने के लिए भिंडरावाले ने दमदमी टकसाल से निकलकर अमृतसर स्थित हरमंदर साहब या स्वर्ण मंदिर में अपना ठिकाना बना लिया । अब यहां वह महफ़ूज़ था, पुलिस यहां नहीं पहुंच सकती थी ।

इसके बाद तो जैसे पंजाब में हिंदुओं पर अपराधों की बाढ़ आ गई । एक घटना में 22 हिंदुओं को बस से उतारकर गोलियों से भून दिया गया । इससे पहले पंजाब पुलिस के उपमहानिरीक्षक एएस अटवाल की दिन दहाड़े स्वर्ण मंदिर परिसर में गोली मारकर हत्या कर दी गई थी । यह 1983 की बात है ।

केंद्र सरकार की तमाम कोशिशें बेकार साबित होने लगीं । भिंडरावाले खुलेआम दिल्ली की सत्ता को आंख दिखाने लगा । यहां तक कि पंजाब से बाहर जाने वाले गेहूं पर भी उसने रोक लगा दी । संत लोंगोवाल और गुरचरण सिंह टोहरा जैसे अन्य सिख नेता भिंडरावाले के बढ़ते प्रभाव को देखकर उसके सुर में सुर मिलाने लगे। जब तक इंदिरा गांधी जागतीं, काफ़ी देर हो चुकी थी । उन्होंने पंजाब में दरबारा सिंह की कांग्रेस सरकार को बर्खास्त कर दिया और राष्ट्रपति शासन लागू कर दिया । लेकिन यह

भी काम नहीं आया । ऐसे हालात में इंदिरा गांधी ने अपने ही बनाये हुए भस्मासुर को ख़त्म करने का प्लान बनाया । नतीजतन ऑपरेशन ब्लू स्टार हुआ ।

क्या इंदिरा ने अंतिम समय ऑपरेशन ब्लू स्टार को टालने की कोशिश की थी?

धर्मनिरपेक्ष हिंदुस्तान में ऑपरेशन ब्लू स्टार को हादसा माना जाता है । इसके पीछे जानकार कई कारण बताते हैं । पहला, यह कांग्रेस की गलतियों का नतीजा था । दूसरा, सैनिक कार्रवाई के बजाय बातचीत से हल निकाला जा सकता था । तीसरा, फ़ौज के बजाय अर्धसैनिक बलों से कार्रवाई करवाई जा सकती थी ।

चर्चित पत्रकार हरमिंदर कौर '1984-लेसंस फ्रॉम हिस्ट्री' नाम की अपनी किताब में लिखती हैं, 'सरकार और असंतुष्टों के बीच 1984 में छह बार मीटिंग हुई । आख़िरी मीटिंग मई, 26, 1984 को हुई जो बेनतीजा रही । न इंदिरा गांधी मानने को राज़ी थीं और न ही भिंडरावाले गुट के लोग' ।

कुछ लोग मानते हैं कि इंदिरा गांधी ने आख़िरी वक़्त तक सिखों को धोखा दिया । उनका कहना था कि दो जून की रात को वे सिखों के नाम संदेश में हिंसा छोड़ने की अपील कर रही थीं और तीन दिन बाद फ़ौज ने स्वर्ण मंदिर पर चढ़ाई शुरू कर दी । उनके मुताबिक इससे ज़ाहिर होता है कि केंद्र सरकार ने फ़ौजी कार्रवाई का पहले ही निर्णय ले लिया था ।

मुकम्मल तौर नहीं कहा जा सकता कि पर राष्ट्र के नाम संदेश इंदिरा गांधी की आख़िरी कोशिश थी या दिखावा । रिटायर्ड मेजर जनरल कुलदीप सिंह बरार, जिन्होंने ऑपरेशन ब्लू स्टार को अंजाम दिया, अपनी इसी नाम से लिखी क़िताब में ज़िक्र करते हैं कि जब इंदिरा के पास कोई चारा नहीं बचा तो उन्होंने सैन्य कार्रवाई का निर्णय लिया ।

वरिष्ठ पत्रकार खुशवंत सिंह ने भी ऐसी ही बात कही है । अपनी किताब 'हिस्ट्री ऑफ़ सिख्स' में वे लिखते हैं कि इंदिरा ने भिंडरावाले को ख़त लिखकर समझाने का अंतिम प्रयास किया था । खुशवंत लिखते हैं कि स्वर्ण मंदिर के तत्कालीन लाइब्रेरियन देवेंदर सिंह दुग्गल के दावे के मुताबिक़ उन्होंने (दुग्गल) इंदिरा का ख़त तीन जून ,1984 को

भिंडरावाले को पढ़कर सुनाया था । दुग्गल के मुताबिक़ ऑपरेशन ब्लू स्टार के दौरान वह ख़त जल गया | कुछ पत्रकार बताते हैं कि इंदिरा ने तत्कालीन राष्ट्रपति ज्ञानी जैल सिंह को ऑपरेशन ब्लू स्टार के बारे में नहीं बताया था | सात जून को भिंडरावाले और उसके साथियों की मौत के बाद मोटे तौर ख़त्म हुए ऑपरेशन में कुल 83 सैनिक शहीद हुए और क़रीब 492 आतंकी और श्रद्धालु मारे गए ।

जानकारों का एक वर्ग मानता है कि इस अभियान में अर्धसैनिक बलों की अपेक्षा सेना का इस्तेमाल सही कदम था , क्योंकि जिस तरह की तैयारियां भिंडरावाले के समर्थकों ने की थीं और जो हथियार आतंकियों ने इस्तेमाल किये थे, उनसे अर्धसैनिक बल नहीं निपट पाते । कुलदीप सिंह बरार लिखते हैं, 'अतिवादियों के पास राकेट चालित ग्रेनेड लांचर्स थे जो टैंकों को ध्वस्त करने की क्षमता रखते हैं। ' हालांकि, भिंडरावाले का ऑपरेशन शुरू होने से पहले तक यही अनुमान था कि सरकार सेना का इस्तेमाल नहीं करेगी ।

इंदिरा गांधी की हत्या

स्वर्ण मंदिर पर सेना की कार्रवाई ने सिखों का मनोबल तोड़ दिया । जो कौम, 'राज करेगा खालसा' की भावना को लेकर आगे बढ रही थी, उसके स्वाभिमान को ज़बरदस्त ठेस लगी थी । खुशवंत सिंह लिखते हैं, 'जो लोग सिखों के बारे में कुछ भी जानते हैं उन्हें मालूम होना चाहिए कि हरमंदिर साहब और अकाल तख़्त के स्वरूप का बिगड़ना सिखों के ज़ेहन से मिट नहीं सकता था और न ही वो उनको माफ़ करते जो उनकी नज़र में ज़िम्मेदार हैं| '

ब्लू स्टार के बाद इंदिरा और सेना के वे अफ़सर जिन्होंने इसे अंजाम दिया था, आतंकियों के निशाने पर आ गए थे । पत्रकार हरमिंदर कौर लिखती हैं कि नेशनल काउंसिल ऑफ़ खालिस्तान' के स्व-घोषित अध्यक्ष जगजीत सिंह चौहान ने इंदिरा की हत्या करने वाले को एक लाख अमेरिकी डॉलर इनाम देने की घोषणा तक कर डाली । सिखों ने बदला लेने की ठान ली थी ।

इधर, इंदिरा गांधी की चौकसी बढ़ा दी गयी थी, एक एंबुलेंस जिसमें उनके ब्लड ग्रुप वाला खून और डॉक्टर हमेशा उनके साथ रहते थे ।

इंदिरा की सुरक्षा में तैनात जवान सिख थे । जब सुरक्षा संस्थाओं ने इस ओर उनका ध्यान दिलाया, तो उन्होंने तपाक से पूछा, 'क्या हम धर्मनिरपेक्ष नहीं हैं?' बात यहीं ख़त्म हो गयी | जानकार बताते हैं कि उनको अपनी मृत्यु का पुर्वाभास होने लग गया था । 30 अक्टूबर को पार्टी मीटिंग में उन्होंने कहा था, 'अगर मेरी मृत्यु हो जाती है तो...'

31 अक्टूबर की सुबह नौ बजे के लगभग इंदिरा गांधी का मशहूर अभिनेता और नाटककार पीटर उस्तीनोव के साथ इंटरव्यू तय था । उनके निजी सचिव आर के धवन उनके साथ थे । जो उस दिन हुआ, वह धवन की आंखों देखी कुछ यूं था । इंदिरा एक सफ़दरजंग रोड निवास से सटे हुए उनके दफ़्तर, एक अकबर रोड की तरफ चलीं । दोनों के बीच में सिर्फ़ घास की फेंसिंग थी । रास्ते में उन्हें बटलर पीटर उस्तीनोव के लिए चाय ले जाते हुए मिला । उन्होंने नए टी-सेट में चाय ले जाने को कहा । यह कहकर वे घर से बाहर निकल कर बगीचे में आई ही थीं कि उनके सुरक्षा कर्मी बेअंत सिंह ने अपनी पिस्तौल निकाली और उनकी तरफ़ गोली चला दी। गोली निशाने पर लगी, वे गिरीं और इतने में सतवंत सिंह ने उन पर फायरिंग शुरू कर दी । कुल मिलाकर उनके शरीर में 18 गोलियां लगी थीं ।

सुरक्षा संस्थाएं वही ग़लती कर बैठीं, जो 1948 में महात्मा गांधी की हत्या के समय हुई थी । तब सरदार पटेल ने गांधी के विरोध और ज़िद के आगे झुकते हुए उनकी सुरक्षा कम करने का घातक निर्णय लिया था । संयोग देखिये, 48 के अंकों का क्रम बदल दीजिये तो 84 हो जाता है!

धवन ने बयान दिया था कि उस दिन प्रधानमंत्री निवास पर एम्बुलेंस नहीं थी । वे और सोनिया गांधी उन्हें एंबेसडर कार में एम्स ले गए । शायद रास्ते में ही उन्होंने अंतिम हिचकी ले ली थी । डॉक्टर फिर भी उन्हें ऑपरेशन कक्ष में ले गए, पर कोशिशें नाकाम रहीं । धवन के मुताबिक़ गोली मारते ही बेअंत सिंह ने पंजाबी में कहा था कि उन्होंने अपना काम कर दिया, आपको (पुलिस) जो करना है कर लो । यह कहते हुए दोनों ने हथियार डाल दिए । बदला पूरा हो गया था । एक अध्याय समाप्त हो गया । पर फिर जो हुआ, वह देश को इन दोनों घटनाओं से ज़्यादा शर्मसार कर गया ।

सिखों का क़त्लेआम

एम्स के बाहर भीड़ जमा होने लगी । राजीव गांधी दिल्ली में नहीं थे । इंदिरा गांधी की मौत ने दिल्ली की हवाओं में ज़हर भर दिया । 'खून का बदला खून' के नारे लगने लगे । सिखों की जान सांसत में आ गयी । दिल्ली में महज़ 7.5 फीसदी सिख थे । जहां मुसलमान अक्सर एक साथ रहते हैं, सिख हिंदुओं के साथ रहते थे, अपनी पगड़ी की वजह से वे आसानी से पहचाने जाते थे।

राष्ट्रपति जैल सिंह विदेश गए हुए थे । दौरा रद्द करके वे एयरपोर्ट से सीधे एम्स गए । माहौल इतना गरम हो चुका था कि उनकी गाड़ी पर पथराव हो गया । आखिरकार, वे भी सिख ही थे । अस्पताल के नज़दीक सिखों ने अक्टूबर की सर्द हवाओं में गर्मी महसूस करनी शुरू कर दी थी।

जैल सिंह ने आनन फ़ानन में राजीव गांधी को शपथ दिलाकर प्रधानमंत्री बना दिया । राजीव ने अपने पास रक्षा और विदेश मंत्रालय रख लिए । शाम होते-होते कनॉट प्लेस की दुकानों को लूटकर आग के हवाले कर दिया गया था । अफवाहों के तंत्र अपना काम करने लगे । ख़बरें आने लगी कि हिंदुओं की लाशों से अटी एक ट्रेन पंजाब से दिल्ली आ रही है । फिर तो यह आग बढती ही गई । घरों में निकाल-निकालकर सिखों को सरियों और लाठियों से पीट-पीट कर मारा गया । पुलिस तमाशबीन बनकर देख रही थी ।

एक बड़ा वर्ग मानता है कि यह सब कांग्रेस के कुछ नेताओं के इशारे पर हो रहा था । कहा जाता है कि राजस्थान, उत्तर प्रदेश, हरियाणा से गुज्जर, जाट और पिछड़ी जातियों के लोगों को दंगों के लिए लाया गया । उन्हें कहा गया, 'सरदार मारो और उनका सामान और औरतें सब तुम्हारा'. दंगाइयों ने मारने के तरीक़े ईजाद किये । सिखों के गले में टायर डालकर उनके हाथ बांध दिए और उन्हें जला दिया. बच्चों को भी नहीं बख्शा गया।

तत्कालीन गृह मंत्री पीवी नरसिम्हा राव आश्वासन देते रहे कि पुलिस और प्रशासन क़त्लेआम रोकने का काम कर रहे हैं । पर हक़ीक़त कुछ और ही थी । उधर, नए प्रधानमंत्री बने राजीव गांधी रेडियो और टेलीविज़न पर लोगों से शांति बनाने की अपील करते रहे । वे रक्षा

मंत्रालय का प्रभार संभाल रहे थे, पर उन्होंने सेना को हालात काबू करने के आदेश नहीं दिए, जबकि दिल्ली में भारी तादात में सेना मौजूद रहती है ।

सरकार की लापरवाही थी या कुछ और कि पहली रात तो शहर में कर्फ़्यू तक नहीं लगाया गया । पूरे तीन दिन तक दंगाई बेगुनाह सिखों और उनके परिवारों का सफ़ाया करते रहे । जब केंद्र सरकार पर दबाव पड़ने लगा और दंगाई क़त्ल, लूट और बलात्कार करते-करते थक गए तो सेना को दिल्ली की कमान दे दी गयी और कहने को सब ख़ामोश हो गया । दिल्ली के अलावा भी कई और राज्यों में सिखों के ख़िलाफ़ हिंसा हुई ।

जब कोई बड़ा पेड़ गिरता है तो धरती हिलती है

19 नवंबर को इंदिरा गांधी का जन्मदिन मनाया गया । राजीव गांधी ने लोगों को संबोधित करते हुए कहा कि इंदिरा जी के बाद दुनिया को यह लगने लगा कि भारत हिल रहा है । आगे उन्होंने कहा कि जब कोई बड़ा पेड़ गिरता है तो धरती थोड़ी हिलती है । इस बयान से यह संदेश गया कि वे सिखों के विरुद्ध हुए दंगों को सही ठहरा रहे हैं । इस भाषण में उन्होंने दंगों में मरने वालों के प्रति कोई सहानभूति नहीं जताई । शायद पुत्र की भावनाएं प्रधानमंत्री के कर्तव्य और आचरण से बड़ी हो गई थीं । लेकिन ऐसा भी नहीं है कि उन्होंने इस भाषण में दंगों को सही ठहराया हो । आप यह भाषण सुनकर खुद फ़ैसला करें कि उनके कहने का आशय क्या था।

जांच कमेटियां और न्याय के लिए इंतज़ार

जगदीश टाइटलर, सज्जन कुमार और एच के एल भगत सहित कांग्रेस के कई नेताओं पर दंगों में शामिल होने का आरोप लगा । दिल्ली पुलिस ने क़रीब 1800 लोगों को गिरफ्तार करके छोड़ दिया । सब तरफ़ लीपापोती चल रही थी । पर कुछ स्वयंसेवी संस्थाओं ने पहल दिखाते हुए, पीड़ितों से बात की और जानकारी जुटाई । उन्होंने आंकड़े जमा कर एक रिपोर्ट पेश की जिसका शीर्षक था, 'हू आर दी गिल्टी' मतलब 'दोषी कौन हैं'।

सरकार ने जस्टिस रंगनाथ मिश्र की अध्यक्षता में एक जांच आयोग बिठाया । खुशवंत सिंह लिखते हैं कि उन्हें बख़ूबी मालूम था कि इन दंगों में कांग्रेस के किन लोगों की भूमिका है, पर प्रधानमंत्री ने भी उन लोगों के

ख़िलाफ़ जांच में कोई दिलचस्पी नहीं ली । कोई रसूख वाला इन दंगों के लिए ज़िम्मेदार नहीं ठहराया गया । 84 के दंगों में मारे जाने वाले सिखों के परिवारों को अभी भी न्याय का इंतजार है ।

5

कश्मीरी पंडितों का नरसंहार

26 अक्टूबर को 1947 को जम्मू और कश्मीर के तत्कालीन शासक महाराजा हरिसिंह ने अपनी रियासत के भारत में विलय के लिए विलय-पत्र पर दस्तखत किए थे। गवर्नर जनरल माउंटबेटन ने 27 अक्टूबर को इसे मंजूरी दी। विलय-पत्र का खाका हूबहू वही था जिसका भारत में शामिल हुए अन्य सैकड़ों रजवाड़ों ने अपनी-अपनी रियासत को भारत में शामिल करने के लिए उपयोग किया था। न इसमें कोई शर्त शुमार थी और न ही रियासत के लिए विशेष दर्जे जैसी कोई मांग। इस वैधानिक दस्तावेज पर दस्तखत होते ही समूचा जम्मू और कश्मीर, जिसमें पाकिस्तान के अवैध कब्जे वाला इलाका भी शामिल है, भारत का अभिन्न अंग बन गया। अब हम बात करते हैं कि किस तरह आधे कश्मीर पर कब्जा किया गया।

यहां हम बात करेंगे कश्मीर की, जम्मू और लद्दाख की नहीं। भारत के इस उत्तरी राज्य के 3 क्षेत्र हैं जम्मू कश्मीर और लद्दाख। दुर्भाग्य से भारतीय राजनेताओं ने इस क्षेत्र की भौगोलिक स्थिति समझे बगैर इसे एक राज्य घोषित कर दिया, क्योंकि ये तीनों ही क्षेत्र एक ही राजा के अधीन थे। सवाल यह उठता है कि आजादी के बाद से ही जम्मू और

लद्दाख भारत के साथ खुश हैं, लेकिन कश्मीर खुश क्यों नहीं?

हालांकि विशेषज्ञ कहते हैं कि पाकिस्तान की चाल में फिलहाल 2 फीसदी कश्मीरी ही आए हैं बाकी सभी भारत से प्रेम करते हैं। यह बात महबूबा मुफ्ती अपने एक इंटरव्यू में कह चुकी हैं। लंदन के रिसर्चरों द्वारा पिछले साल राज्य के 6 जिलों में कराए गए सर्वे के अनुसार एक व्यक्ति ने भी पाकिस्तान के साथ खड़ा होने की वकालत नहीं की, जबकि कश्मीर में कट्टरपंथी अलगाववादी समय समय पर इसकी वकालत करते रहते हैं जब तक की उनको वहां से आर्थिक मदद मिलती रहती है। वहीं से हुक्म आता है बंद और पत्थरबाजी का और उस हुक्म की तामिल की जाती है।

आतंकवाद, अलगाववाद, फसाद और दंगे- ये 4 शब्द हैं जिनके माध्यम से पाकिस्तान ने दुनिया के कई मुल्कों को परेशान कर रखा है। खासकर भारत उसके लिए सबसे अहम टारगेट है। क्यों ? इस 'क्यों' के कई जावाब हैं। भारत के पास कोई स्पष्ट नीति नहीं है। भारतीय राजनेता निर्णय लेने से भी डरते हैं या उनमें शुतुरमुर्ग प्रवृति विकसित हो गई है। अब वे आर या पार की लड़ाई के बारे में भी नहीं सोच सकते क्योंकि वे पूरे दिन आपस में ही लड़ते रहते हैं, बयानबाजी करते रहते हैं। सीमा पर सैनिक मर रहे हैं पूर्वोत्तर में जवान शहीद हो रहे हैं इसकी भारतीय राजनेताओं को कोई चिंता नहीं। इस पर भी उनको राजनीति करना आता है। कहते जरूर हैं कि देशहित के लिए सभी एकजुट हैं लेकिन लगता नहीं है।

ये विचारणीय हैं: बात कश्मीर की है तो दोनों ही तरफ के कश्मीर के लोग चाहे वे मुसलमान हो या गैरमुस्लिम, जहालत और दुखभरी जिंदगी जी रहे हैं। मजे कर रहे हैं तो अलगाववादी, आतंकवादी और उनके आका। उनके बच्चे देश-विदेश में घूमते हैं और सभी तरह के ऐशोआराम में गुजर-बसर करते हैं। भारतीय कश्मीर के हालात तो पाकिस्तानी कश्मीर से कई गुना ज्यादा अच्छे हैं। पाक अधिकृत कश्मीर से कई मुस्लिम परिवारों ने आकर भारत में शरण ले रखी है। पाकिस्तान ने दोनों ही तरफ के कश्मीर को बर्बाद करके रख दिया है। भूटान के 10वें हिस्से जितने क्षेत्रफल वाले 'लैंड लॉक्ड आजाद देश से न भारत का भला होगा,

न कश्मीरी मुसलमानों का | पाकिस्तान और चीन का इससे जरूर भला हो जाएगा और अंततः यह होगा कि इसके कुछ हिस्से पाकिस्तान खा जाएगा और कुछ को चीन निगल लेगा। चीन ने तो कुछ भाग निगल ही लिया है। यह बात कट्टरपंथी कश्मीरियों को समझ में नहीं आती और वे समझना भी नहीं चाहते।

ये इतिहास है : 1947 को विभाजित भारत आजाद हुआ। उस दौर में भारतीय रियासतों के विलय का कार्य चल रहा था, जबकि पाकिस्तान में कबाइलियों को एकजुट किया जा रहा था। इधर जूनागढ़, कश्मीर, हैदराबाद और त्रावणकोर की रियासतें विलय में देर लगा रही थीं तो कुछ स्वतंत्र राज्य चाहती थीं। इसके चलते इन राज्यों में अस्थिरता फैली थी।

जूनागढ़ और हैदराबाद की समस्या से कहीं अधिक जटिल कश्मीर का विलय करने की समस्या थी। कश्मीर में मुसलमान बहुसंख्यक थे लेकिन पंडितों की तादाद भी कम नहीं थी। कश्मीर की सीमा पाकिस्तान से लगने के कारण समस्या जटिल थी अतः जिन्ना ने कश्मीर पर कब्जा करने की एक योजना पर तुरंत काम करना शुरू कर दिया। हालांकि भारत और पाकिस्तान का बंटवारा हो चुका था जिसमें क्षेत्रों का निर्धारण भी हो चुका था फिर भी जिन्ना ने परिस्थिति का लाभ उठाते हुए 22 अक्टूबर 1947 को कबाइली लुटेरों के भेष में पाकिस्तानी सेना को कश्मीर में भेज दिया। वर्तमान के पाक अधिकृत कश्मीर में खून की नदियां बहा दी गईं। इस खूनी खेल को देखकर कश्मीर के शासक राजा हरिसिंह भयभीत होकर जम्मू लौट आए। वहां उन्होंने भारत से सैनिक सहायता की मांग की, लेकिन सहायता पहुंचने में बहुत देर हो चुकी थी। नेहरू की जिन्ना से दोस्ती थी। वे यह नहीं सोच सकते थे कि जिन्ना ऐसा कुछ कर बैठेंगे। लेकिन जिन्ना ने ऐसे कर दिया।

भारत विभाजन के समय तत्कालीन प्रधानमंत्री जवाहरलाल नेहरू की ढुलमुल नीति और अदूरदर्शिता के कारण कश्मीर का मामला अनसुलझा रह गया। यदि पूरा कश्मीर पाकिस्तान में होता या पूरा कश्मीर भारत में होता तो शायद परिस्थितियां कुछ और होतीं। लेकिन ऐसा हो नहीं सकता था, क्योंकि कश्मीर पर राजा हरिसिंह का राज था और उन्होंने बहुत देर के बाद निर्णय लिया कि कश्मीर का भारत में

विलय किया जाए। देर से किए गए इस निर्णय के चलते पाकिस्तान ने गिलगित और बाल्टिस्तान में कबायली भेजकर लगभग आधे कश्मीर पर कब्जा कर लिया।

भारतीय सेना पाकिस्तानी सेना के छक्के छुड़ाते हुए, उनके द्वारा कब्जा किए गए कश्मीरी क्षेत्र को पुनः प्राप्त करते हुए तेजी से आगे बढ़ रही थी कि बीच में ही 31 दिसंबर 1947 को नेहरूजी ने यूएनओ से अपील की कि वह पाकिस्तान के उत्तर-पश्चिमी लुटेरों को भारत पर आक्रमण करने से रोके। फलस्वरूप 1 जनवरी 1949 को भारत-पाकिस्तान के मध्य युद्ध-विराम की घोषणा कराई गई। इससे पहले 1948 में पाकिस्तान ने कबाइलियों के वेश में अपनी सेना को भारतीय कश्मीर में घुसाकर समूची घाटी कब्जाने का प्रयास किया, जो असफल रहा।

नेहरूजी के यूएनओ में चले जाने के कारण युद्धविराम हो गया और भारतीय सेना के हाथ बंध गए जिससे पाकिस्तान द्वारा कब्जा किए गए शेष क्षेत्र को भारतीय सेना प्राप्त करने में फिर कभी सफल न हो सकी। आज कश्मीर में आधे क्षेत्र में नियंत्रण रेखा है तो कुछ क्षेत्र में अंतरराष्ट्रीय सीमा। अंतरराष्ट्रीय सीमा से लगातार फायरिंग और घुसपैठ होती रहती है।

इसके बाद पाकिस्तान ने अपने सैन्य बल से 1965 में कश्मीर पर कब्जा करने का प्रयास किया जिसके चलते उसे मुंह की खानी पड़ी। इस युद्ध में पाकिस्तान की हार हुई। हार से तिलमिलाए पाकिस्तान ने भारत के प्रति पूरे देश में नफरत फैलाने का कार्य किया और पाकिस्तान की समूची राजनीति ही कश्मीर पर आधारित हो गई यानी कि सत्ता चाहिए तो कश्मीर को कब्जाने की बात करो।

इसका परिणाम यह हुआ कि 1971 में उसने फिर से कश्मीर को कब्जाने का प्रयास किया। तब तत्कालीन प्रधानमंत्री इंदिरा गांधी ने इसका डटकर मुकाबला किया और अंततः पाकिस्तान की सेना के 93000 हजार सैनिकों ने भारत की सेना के समक्ष आत्मसमर्पण कर दिया और 'बांग्लादेश' नामक एक स्वतंत्र देश का जन्म हुआ। इंदिरा गांधी ने यहां एक बड़ी भूल की। यदि वे चाहतीं तो यहां कश्मीर की

समस्या हमेशा-हमेशा के लिए सुलझ जाती, लेकिन वे जुल्फिकार अली भुट्टो के बहकावे में आ गईं और 93000 सैनिकों को बिना शर्त पाकिस्तान के हवाले कर दिया।

इस युद्ध के बाद पाकिस्तान को समझ में आ गई कि कश्मीर हथियाने के लिए आमने-सामने की लड़ाई में भारत को हरा पाना मुश्किल ही होगा। 1971 में शर्मनाक हार के बाद काबुल स्थित पाकिस्तान मिलिट्री अकादमी में सैनिकों को इस हार का बदला लेने की शपथ दिलाई गई और अगले युद्ध की तैयारी को अंजाम दिया जाने लगा लेकिन अफगानिस्तान में हालात बिगड़ने लगे।

1971 से 1988 तक पाकिस्तान की सेना और कट्टरपंथी अफगानिस्तान में उलझे रहे। यहां पाकिस्तान की सेना ने खुद को गुरिल्ला युद्ध में मजबूत बनाया और युद्ध के विकल्पों के रूप में नए-नए तरीके सीखे। यही तरीके अब भारत पर आजमाए जाने लगे।पहले उसने भारतीय पंजाब में आतंकवाद शुरू करने के लिए पाकिस्तानी पंजाब में सिखों को 'खालिस्तान' का सपना दिखाया और हथियारबंद सिखों का एक संगठन खड़ा करने में मदद की। पाकिस्तान के इस खेल में भारत सरकार उलझती गई। स्वर्ण मंदिर में हुए दुर्भाग्यपूर्ण ऑपरेशन ब्ल्यू स्टार और उसके बदले की कार्रवाई के रूप में 31 अक्टूबर 1984 को श्रीमती इंदिरा गांधी की हत्या के बाद भारत की राजनीति बदल गई।

एक शक्तिशाली नेता की जगह एक अनुभव और विचारहीन नेता राजीव गांधी ने जब देश की बागडोर संभाली तो उनके आलोचक कहने लगे थे कि उनके पास कोई योजना नहीं और कोई नीति भी नहीं है। 1984 के दंगों के दौरान उन्होंने जो कहा, उसे कई लोगों ने खारिज कर दिया। उन्होंने कश्मीर की तरफ से पूरी तरह से ध्यान हटाकर पंजाब और श्रीलंका में लगा दिया। इंदिरा गांधी के बाद भारत की राह बदल गई।

पंजाब में आतंकवाद के इस नए खेल के चलते पाकिस्तान की नजर एक बार फिर मुस्लिम बहुल भारतीय कश्मीर की ओर टिक गई। उसने पाक अधिकृत कश्मीर में लोगों को आतंक के लिए तैयार करना शुरू किया। अफगानिस्तान का अनुभव यहां काम आने लगा था। तत्कालीन राष्ट्रपति जनरल जिया-उल-हक 1988 में भारत के विरुद्ध शन टोपाक'

नाम से वॉर विद लो इंटेंसिटी की योजना बनाई। इस योजना के तहत भारतीय कश्मीर के लोगों के मन में अलगाववाद और भारत के प्रति नफरत के बीज बोने थे और फिर उन्हीं के हाथों में हथियार थमाने थे।

कई बार मुंह की खाने के बाद पाकिस्तान ने अपने से ज्यादा शक्तिशाली शत्रु के विरुद्ध 90 के दशक में एक नए तरह के युद्ध के बारे में सोचना शुरू किया और अंततः उसने उसे 'वॉर ऑफ लो इंटेंसिटी' का नाम दिया। दरअसल, यह गुरिल्ला युद्ध का ही विकसित रूप है।

भारतीय राजनेताओं को सब कुछ मालूम था लेकिन फिर भी वे चुप थे, क्योंकि उन्हें भारत से ज्यादा वोट की चिंता थी, गठजोड़ की चिंता थी, सत्ता में बने रहने की चिंता था। भारतीय राजनेताओं के इस ढुलमुल रवैये के चलते कश्मीर में 'ऑपरेशन टोपाक' बगैर किसी परेशानी के चलता रहा और भारतीय राजनेता शुतुरमुर्ग बनकर सत्ता का सुख लेते रहे। कश्मीर और पूर्वोत्तर को छोड़कर भारतीय राजनेता सब जगह ध्यान देते रहे। 'ऑपरेशन टोपाक' पहले से दूसरे और दूसरे से तीसरे चरण में पहुंच गया। अब उनका इरादा सिर्फ कश्मीर को ही अशांत रखना नहीं रहा, वे जम्मू और लद्दाख में भी सक्रिय होने लगे। पाकिस्तानी सेना और आईएसआई ने मिलकर कश्मीर में दंगे कराए और उसके बाद आतंकवाद का सिलसिला चल पड़ा। पहले चरण में मस्जिदों की तादाद बढ़ाना, दूसरे में कश्मीर से गैरमुस्लिमों और शियाओं को भगाना और तीसरे चरण में बगावत के लिए जनता को तैयार करना। अब इसका चौथा और अंतिम चरण चल रहा है। अब सरेआम पाकिस्तानी झंडे लहराए जाते हैं और सरेआम भारत की खिलाफत की जाती है, क्योंकि कश्मीर घाटी में अब गैरमुस्लिम नहीं बचे और न ही शियाओं का कोई वजूद है।

कश्मीर में आतंकवाद के चलते करीब 7 लाख से अधिक कश्मीरी पंडित विस्थापित हो गए और वे जम्मू सहित देश के अन्य हिस्सों में जाकर रहने लगे। इस दौरान हजारों कश्मीरी पंडितों को मौत के घाट उतार दिया गया। हालांकि अभी भी कश्मीर घाटी में लगभग 3 हजार कश्मीरी पंडित रहते हैं लेकिन अब वे घर से कम ही बाहर निकल पाते हैं।

कश्मीरी पंडित कौन थे इनका इतिहास

भारत में हजारों समुदायों के लोग रहते हैं मगर जब सताए हुए अपने ही देश में निष्कासित जीवन जीने वालों की बात आती है, तो यकीनन कश्मीरी पंडितों के सिवाय किसी अन्य समुदाय का नाम पहले नहीं आएगा | 30 वर्षों से अधिक का वक्त बीत चूका है | इन्हें कश्मीरी हिन्दू या कश्मीरी ब्राह्मण भी कहा जाता हैं | हम पंडितों की दुखभरी कहानी और इतिहास को जानेगे |

पिछले कुछ वर्षों से भारत में असहिष्णुता और डर का माहौल के बारे में हर कोई बात करने से पीछे नहीं रहता हैं | मगर शायद वे डर और जीवन से संघर्ष की दास्ताँ से उनका कभी वास्ता ही नहीं हुआ होगा | 1886 से जम्मू कश्मीर प्रान्त में शुरू हुआ कश्मीरी पंडितों का नरसंहार अगले 20 सालों तक चलता रहा |सदियों से जिस भूमि पर बसते आए, जहाँ उनका घर बार, सम्पति पुरखो की यादे सब कुछ था | एक खुशहाल जीवन था मगर कट्टर इस्लामिक आंधी ऐसी चली जिसमें प्रदेश की सरकार और राज्य का पूरा तंत्र भी शामिल हो गया | सामूहिक रूप से पंडितों पर धावा बोला गया |

स्त्रियों की अस्मत लूटी जा रही थी, तलवार बन्दूकों से गली गली में हिन्दुओं को चुन चुन कर मारा जा रहा था | उस समय न तो केंद्र सरकार को कोई फ़िक्र हुई न देश की जनता को, न ही डेमोक्रेसी की पीलर मिडिया को, जो जिस हालत में अपनी जान बचा कर भागने में सफल हुआ उसने परिवार के साथ जम्मू कश्मीर को छोड़कर अन्य राज्यों में शरण ली |

कश्मीर में कश्मीरी पंडितों के पलायन की शुरुआत वर्ष 1947 में ही हो गई थी | जब जम्मू कश्मीर का एक हिस्सा पाकिस्तान में चला गया था | मुस्लिम बहुल इस क्षेत्र से पंडितों को पहली बार अपनी धरती से निकाला गया, तब ये आकर जम्मू में बसे |देश के जम्मू कश्मीर में तीसरी सदी ईसा पूर्व से सारस्वत ब्राह्मणों का एक समूह यहाँ रहता आया हैं | पंच गौड़ समूह के ये ब्राह्मण हैं कई मामलों में देश के अन्य ब्राह्मण समूहों जैसे द्रविड़ आदि से इनमें काफी विभिन्नताएं हैं | ये एकमात्र कश्मीरी हिन्दू जाति एवं राज्य के मूल निवासी थे|

आजकल यह स्पष्ट नहीं है कि जम्मू कश्मीर में कश्मीरी पंडितों की संख्या कितनी थी और वर्तमान में कितने पंडित वहां आबाद हैं | इस

सम्बन्ध में अलग अलग आकंडे हैं | एक अनुमान के मुताबिक़ पलायन से पूर्व घाटी में करीब तीन लाख से छः लाख पंडित रहते थे | वर्ष 2016 में अब घाटी में रहने वाले पंडितों की संख्या एक से दो हजार के बीच मानी जाती हैं |

पूरे जम्मू कश्मीर प्रांत की जनसंख्या का महज ये पांच प्रतिशत थे | मगर इनमें पढ़े लिखे और समृद्ध लोगों की संख्या अधिक थी, राज्य की प्रशासनिक और अन्य विभागों के उच्च पदों पर पंडित थे | आपकी जानकारी के लिए बता दे पूर्व प्रधानमंत्री पंडित जवाहरलाल नेहरु भी इसी समुदाय के सम्बन्धित थे |

अब हम कश्मीरी पंडितों के निष्कासन काण्ड के इतिहास को समझने की कोशिश करेगे, जो भले ही इतिहास बन चुका हैं मगर उसका दर्द आज भी देश को हैं | इस नरसंहार कांड की पूरी जिम्मेदारी किसी पर डाली जाए तो वह है JKLF जम्मू कश्मीर लिबरेशन फ्रंट |यह पाकिस्तान की इंटेलीजेंस और आर्मी के इशारों पर बना | 1977 में इस कट्टर इस्लामिक संगठन की स्थापना अमानुल्लाह ख़ान और मक़बूल भट्ट ने की, कुछ ही वर्षों बाद इंग्लैंड समेत कई देशों ने इसे प्रतिबंधित कर दिया और 1982 में इसने पाक अधिकृत कश्मीर से अपनी गतिविधियाँ शुरू की |

वर्ष 1987 में जम्मू कश्मीर लिबरेशन फ्रंट जेकेएलएफ़ ने भारतीय जम्मू & कश्मीर में अपनी शाखा खोली | यही से पंडितों के साथ अन्याय की शुरुआत हो गई जो अगले 20 वर्षों तक अनवरत चलती रही |

कश्मीरी पंडित कांड की पृष्ठभूमि व इतिहास1987 के विधानसभा चुनाव

वर्ष 1984 में गुलाम मोहम्मद शाह ने अपने बहनोई फारुख अब्दुल्ला की सरकार गिरा दी | नेशनल कांफ्रेंस के 12 विधायकों के साथ इन्होने कांग्रेस से हाथ मिला लिया और खुद मुख्यमंत्री बन गये | दिल्ली में कांग्रेस की सरकार को राजीव गांधी लीड कर रहे थे |कहते है गांधी शाह से खुश नहीं थे वे किसी तरह शाह की सरकार गिराना चाहते थे | राजीव गांधी सरकार ने एक बड़ा कदम उठाया और बाबरी मस्जिद का ताला खुलवा दिया | केंद्र सरकार के इस निर्णय के बाद देशभर में कई

दंगे हुए ऐसा ही एक दंगा अनंतनाग मे हुआ जहाँ मुस्लिम भीड़ ने अपना निशाना कश्मीरी पंडितों को बनाया |केंद्र ने मौका पाकर राज्य में 7 मार्च, 1986 को राज्यपाल शासन लगा दिया और 1987 में विधानसभा चुनाव कराए | इन चुनावों में फारुक अब्दूल्ला कांग्रेस के समर्थन के साथ राज्य के मुख्यमंत्री बने |

मुस्लिम यूनाइटेड फ्रंट का आगमन

जम्मू कश्मीर के 1987 के चुनावों का जिक्र यहाँ इसलिए जरूरी है क्योंकि कश्मीरी पंडितों के साथ 1990 में हुए नरसंहार के बड़े कारण में यह एक चुनाव भी था | फारुख अब्दुल्ला और राजीव गांधी के हाथ मिलाने से जम्मू कश्मीर में जेकेएलएफ ने पहले से पैदा की भारत विरोधी भावनाओं को फिर से भड़काया गया |दो बड़ी पार्टियों के हाथ मिलाने के बाद इस्लामिक कट्टरपंथी गुट (जमात इस्लामी) आदि ने मुस्लिम यूनाइटेड फ्रंट (MUF) गठबंधन बनाया | अचानक सारा परिदृश्य बदल गया इन चुनावों की चर्चा पुरे देश में होने लगी | कश्मीर में MUF सीधे सीधे मुसलमानों को लामबंद कर रही थी | सैयद सलाहुद्दीन जैसा आतंकी श्रीनगर के अमीरा कदल क्षेत्र से एमयूएफ पार्टी से चुनाव के लिए नामांकन दाखिल किया |

23 मार्च, 1987 को वोटिंग का दिन था प्रदेश में अस्सी प्रतिशत से अधिक मतदान हुआ | उधर कई MUF के कार्यकर्ता गिरफ्तार भी किये गए | कुल मिलाकर केंद्र सरकार इस कट्टरपंथी समूह को सत्ता से दूर रखना चाहती थी | नतीजा भी यही निकला नेशनल कांफ्रेस ने 45 में से 40 सीट जीती कांग्रेस ने 31 में से 26 और MUF महज चार सीटें जीती |कट्टरपंथी नेताओं ने यहीं से लोगों को ठगे जाने की बाते करनी शुरू कर दी | कट्टरपंथी ताकतों ने यहाँ से चुनाव और लोकतांत्रिक तरीकों से दूरी बना ली |

कश्मीरी पंडितों के निष्कासन की कहानी

साल 1988 में जम्मू कश्मीर लिबरेशन फ्रंट ने कश्मीर की आजादी के नाम पर कश्मीरी पंडितों के साथ उत्पीडन की शुरुआत कर दी | घाटी में कश्मीरी पंडितों के बुरे दिनों की शुरुआत 14 सितंबर 1989 से हुई |भाजपा के राष्ट्रीय कार्यकारिणी के सदस्य और वकील कश्मीरी पंडित,

तिलक लाल तप्लू की जेकेएलएफ ने हत्या कर दी | कट्टरपंथी लोगों ने उन्ही व्यक्तियों को पहले मारना शुरू किया जो समाज में सम्मानित थे जिससे सभी के अंदर दहशत पैदा हो जाए|

4 जनवरी, 1990 का दर्दनाक दिन था जब समाचार पत्रों में विज्ञापन आए "कश्मीरी हिन्दुओं घर सम्पति और अपनी बेटियों और औरतों को छोड़कर चले जाओ या मरने के लिए तैयार रहो" |हर पंडित के घर के आगे इसी भाषा में नोटिस लगा दिए गये मस्जिदों के लाउडस्पीकर से हिन्दुओं को मारने और उनकी स्त्रियों की इज्जत लूटने के एलान होना शुरू हो गये |

राज्य में भय और दहशत का माहौल था, न कानून न पुलिस न सरकार | आतंकवादियों के हाथों लोगों के कत्ल हो रहे थे | लड़कियों और औरतों के सामूहिक बलात्कार के बाद मार दिया जाता था | जिहादी इस्लामिक ताकतों ने कश्मीरी पंडितो को तीन विकल्प दिए, अपना धर्म बदल लो, पलायन करलो या मरो |

19 जनवरी 1990 को नवनियुक्त राज्यपाल जगमोहन घाटी में सेना बुलाते हैं इस एक कदम ने लाखों कश्मीरी पंडितों को जीवित कश्मीर छोड़ने का एक विकल्प दिया | सेना पंडितों के साथ हो रहे अन्याय को रोक तो नहीं पाई मगर उन्हें कश्मीर छोड़ने में ढाल की तरह मददगार साबित हुई |

कश्मीरी पंडितों पर हुए अत्याचार का इतिहास

घाटी में सेना के दाखिले के बाद जत्थों में लोगों ने घाटी को खाली करना शुरू कर दिया | कुछ ने जम्मू में शरण ली तो अधिकतर ने दिल्ली हरियाणा, पंजाब और देश के अन्य भागों में जाना उचित समझा |पंडितों पर हो रहे हमलें वहीं नहीं थमे |जहाँ भी कश्मीरी पंडित दिखता भीड़ में लोगों द्वारा उस पर हमला कर दिया जाता था | 1989-1990 के एक साल की अवधि में करीब 400 से 500 पंडितों को मार दिया गया |1990 के बाद भी घाटी में जो कुछ पंडित बच कर रह गये थे उन पर निरंतर हमले होते रहे और जाने जाती रही | कुछ बड़े पंडितों पर 1990 बाद हुए नरसंहार ये थे :-

- डोडा नरसंहार- अगस्त 14, 1993 को 15 पंडितों की हत्या |
- संग्रामपुर नरसंहार- मार्च 21, 1997 घर में घुसकर सात पंडितों की हत्या |
- वंधामा नरसंहार- जनवरी 25, 1998 आतंकियो ने 4 परिवारों के 23 जनों की हत्या |
- पठानकोट नरसंहार- अप्रैल 17, 1998 को एक परिवार के 27 लोगों की हत्या|
- 2000 में अनंतनाग के पहलगाम में 30 अमरनाथ यात्रियों की हत्या|
- 20 मार्च 2000 चिती सिंघपोरा नरसंहार में 36 सिखों की हत्या|
- 2001 में डोडा में 6 हिंदुओं की आतंकियों ने गोली मारकर हत्या |
- 2001 जम्मू कश्मीर रेलवे स्टेशन नरसंहार में 11 लोगों की हत्या|
- 2002 में जम्मू के रघुनाथ मंदिर पर दो बार हमला 15 लोगों की मौत|
- 2002 क्वासिम नगर नरसंहार, 29 हिन्दू मजदूरों की हत्या|
- 2003 नदिमार्ग नरसंहार में 24 हिन्दुओं को मौत के घाट उतार दिया |

कश्मीरी पंडितों के पलायन के समय किसकी सरकार थी

जब जम्मू कश्मीर में मृत्यु का यह तांडव चल रहा था इस समय प्रदेश में नेशनल कांफ्रेंस के फारुख अब्दुल्ला मुख्यमंत्री थे केंद्र में वी पी सिंह प्रधानमंत्री थे | प्रदेश में हालात इस कदर बिगाड़ दिए गये कि बाद में राज्यपाल शासन लगाना पड़ा और घाटी में सेना बुलानी पड़ी |

कश्मीरी पंडितों का पलायन व आंकड़े

सरकारी आंकड़ों के अनुसार घाटी में बसनें वाले करीब 60 परिवारों को घर छोड़कर जान बचाने के लिए पलायन करना पड़ा था | इस घटनाक्रम में करीब 4 लाख लोगों ने विस्थापन किया और पिछले 30 वर्षों से अपने ही देश में शरणार्थी का जीवन जी रहे हैं |

सन 1990 के बाद आई कई सरकारों ने इनके पुनर्वास को लेकर राजनैतिक रोटियां तो सेकी मगर पंडितों के दर्द पर मरहम अभी तक किसी ने नहीं लगाया | मोदी सरकार से भी कश्मीरी पंडितों को बड़ी

उम्मीद हैं | धारा 370 और 35A के हटने के बाद पंडितों को उम्मीद है कि सरकार उन्हें फिर से अपने प्रदेश में बसाएगी |

दिग्विजय सिंह द्वारा संसद में साल 1990 और उसके बाद कश्मीरी पंडितों के पलायन के सवाल पर भारत सरकार के गृह मंत्रालय ने इस पर जानकारी देते हुए कहा कि जम्मू कश्मीर की सरकार के रिकॉर्ड के अनुसार 44684 कश्मीरी विस्थापित परिवार 'राहत और पुनर्वास आयुक्त (विस्थापित) जम्मू' के कार्यालय में रजिस्टर्ड हैं मगर इनकी संख्या की बात करे तो यह 154712 व्यक्ति हैं |

कश्मीरी पंडितों की नरसंहार पर बनी फिल्म The Kashmir Files

विवेक अग्निहोत्री ने कश्मीर हिन्दू पंडितों के साथ 90 के दशक में हुए नरसंहार पर एक दर्दनाक कहानी को कई अनजाने तथ्यों के साथ द कश्मीर फाइल्स नाम से बनाई हैं | फिल्म में पंडितों के साथ घटित सत्य घटनाओं और उस समय के हालातों को चित्रित करने का प्रयास किया हैं | देश और दुनियां भर से फिल्म को बेहद प्यार मिला और बॉक्स ऑफिस पर यह फिल्म छाई रही|

11 मार्च 2022 को रिलीज इस फिल्म में अनुपम खेर, पल्लवी जोशी एवं मिथुन चक्रवर्ती ने काम किया हैं अभिषेक अग्रवाल इसके निर्माता हैं | फिल्म को बॉलीवुड के बायकाट और बड़े बड़े रियलिटी शो में प्रमोशन करने से भी रोका गया मगर भारतीय जनमानस ने पंडितों के दर्द की सच्ची दास्ताँ देखकर इसे भरपूर प्यार दिया और साल की सबसे हिट फिल्म भी बनाया हैं |

पिछले तीस वर्षों में कश्मीरी पंडितों को भले ही न्याय तो नहीं मिल पाया हो, मगर पहली बार दुनियां ने उनके दर्द को जाना हैं उनकी असली कहानी पहली बार उन लोगों ने भी जानी है जो कश्मीरी पंडित है तथा इस त्रासदी के बाद भारत या दुनियां के अन्य भागों में जन्में हैं |

"हर कश्मीरी पंडित परिवार पर हुए अत्याचारों पर अगर फिल्म बनाने चलें तो 7 लाख फिल्म बन जाएँगी... 7 लाख। हर घर की 1-1 कहानी है। ये कहानियाँ सुनाते-सुनाते उम्र निकल गई हमारी पर हमारी आवाज किसी ने नहीं सुनी"|

पिछले दिनों द कश्मीर फाइल्स के रिलीज होने के बाद एक कश्मीरी पंडित महिला ने आजतक के कार्यक्रम में फिल्म निर्देशक विवेक अग्निहोत्री के सामने सिसकते-सिसकते अपनी ये बात कही थी। इस महिला की तरह लाखों कश्मीरी पंडितों ने भी फिल्म को देख अपने दुख मीडिया, सोशल मीडिया में साझा किए थे जिनके बाद ऐसी तमाम कहानियों का अंबार लग गया जो 32 साल से मौन थीं। इनमें कुछ के बारे में आपने पहले सुना होगा और कुछ पर से कश्मीरी पंडितों ने हाल में चुप्पी तोड़ी है। किसी ने बताया है कि कैसे उनके पिता के 15 टुकड़े करके झेलम नदी में फेंक दिया गया तो किसी ने बताया है कि कैसे उनके पिता को कंटीली तार से बाँधकर लटका दिया गया। कुछ महिलाएँ भी सामने आई हैं जिन्होंने पंडित महिलाओं के साथ हुई अश्लीलता पर खुलकर बताया है। आइए उन नई-पुरानी मिलाकर कुल 25 घटनाओं के बारे में एक बार फिर जाएँ।

आज हम आपको उन्हीं में नृशंस कहानियों में 25 घटनाएँ संक्षेप में बताने जा रहे हैं जहाँ 75 से ज्यादा लोगों ने अपनी जान गवाई। ये कट्टरपंथी घटनाएँ 32 साल पहले घाटी में घटना शुरू हुई थीं और 700 से ज्यादा पंडित अब तक शिकार हो चुके हैं।

पहली कहानी टीका लाल टपलू की है। टीका लाल टपलू घाटी में कश्मीरी पंडितों के सबसे चहेते नेता थे। आतंकियों ने उन्हें उस समय मौत के घाट उतारा था जब वह एक बच्ची को चुप कराने घर से निकले। 14 सितंबर 1989 को टीका लाल टपलू को आतंकियों ने घर के बाहर गोलियों से भूना था। इस हमले में उनका परिवार बच गया था क्योंकि घटना से 1 हफ्ता पहले दिल्ली आ गया था।

दूसरी कहानी नीलकंठ गंजू की है। 4 नवंबर 1989 को जस्टिस नीलकंठ गंजू को दिनदहाड़े हाईकोर्ट के सामने मारा गया था। उनका गुनाह इतना था कि उन्होंने आतंकी मकबूल भट्ट को एक हत्या के बदले सजा ए मौत दी थी। इसी का बदला लेने के लिए जस्टिस नीलकंठ को मौत के घाट उतारा गया।

गिरिजा टिक्कू वो अगला नाम हैं जिन्हें आतंकियों ने अपना निशाना बनाया था। वह एक स्कूल में नौकरी करती थीं और डर से जम्मू रहती

थीं। एक दिन उन्हें पता चला कि स्थिति सामान्य हो गई है तो वह वापस अपनी सैलरी लेने बांदीपोरा गईं। लेकिन आतंकियों ने वहाँ उन्हें पकड़ा। उनका रेप किया और फिर उन्हें जिंदा ही उनके शरीर को आरी से दो हिस्सों में चीर दिया।

22 मार्च 1990 को अनंतनाग जिले के दुकानदार पी एन कौल के साथ ऐसी ही बर्बरता को अंजाम दिया गया। बताया जाता है कि पीएन कौल की चमड़ी जीवित अवस्था में शरीर से उतार दी गई थी और उन्हें मरने को छोड़ दिया गया था। तीन दिन बाद उनकी लाश मिली थी।

7 मई 1990 को प्रोफेसर एल गंजू को पत्नी समेत आतंकियों ने मौत के घाट उतारा। मगर उससे पहले उनकी पत्नी से सामूहिक बलात्कार भी किया।

बीके गंजू जो कि एक टेलीकॉम इंजीनियर थे और आतंकियों से बचने के लिए चावल के डिब्बे में घुसे थे। आतंकियों ने उन्हें पूरे घर में ढूँढा लेकिन वो कहीं नहीं मिले। बाद में जब आतंकी जाने लगे तभी बीच में कुछ पड़ोसियों ने चावल के डिब्बे की ओर इशारा कर दिया और आतंकियों ने उसी डिब्बे में उन्हें गोलियों से भून डाला। बाद में उनके खून से सना चावल उनकी पत्नी को खिलाया गया जिसका दृश्य कश्मीर फाइल्स में दिखाया गया है।

अगली कहानी कृष्ण राजदान की है। कृष्ण को 12 फरवरी 1990 को बस में जाते हुए गोली मारी गई थी। इसके बाद उनका शरीर बस से निकाल कर बाहर किया गया था और लोगों से कहा गया था कि उन्हें लातों से मारें। पूरे शरीर को घसीट कर दिखाया गया था कि वे हिंदुओं का क्या हाल करने वाले हैं।

24 फरवरी को अशोक कुमार के घुटनों में गोली मारी गई। फिर उनके बाल उखाड़े गए, उन पर थूका गया और फिर पेशाब किया गया।

नवीन सप्रू को भी घाटी में इसी तरह मारा गया और उनके तो मुख्य अंग में गोली मारकर उनके शरीर को जलाया गया था।

30 अप्रैल को कश्मीरी कवि सर्वानंद कौल को उनके बेटे वीरेंद्र कौल के साथ भी निर्ममता की हर हद पार कर दी गई। पहले विश्वास दिलाकर कट्टरपंथी उन्हें और उनके बेटे को अपने साथ ले गए। फिर दो दिन बाद

जाकर उनकी लाश मिली। माथे पर की चमड़ी उधेड़ दी जा चुकी थी। सिगरेट से शरीर जला दिया गया था। हड्डियाँ टूटी हुई थी। आँखें निकाल ली गई थीं। इसके बाद उन्हें मारने के लिए गोली भी दागी गई थी।

उन्हीं की तरह अशोक सूरी के भाई को भी पहले आतंकियों ने सिगरेट जलाकर खूब टॉर्चर किया था और बाद में कहा कि वो तो अशोक सूरी को मारना चाहते हैं जब भाई ने अधमरी अवस्था में अपने भाई को कश्मीर छोड़ने को कहा तो उन्होंने बात नहीं मानी। नतीजन आधी रात आतंकी घर आए और धारधार हथियार से उनकी गर्दन काटकर चले गए।

26 जून 1990 को बीएल राना उस समय मौत के घाट उतारे गए जब वो अपने परिवार को लेने जा रहे थे। उनसे पहले 3 जून को आतंकियों ने उनके पिता दामोदर को मार डाला था।

मुजू और दो अन्य कश्मीरी पंडितों के साथ तो ऐसी निर्ममता हुई कि उन्हें पहले खून देने के बहाने उठाया गया और फिर उनके शरीर का सारा खून निकालकर उन्हें तड़प कर मरने को छोड़ दिया गया।

सोपोर के चुन्नी लाल शल्ला का भी खून बहाकर उन्हें मारा गया था। आतंकी पहले उनकी दाढ़ी देख उन्हें पहचान न सके। लेकिन तभी इंस्पेक्टर शल्ला के एक साथी सिपाही ने ही आतंकियों को बुलाया और उनके गाल की चमड़ी उतरवा उतरवा कर उन्हें तड़प कर मरने को छोड़ दिया।

28 अप्रैल 1990 को भूषण लाल रैना मारे गए। भूषण लाल अपनी माँ के साथ घाटी छोड़ने वाले थे। देर रात दोनों सामान बांध रहे थे कि तभी आतंकी आए और उनके सिर में नुकीली चीज घुसाकर उन्हें घर से बाहर खींच लिया। बाद में उन्हें नंगा करके शरीर में कील ठोंकी और जब तक दम नहीं थोड़ा तब तक तड़पाते रहे।

इसके बाद 1998 को 23 कश्मीरी हिंदू मारे गए। वो उस प्रतिनिधिमंडल का हिस्सा थे जो घाटी में हिंदुओं की वापसी की संभावना देखने वहाँ गए थे। इन सबको एक आदेश पर रायफलों से मौत के घाट उतारा गया फिर इनके मंदिर तोड़े गए, घर में आग लगा दी गई।

कश्मीरी पंडितों को मारने के क्रम में एक अमित नाम का नौजवान भी मारा गया था। उन्हें मारने का आतंकियों का प्लॉन नहीं था। उन्हें

तो एक ऐसे शख्स को मारना था जो आतंकी बिट्टा कराटे से बचपन में पढ़ाई के पैसे लेता था । उन्हीं के धोखे में 26 साल का नौजवान बीच सड़क पर मार <u>डाला गया था।</u>

इसी प्रकार कश्मीरी पंडितों पर हुए जुल्म की एक कहानी कश्मीरी महिला ने हाल में 'ह्यूमन्स ऑफ बॉम्बे' में शेयर की थी। उन्होंने बताया था कि कैसे उनके घर के सामने भैरव मंदिर <u>ध्वस्त कर दिया गया था</u> और एक युवा बैंक कर्मचारी को सैंकड़ों लोगों के सामने मार दिया गया था। भीड़ ने अंतिम सांस लेने तक उसके शरीर को मारा था और उस पर पेशाब भी किया था।

इसी प्रकार पीड़िता मंजू को जहाँ कट्टरपंथियों ने दीवार से सटाकर पूरे शरीर पर हाथ फेरा था। वहीं मधुसूदन कौल थीं जिनकी एक हाथ की उंगली ही आतंकियों की गोली से चली गई थी।

एक पीड़ित ने बताया था कि कैसे उनके पिता को मारकर उनके शरीर को ईंट के साथ बाँधकर नदी में फेंक दिया गया था।

अनुराधा नाम की महिला ने अपनी पीड़ा बयां करते हुए कहा था कि कभी किसी ने अपने पिता को नंगा नहीं देखा होगा लेकिन उन्होंने देखा था। उनके पिता के शरीर में इतनी गोलियाँ दागीं गई थीं कि शरीर ढंग से पोस्टमार्टम के बाद सिला भी नहीं गया।

इसी तरह रवींद्र पंडित ने हाल में बताया कि कैसे उनके पिता सरकारी नौकरी के कारण कश्मीर में रहते थे और आतंकियों ने उन्हें उनके ही बाग में लेजाकर मारा था। पाकिस्तान जिंदाबाद न कहने पर उनके शरीर में कील ठोंकी गईं थीं उन्हें कंटीली तार से फंदा बनाकर लटकाया था।

द कश्मीर फाइल्स फिल्म बनने के क्रम में जो रिसर्च हुई उस बीच एक महिला ने पल्लवी जोशी बताया था कि कैसे उनके पिता को मार कर 15 टुकड़ों में काटा गया और फिर झेलम नदी में बहा दिया गया।

अगली कहानी सतीश कुमार टिकू की है। टिकू को भी कश्मीरी पंडित होने के कारण मारा गया था। बिट्टा कराटे ने एक इंटरव्यू में कहा था कि वो सतीश पंडित था और आरएसएस से जुड़ा था इसलिए उसे मारा था। कराटे वही आतंकी है जिसने 20 कश्मीरी हिंदुओं को मौत के घाट <u>उतारा था।</u>

साल 2003 में दक्षिण कश्मीर के पुलवामा क्षेत्र के नदीमार्ग गाँव में 24 कश्मीरी पंडितों को लाइन से मौत के घाट उतारा गया था। ये वो लोग थे जिन्होंने 90 के दशक में अपना घर छोड़ने से मना कर दिया था। मरने वालों में 70 साल की बुजुर्ग महिला और 2 साल का मासूम बच्चा भी था।

कश्मीर में अभी भी कट्टरपंथ खतम नहीं हुआ है

गौरतलब है कि 90 के दशक से कश्मीरी पंडितों पर शुरू हुआ अत्याचार आज तक थमा नहीं है। कुछ समय पहले कश्मीर के एक स्कूल में चुन चुनकर गैर मुस्लिम शिक्षक मौत के घाट उतारे गए थे। वहीं माखनलाल बिंदरू की भी गोली मार कर पिछले साल हत्या की गई थी। उससे पहले अनंतनाग में जिले के सरपंच अजय पंडिता को मौत के घाट उतारा गया था। कश्मीरी पंडित महिला ने रोते हुए सच ही कहा था कि अगर फिल्म बनाने लगे तो 7 लाख से ज्यादा फिल्म बन जाएँगी। कश्मीर में रहने वाले हर हिंदू के अपने अपने संघर्ष है। उन्होंने कितनी निर्ममता से अपनों को खोया उसकी कहानी है और कैसे घर, काम, जमीन, जायदाद छोड़ना पड़ा उसका दर्द है।

आज भले ही घाटी से अनुच्छेद 370 हटा दिया गया है लेकिन सच ये है कि अभी भी कट्टरपंथियों ने कश्मीर का दर नहीं छोड़ा है। हाल में राजौरी के मौलवी ने एक मौलवी ने खुदा कसम खाकर हिंदुओं को मिटाने की बात कही थी और बाद में जब वीडियो वायरल हुई तो बयान जारी कर दिया कि कश्मीरी पंडित भाई है उनके।

भारतीय जनता पार्टी की केंद्र में सरकार बनाने के बाद महत्वपूर्ण बदलाव हुए हैं| कश्मीर से संविधान की धारा 370 को हटा दिया गया है | कश्मीर अब केंद्र शासित प्रदेश है इसे तीन भागों में बाँट दिया गया है | 32 वर्षों बाद जे के अल एफ के आतंकवादी नेता यासीन मालिक और बिट्टा कराटे अब जेल में हैं| उन पर अब मुकदमा चलाया जा रहा है | अपराध चक्र का पहिया घूम कर अंततः न्याय के कटघरे में आकर ठहर गया है | यही वो जगह है जहां अपराधियों के कर्मों का लेखा जोखा होगा | पर क्या हम इस नरसंहार से कुछ सीख पाए हैं ? यह एक यक्ष प्रश्न है जो हर हिन्दुस्तानी को तलास करना है |

6

गोधरा कांड

27 फरवरी, 2002 भारत के इतिहास का एक काला अध्याय है, जिसने हिंदू-मुस्लिम भाईचारे की भावना को आग लगा दी थी। इस घटना के बाद पूरा गुजरात सुलग उठा और सांप्रदायिक दंगे फैल गए। जिसमें 1200 से भी ज्यादा लोगों ने जान गंवाई। उस वक्त के मुख्यमंत्री नरेंद्र मोदी पर दंगाइयों को रोकने के लिए जरूरी कार्रवाई नहीं करने के आरोप भी लगे। लेकिन बाद में सभी आरोपों से नरेंद्र मोदी को क्लीनचिट भी मिली। ऐसे में आइए जानते हैं जानिए गोधरा कांड और उसके बाद गुजरात में भड़के दंगों की कहानी।

27 फरवरी पूरे देश के लिए तारीख ही नहीं बल्कि इस तारीख का हमारे देश के अतीत से काला रिश्ता है। ये वो तारीख है जिस पर चढ़ी धूल की परत वक्त गुजरने के साथ साथ और मोटी होती चली गई। हमारे देश के मीडिया का एक बड़ा तबका आज खुद को बहुत ही जागरूक, निष्पक्ष और जिम्मेदार मानता है। लेकिन अफसोस की बात ये है कि इस तारीख में छुपी तकलीफ को दुनिया के कोने कोने तक पहुंचाने का समय शायद किसी भी न्यूज़ चैनल या अखबार को पिछले 20 वर्षों में नहीं मिला। हम गोधरा की बात कर रहे हैं, जहां 27 फरवरी 2002 को आधुनिक भारत के इतिहास का काला अध्याय लिखा गया था। इस दिन हमारे स्वतंत्र धर्मनिरपेक्ष देश में सुबह 7:43 पर गुजरात के गोधरा स्टेशन पर 23 पुरुष और 15 महिलाओं और 20 बच्चों सहित 58 लोग साबरमती

एक्सप्रेस के कोच नंबर S6 में जिंदा जला दिए गए थे। उन लोगों को बचाने की कोशिश करने वाला एक व्यक्ति भी 2 दिनों के बाद मौत की नींद सो गया था।

अयोध्या से वापस लौट रही थी श्रद्धालुओं से भरी ट्रेन |अयोध्या में विश्व हिंदू परिषद की तरफ से फरवरी 2002 में पूर्णाहुति महायज्ञ का आयोजन किया गया था। देश के विभिन्न कोने से बड़ी संख्या में श्रद्धालु वहां गए थे। 25 फरवरी 2002 को अहमदाबाद जाने वाली साबरमती एक्सप्रेस ट्रेन में करीब 1700 तीर्थयात्री और कारसेवक सवार हुए थे। ट्रेन 27 फरवरी की सुबह 7 बजकर 43 मिनट पर गोधरा स्टेशन पहुंची। जैसे ही ट्रेन रवाना होने लगी, चेन पुलिंग की वजह से सिग्नल के पास ट्रेन रुक गई। और फिर बड़ी संख्या में भीड़ ने आगजनी की घटना को अंजाम दिया।

अक्सर गुजरात दंगों की बात गोधरा कांड पर आकर रुक जाती है यह दलील दी जाती है कि गुजरात दंगे, गोधरा कांड में किए क्रिया की प्रतिक्रिया थी। लेकिन कभी भी इन दोनों घटनाओं को न्याय की एक ही कसौटी पर रखकर नहीं तौला जाता। गोधरा कांड का इंसाफ आज भी अधूरा है। जिसमें 59 लोगों की चीखें छिपी है जिसकी गूंज आज तक किसी नेता के कान तक नहीं पहुंची और ना ही मानवता की दुहाई देने वाले मीडिया को कभी सुनाई थी। मामले पर 2011 में निचली अदालत का फैसला भी आया जिसमें 11 लोगों को मौत की सजा सुनाई गई। जबकि 20 लोगों को उम्र कैद की सजा हुई। लेकिन गोधरा कांड के ठीक 1 दिन बाद से गुजरात ही नहीं बल्कि पूरे देश की राजनीति हमेशा के बदल गई।

एसआईटी रिपोर्ट

उसी दिन शाम को गुजरात के मुख्यमंत्री निवास पर बैठक हुई जिसमें नरेंद्र मोदी पर शामिल हुए। इस मीटिंग को लेकर पूर्व आईपीएस संजीव भट्ट ने दावा किया था कि मोदी ने हिंदुओं की प्रतिक्रिया होने देने की बात कही थी। लेकिन एसआईटी ने संजीव भट्ट के आरोपों को गलत माना और कहा कि वह 27 तारीख की उस मीटिंग में मौजूद ही नहीं थे। एसआईटी ने कहा संजीव भट्ट तथ्यों को घुमा फिरा रहे हैं और मीडिया

को बरगलाने की साजिश रच कर ना सिर्फ एमिकस क्यूरी राजू रामचंद्रन बल्कि सुप्रीम कोर्ट पर भी दबाव डालने की कोशिश कर रहे हैं।

कारसेवकों के शवों को गोधरा से अहमदाबाद लाने का फैसला हुआ पुलिस और प्रशासनिक अधिकारियों ने इसका विरोध किया था। द नमो स्टोरी के लेखक के अनुसार मोदी सरकार के मंत्री हरेन पांड्या ने भी इसका विरोध किया था। 2003 में पांड्या की हत्या कर दी गई थी। इसके लिए उनके पिता ने मोदी को दोषी ठहराया था। हालांकि सीबीआई ने जांच के बाद मोदी को क्लीन चिट दे दी थी। शवों को गोधरा स्टेशन से अहमदाबाद लाया गया और विहिप को सौंपा गया। उस वक्त शहर में कर्फ्यू नहीं लगा था और जल्दी ही अहमदाबाद में दंगे फैल गए।

गोधरा कांड के बाद पूरे गुजरात में हुआ दंगा

गोधरा की घटना में 1500 लोगों के खिलाफ प्राथमिकी दर्ज की गई थी। इस घटना के बाद पूरे गुजरात में सांप्रदायिक हिंसा भड़क उठी और जान-माल का भारी नुकसान हुआ। हालात इस कदर बिगड़े कि तत्कालीन प्रधानमंत्री अटल बिहारी वाजपेयी को जनता से शांति की अपील करनी पड़ी। सरकारी आंकड़ों के मुताबिक दंगों में 1200 लोगों की मौत हुई थी।

नानावटी आयोग की 15 सौ पन्नों की रिपोर्ट

27 फरवरी 2002 को गोधरा में साबरमती एक्सप्रेस में 59 कारसेवकों को जलाने की घटना के प्रतिक्रियास्वरूप समूचे गुजरात में दंगे भड़क उठे थे। इसकी जांच के लिए तीन मार्च 2002 को सुप्रीम कोर्ट के सेवानिवृत्त जज न्यायमूर्ति जीटी नानावती की अध्यक्षता में एक आयोग का गठन किया गया। न्यायमूर्ति केजी शाह आयोग के दूसरे सदस्य थे। शुरू में आयोग को साबरमती एक्सप्रेस में आगजनी से जुड़े तथ्य और घटनाओं की जांच का काम सौंपा गया। लेकिन जून 2002 में आयोग को गोधरा कांड के बाद भड़की हिंसा की भी जांच करने के लिए कहा गया। आयोग ने दंगों के दौरान नरेंद्र मोदी, उनके कैबिनेट सहयोगियों व वरिष्ठ अफसरों की भूमिका की भी जांच की। आयोग ने सितंबर 2008 में गोधरा कांड पर अपनी प्राथमिक रिपोर्ट पेश की थी। इसमें गुजरात के तत्कालीन मुख्यमंत्री नरेंद्र मोदी को क्लीन चिट दी गई

थी। उस समय आयोग ने साबरमती एक्सप्रेस की बोगी संख्या-छह में आग लगाने को सुनियोजित साजिश का परिणाम बताया था। 2009 में जस्टिस शाह के निधन के बाद अक्षय मेहता को सदस्य बनाया गया। आयोग ने 45 हजार शपथ पत्र व हजारों गवाहों के बयान के बाद करीब 15 सौ पेज की रिपोर्ट तैयार की। अब इस रिपोर्ट को विधानसभा के पटल पर रखा गया। नानावटी कमीशन ने श्री नरेंद्र मोदी को क्लीन चिट दी और तमाम तरह के प्रोपोगैंडा जो न सिर्फ देश बल्कि पूरी दुनिया में फैलाए गए उसे सिरे से खारिज किया गया। इस रिपोर्ट में ये बताया गया कि वहां पर कोई भी ऐसा काम नहीं किया गया जो राज्य सरकार को नहीं करना चाहिए थे।

****

गुजरात दंगों का मूल कारण गोधरा में ट्रेन का जलना था, सरकार ने की थी त्वरित कार्रवाई- अमित शाह

सुप्रीम कोर्ट ने 2002 के गुजरात दंगों के मामले में तत्कालीन सीएम नरेंद्र मोदी सहित 64 लोगों को एसआईटी की क्लीन चिट को चुनौती देने वाली जकिया जाफरी की याचिका को गत 24 जून 2022 को खारिज कर दिया। शीर्ष अदालत ने इस मामले में अपनी टिप्पणी में कहा कि जकिया जाफरी की अपील योग्यता से रहित है और खारिज करने योग्य है।

केंद्रीय गृह मंत्री अमित शाह ने 2002 में गुजरात दंगों के दौरान जो हुआ उस पर अपनी चुप्पी तोड़ी। न्यूज एजेंसी एएनआई को दिए एक साक्षात्कार में, उन्होंने सुप्रीम कोर्ट के हालिया फैसले, गुजरात दंगों से जुड़े मामलों में मीडिया, गैर सरकारी संगठनों और राजनीतिक दलों की भूमिका, भारत की न्यायपालिका में प्रधानमंत्री नरेंद्र मोदी के विश्वास पर बात की। आपको बता दें कि 2002 के गुजरात दंगों के मामले में तत्कालीन सीएम नरेंद्र मोदी सहित 64 लोगों को एसआईटी की क्लीन चिट को चुनौती देने वाली जकिया जाफरी की याचिका को सुप्रीम कोर्ट ने गत 24 जून 2022 को खारिज कर दिया। सुप्रीम कोर्ट ने एसआईटी द्वारा दायर क्लोजर रिपोर्ट के खिलाफ जकिया जाफरी की विरोध याचिका को खारिज करने के मजिस्ट्रेट के आदेश को बरकरार

रखा | शीर्ष अदालत ने इस मामले में अपनी टिप्पणी में कहा कि जकिया जाफरी की अपील योग्यता से रहित है और खारिज करने योग्य है |

गृह मंत्री अमित शाह ने कहा, 2002 के गुजरात दंगों का मूल कारण गोधरा में ट्रेन का जलना था| 16 दिन के बच्चे सहित 59 लोगों को आग के हवाले किया गया |कोई परेड नहीं की गई, यह झूठ है | उन्हें सिविल अस्पताल ले जाया गया और परिवारों द्वारा शवों को बंद एम्बुलेंस में उनके घर ले जाया गया |

2002 के गुजरात दंगों पर गृह मंत्री अमित शाह ने कहा, 'मोदी जी ने उदाहरण पेश किया कि कैसे संविधान का सम्मान किया जा सकता है | उनसे पूछताछ की गई लेकिन किसी ने धरना नहीं दिया और कार्यकर्ता उनके साथ एकजुटता दिखाने के जिए सड़कों पर नहीं उतरे | अगर आरोप लगाने वालों में अंतरात्मा है, तो उन्हें माफी मांगनी चाहिए |'

न्यूज एजेंसी एएनआई से हुई बातचीत में 2002 के दंगों के दौरान गुजरात सरकार की कार्रवाई पर गृह मंत्री अमित शाह ने कहा, 'जहां तक गुजरात सरकार का सवाल है, हमें देर नहीं हुई | जिस दिन गुजरात बंद का आह्वान किया गया था, उस दिन दोपहर में ही हमने सेना बुला ली थी | सेना को पहुंचने में थोड़ा समय लगता है लेकिन एक दिन की भी देरी नहीं हुई थी | कोर्ट ने भी इसकी सराहना की|'

गुजरात दंगों पर बोलते हुए गृह मंत्री अमित शाह कहते हैं, 'सब कुछ (स्थिति को नियंत्रित करने के लिए) किया गया था...इसे नियंत्रित करने में समय लगता है...गिल साहब (पूर्व पंजाब डीजीपी, दिवंगत केपीएस गिल) ने कहा था कि उन्होंने उनके जीवन में कभी भी इतना अधिक तटस्थ और त्वरित कार्रवाई नहीं देखी | फिर भी, उनके खिलाफ भी आरोप लगाए गए |'

केंद्रीय गृह मंत्री अमित शाह ने 2002 के गुजरात दंगों को लेकर एएनआई के साथ हुई बातचीत में कहा, 'अधिकारियों और पुलिस प्रशासन ने दंगों को नियंत्रित करने में अच्छा काम किया | लेकिन घटना (गोधरा ट्रेन जलने) से गुस्सा था, और किसी को भनक तक नहीं लगी, न पुलिस को, न किसी और को | बाद में यह किसी के हाथ में नहीं था |'

केंद्रीय गृह मंत्री अमित शाह ने 2002 गुजरात दंगों पर कहा, 'कोई पेशेवर इनपुट नहीं था कि इस तरह की उग्र प्रतिक्रियाएं होंगी | गोधरा ट्रेन में जलने वाले पीड़ितों के शव के साथ कोई परेड नहीं की गई थी, यह आरोप गलत है | उन्हें सिविल अस्पताल ले जाया गया | बंद एम्बुलेंस में परिजनों के साथ शवों को उनके घरों तक ले जाया गया था |'

अमित शाह ने कहा, सुप्रीम कोर्ट ने आज(24 जून 2022) अपने फैसले में कहा कि ट्रेन (गोधरा) जलाने के बाद हुए दंगे पूर्व नियोजित नहीं थे, बल्कि स्व-प्रेरित थे | इसने तहलका के स्टिंग ऑपरेशन को खारिज कर दिया | क्योंकि जब इसके पहले और बाद के फुटेज सामने आए तो पता चला कि स्टिंग ऑप राजनीति से प्रेरित था |

गृह मंत्री अमित शाह ने कहा, 'आज सुप्रीम कोर्ट ने कहा कि जकिया जाफरी ने किसी और के निर्देश पर काम किया | एनजीओ ने कई पीड़ितों के हलफनामे पर हस्ताक्षर किए और उन्हें पता भी नहीं चला | सभी जानते हैं कि तीस्ता सीतलवाड़ का एनजीओ ऐसा कर रहा था | जब यूपीए सरकार उस समय सत्ता में आई, तो उसने 2002 के गुजरात दंगों के मामले में तीस्ता सीतलवाड़ के एनजीओ की मदद की |'

जकिया जाफरी की याचिका पर सुप्रीम कोर्ट के फैसले को लेकर गृह मंत्री अमित शाह ने कहा, 'मैंने 24 जून 2022 के फैसले को जल्दबाजी में पढ़ा, लेकिन इसमें स्पष्ट रूप से तीस्ता सीतलवाड़ के नाम का उल्लेख है | उनका एक एनजीओ था, जिसने सभी पुलिस थानों में भाजपा कार्यकर्ताओं से जुड़े ऐसे आवेदन दिए थे | मीडिया द्वारा इतना दबाव था कि सभी आवेदनों को सच मान लिया गया |'

इस आलोचना पर कि गुजरात दंगों के दौरान राज्य पुलिस और अधिकारी बहुत कुछ नहीं कर सके, गृह मंत्री अमित शाह ने कहा, 'भाजपा के राजनीतिक प्रतिद्वंद्वियों, वैचारिक रूप से प्रेरित और राजनीति से प्रेरित पत्रकारों व कुछ गैर सरकारी संगठनों की तिकड़ी ने आरोपों को प्रचारित किया | उनके पास एक मजबूत ईकोसिस्टम था, इसलिए हर कोई झूठ को सच मानने लगा |'

ईडी की राहुल गांधी से पूछताछ पर कांग्रेस के विरोध में गृह मंत्री अमित शाह ने तंज कसते हुए कहा, 'मोदी जी ने एसआईटी के सामने

पेश होते हुए ड्रामा नहीं किया | मेरे समर्थन में सामने आओ, विधायकों-सांसदों को बुलाओ और धरना करो...अगर एसआईटी सीएम से सवाल करना चाहती है, तो वह खुद सहयोग करने के लिए तैयार है | विरोध क्यों?'

गृह मंत्री अमित शाह ने कहा, एक बड़े नेता(प्रधानमंत्री नरेंद्र मोदी) ने बिना एक शब्द कहे और भगवान शंकर के 'विशपान' की तरह सभी दर्द को झेलते हुए 18-19 साल की लंबी लड़ाई लड़ी | मैंने उन्हें बहुत करीब से यह दर्द सहते हुए देखा है | केवल एक मजबूत इरादों वाला व्यक्ति ही कुछ न कहने का स्टैंड ले सकता था, क्योंकि मामला विचाराधीन था |

सिलसिलेवार घटनाक्रम पर एक नजर..

27 फरवरी 2002: गोधरा रेलवे स्टेशन के पास साबरमती ट्रेन के एस-6 कोच में आग लगाने से 59 से अधिक कारसेवकों की मौत हुई थी।

28 फरवरी 2002: गुजरात के कई इलाकों में दंगा भड़कने से 1200 से अधिक लोग मारे गए।

03 मार्च 2002: गोधरा ट्रेन जलाने के मामले में गिरफ्तार किए गए लोगों के खिलाफ आतंकवाद निरोधक अध्यादेश (पोटा) लगाया गया।

25 मार्च 2002: केंद्र सरकार के दबाव की वजह से सभी आरोपियों पर से पोटा हटाया गया।

18 फरवरी 2003 : गुजरात में भाजपा सरकार के दोबारा चुने जाने पर आरोपियों के खिलाफ फिर से आतंकवाद निरोधक कानून लगा दिया गया।

21 सितंबर: नवगठित संप्रग सरकार ने पोटा कानून को खत्म कर दिया और अरोपियों के खिलाफ पोटा आरोपों की समीक्षा का फैसला किया।

17 जनवरी 2005: यूसी बनर्जी समिति ने अपनी प्रारंभिक रिपोर्ट में बताया कि गोधरा कांड महज एक 'दुर्घटना'थी।

13 अक्टूबर 2006 : गुजरात उच्च न्यायालय ने कहा कि यूसी बनर्जी समिति का गठन 'अवैध' और 'असंवैधानिक' है, क्योंकि नानावटी-शाह आयोग पहले ही दंगे से जुड़े सभी मामले की जांच कर रहा

है।

26 मार्च 2008: सुप्रीम कोर्ट ने गोधरा कांड और फिर हुए दंगों से जुड़े आठ मामलों की जांच के लिए विशेष जांच आयोग बनाया।

18 सितंबर: नानावटी आयोग ने गोधरा कांड की जांच सौंपी। इसमें कहा गया कि यह पूर्व नियोजित षड्यंत्र था।

22 फरवरी: विशेष अदालत ने गोधरा कांड में 31 लोगों को दोषी पाया, जबकि 63 अन्य को बरी किया।

1 मार्च 2011: विशेष अदालत ने गोधरा कांड में 11 को फांसी, 20 को उम्रकैद की सजा सुनाई।

24 जून 2022 : सुप्रीम कोर्ट ने 2002 के गुजरात दंगों के मामले में तत्कालीन सीएम नरेंद्र मोदी सहित 64 लोगों को एसआईटी की क्लीन चिट को चुनौती देने वाली जकिया जाफरी की याचिका को गत 24 जून 2022 को खारिज कर दिया | शीर्ष अदालत ने इस मामले में अपनी टिप्पणी में कहा कि जकिया जाफरी की अपील योग्यता से रहित है और खारिज करने योग्य है | इस तरह अदालत के फैसले से यह अपराधचक्र पूरा हुआ | हालांकि जाकिया जाफरी और दो अन्य पुलिस अधिकारियों पर सुप्रीम कोर्ट के आदेश पर कार्रवाई हो रही है | अब वे न्यायचक्र के पंजे से बच नहीं सकते |

7

मशहूर ठग नटवर लाल

नटवरलाल की गिनती भारत के प्रमुख ठगों और धोखेबाजों में होती है |नटवरलाल ने बहुत से ठगी की घटनाओं से बिहार ,उत्तर प्रदेश , मध्य प्रदेश और दिल्ली , की सरकारों को वर्षों परेशान कर रखा था ।भारत के मशहूर ठग नटवरलाल का असली नाम मिथिलेश कुमार श्रीवास्तव था । इसका जन्म 1912 में बिहार राज्य के सीवान नाम के जिले के बंगरा गाँव में हुआ था। नटवरलाल एक प्रसिद्ध भारतीय शख्स था जिसने ठगी करते हुए विदेशियों को 3 बार ताजमहल, 2 बार लाल किला, 1 बार राष्ट्रपति भवन और 1 बार संसद भवन तक को कई बार सरकारी कर्मचारी बनकर बेच दिया था।

प्रारम्भिक जीवन

मिथिलेश कुमार से नटवर लाल बनने की दो अलग कहानियां हैं। पहली कहानी के मुताबिक बिहार के सीवान जिले के बंगरा गांव का रहनेवाला मिथिलेश कुमार श्रीवास्तव, धनी जमींदार रघुनाथ प्रसाद का बड़ा बेटा था। मिथिलेश पढ़ने में एक औसत छात्र था। पढ़ाई के बजाय फुटबॉल और शतरंज में उसकी रूचि ज्यादा थी। कहते हैं कि मैट्रिक के परीक्षा में फेल होने पर मिथिलेश को उसके पिता ने बहुता मारा | जिसके बाद वह कलकत्ता भाग गया। उस समय उसकी जेब में सिर्फ पांच रुपए

थे। कलकत्ता में मिथिलेश ने बिजली के खंभे के नीचे पढ़ाई की, बाद में सेठ श्री केशवराम जी नाम के एक व्यक्ति ने मिथिलेश को अपने बेटे को पढ़ाने के लिए रख लिया। मिथिलेश ने सेठजी से अपनी स्नातक की पढ़ाई के लिए पैसे उधार मांगे, जिसे सेठजी ने देने से मना कर दिया। सेठजी के मना करने से मिथिलेश इतना चिढ़ गया कि उसने रुई की गांठ खरीदने के नाम पर सेठजी से 4.5 लाख ठग लिए।

दूसरी कहानी ये कहती है कि एक बार मिथिलेश को उसके पड़ोसी सहाय ने बैंक ड्राफ्ट जमा करने के लिए भेजा। वहां जाकर मिथिलेश ने सहाय के हस्ताक्षर को हूबहू कॉपी किया। उस समय मिथिलेश को पहली बार लगा कि वो जालसाजी का काम कर सकता है। उस दिन के बाद से मिथिलेश कुछ दिनों तक अपने पड़ोसी के खाते से पैसे निकालता रहा। जब मिथिलेश के पड़ोसी को इस बात की भनक लगी, तब तक मिथिलेश खाते से 1000 रुपए निकाल चुका था। पता चलने के बाद मिथिलेश कलकत्ता चला गया और वहां जाकर वाणिज्य (कॉमर्स) में स्नातक (ग्रेजुएशन) किया। साथ ही शेयर बाजार में दलाली का काम करने लगा।

जालसाजी के किस्से

उसने सैकड़ों लोगों को धोखा दिया और 50 से अधिक छद्म नामों का इस्तेमाल किया। वह हमेशा ठगी के लिए शहर बदलता रहता था। लोगों को धोखा देने के लिए उपन्यासों से पढ़कर आइडिया इस्तेमाल करता था। ठगी में नटवर लाल इतना शातिर था कि उसने 3 बार ताजमहल, दो बार लाल किला, एक बार राष्ट्रपति भवन और एक बार संसद भवन तक को बेच दिया था। राष्ट्रपति राजेंद्र प्रसाद के फर्जी हस्ताक्षर करके नटवर लाल ने संसद को बेच दिया था। जिसे समय संसद को बेचा था, उस समय सारे सांसद वहीं मौजूद थे।

कहते हैं कि नटवर लाल के 52 नाम थे, उन्ही में से एक नाम नटवर लाल था। सरकारी कर्मचारी का भेष धरकर नटवर लाल ने विदेशियों को ये सारे स्मारक बेचे थे। इसकी ठगी पर 'मिस्टर नटवर लाल' फिल्म भी बन चुकी है। जिसमें अमिताभ बच्चन ने इसका रोल निभाया है। वह प्रसिद्ध हस्तियों के हस्ताक्षर बनाने में भी माहिर था। यह भी कहा जाता

है कि उसने कई बड़े उद्योगपतियों को भी धोखा दिया था, वह एक बड़ी रकम नकद उनसे यह कहकर लेता था कि वह एक सामाजिक कार्यकर्ता है। उसने कई दुकानदारों को लाखों रुपयों का चूना लगाया। दुकानदारों से बड़ी संख्या में सामान लेकर उन्हें नकली चेक और डिमांड ड्राफ्ट द्वारा भुगतान करता था।

दिल्ली का कनॉट प्लेस. सुरेंद्र शर्मा की घड़ी की दुकान थी। एक दिन सफेद कमीज और पैंट पहने एक बूढ़ा आदमी घड़ी की दुकान में जाता है और खुद का परिचय तत्कालीन वित्तमंत्री नारायण दत्त तिवारी का पर्सनल स्टाफ डी.एन. तिवारी रूप में देता है और दुकानदार से कहता है कि प्रधानमंत्री राजीव गांधी के दिन अच्छे नहीं चल रहे हैं, इसलिए उन्होंने पार्टी के सभी वरिष्ठ लोगों को समर्थन के लिए दिल्ली बुलाया है और इस बैठक में शामिल होने वाले सभी लोगों को वो घड़ी भेंट करना चाहते हैं तो मुझे आपकी दुकान से 93 घड़ी चाहिए। दुकानदार को पहले तो इस आदमी की बातों पर शक हुआ लेकिन एक साथ इतनी घड़ियों को बेचने के लालच से खुद को रोक नहीं पाया।

अगले दिन वो बूढ़ा आदमी घड़ी लेने दुकान पहुंचा। दुकानदार को घड़ी पैक करने की बात कह एक स्टाफ को अपने साथ नॉर्थ ब्लॉक (नॉर्थ ब्लॉक वो जगह है, जहां प्रधानमंत्री से लेकर बड़े-बड़े अफसरों का ऑफिस होता है) ले गया। वहां उसने स्टाफ को भुगतान के तौर पर 32,829 रुपए का बैंक ड्राफ्ट दे दिया। दो दिन बाद जब दुकानदार ने ड्राफ्ट जमा किया तो बैंक वालों ने बताया कि वो ड्राफ्ट फर्जी है। फिर दुकानदार को समझ आया कि वो बूढ़ा आदमी नटवर लाल था और इसके बाद वित्तमंत्री वीपी सिंह तो कभी वाराणसी के जिला जज का नाम तो कभी यूपी के सीएम के नाम पर नटवर लाल अलग-अलग शहर में दुकानदारों का चूना लगाता रहा।

नटवरलाल को नौ बार गिरफ्तार किया गया था लेकिन हर बार वह जेल से भागने में सफल रहा। उसे जालसाजी के 14 मामलों के लिए दोषी ठहराया गया था और 113 साल की सजा सुनाई गई थी, लेकिन उसने मुश्किल से 20 साल जेल में बिताए। आखिरी बार जब उसे 1996 में गिरफ्तार किया गया था तो उस समय उसकी उम्र 84 साल थी।

लेकिन वह पुलिस को चकमा देने में फिर से कामयाब रहा।उस समय वह व्हीलचेयर का उपयोग करता था और उसे कानपुर जेल से दिल्ली इलाज के लिए अस्पताल ले जाया जा रहा था।नई दिल्ली रेलवे स्टेशन मौका पाकर वह गायब हो गया।

लगभग बारह सौ बीघा ज़मीन पर बसे बंगरा गांव के मध्य में नटवर लाल का पुश्तैनी घर था। गांववालों का कहना है कि क़रीब 20 साल पहले कुर्की-जब्ती के दौरान पुलिस ने उनके पुश्तैनी घर को खंडहर बना दिया। आज इस घर की केवल एक-डेढ़ कट्ठा ज़मीन ही शेष बची है, जहाँ अगल-बगल के लोग गोबर फेंकते हैं। नटवर लाल के साथ पले-बढ़े गोरख राजभर बताते हैं कि आज भी बुजुर्गों से गांव की चौपालों पर नटवर लाल के किस्से सुनने के लिए जवान और बच्चे उत्सुक रहते हैं।

रॉबिन हुड 'ठग'

नटवर लाल को अपने किए पर कोई शर्म नहीं थी। वह अपने आपको रॉबिन हुड मानता था, कहता था कि मैं अमीरों से लूट कर ग़रीबों को देता हूँ। उसने कहा कि मैंने कभी हथियार का इस्तेमाल नहीं किया। लोगों से बहाने बनाकर पैसे मांगे और लोग पैसे दे गए। इसमें मेरा क्या कसूर है? नटवर लाल 52 से ज़्यादा ज्ञात नामों में से एक था। उसे ठगी के जिन मामलों में सज़ा हो चुकी थी, वह अगर पूरी काटता तो 117 साल की थी। नटवर लाल के 30 मामलों में तो सज़ा हो ही नहीं पाई थी। आठ राज्यों की पुलिस ने उस पर इनाम घोषित किया था। नटवर लाल हमेशा बहुत नाटकीय तरीक़े से अपराध करता था। उससे भी ज़्यादा नाटकीय तरीक़े से पकड़ा जाता था और उससे भी ज़्यादा नाटकीय तरीक़े से फ़रार होता था।

मशहूर इमारतों का सौदा

नटवर लाल ज़्यादा पढ़ा लिखा नहीं था। काम चलाऊ अंग्रेज़ी बोल लेता था, लोग कहते हैं कि एक जमाने में वह पटवारी रह चुका था। जितनी अंग्रेज़ी वह बोल लेता था, उतनी ही उसका काम चलाने के लिए काफ़ी थी। उसके शिकारों में ज़्यादातर या तो मध्यम दर्जे के सरकारी कर्मचारी होते थे या फिर छोटे शहरों के बड़े इरादों वाले व्यापारी, जिन्हें नटवर लाल ताजमहल बेचने का वायदा भी कर देता था। वायदा करने

की शैली कुछ ऐसी होती थी कि उस वायदे पर लोग ऐतबार भी कर लेते थे। खुद नटवर लाल ने एक बार भरी अदालत में कहा था कि सर अपनी बात करने की स्टाइल ही कुछ ऐसी है कि अगर 10 मिनट आप बात करने दें तो आप वही फैसला देंगे जो मैं कहूँगा। नटवर लाल के अनुसार वह विदेशियों को तीन बार ताजमहल, दो बार लाल किला और एक बार राष्ट्रपति भवन को बेच चुका था।

राष्ट्रपति डॉ. राजेंद्र प्रसाद को चौंकाया

नटवर राष्ट्रपति डॉक्टर राजेन्द्र प्रसाद के पैत्रिक गाँव के पास का ही रहने वाला था। एक बार की बात है, स्वतंत्र भारत के प्रथम राष्ट्रपतिडॉ. राजेंद्र प्रसाद अपने गांव जीरादेई आए हुए थे। सूचना पाकर नटवर लाल भी उनसे मुलाकात करने पहुंच गए। राजेंद्र बाबू का एक हस्ताक्षर देखकर नटवर लाल ने हूबहू पांच हस्ताक्षर करके उनके सामने रख दिए। यह देखकर राजेंद्र बाबू आश्चर्यचकित रह गए। इतना ही नहीं, नटवर लाल ने उनसे कहा कि भइया, इजाजत दें तो मैं भारत का विदेशी कर्ज़ चुकता करके उन देशों पर ही भारत का दोगुना कर्ज़ लाद दूँ। इस पर समझाते हुए राजेंद्र बाबू ने कहा, ...ई सब काम तू छोड़ दे, चलउ तोहरा के कउनो नौकरी लगा देब... पर नटवर लाल को नौकरी कहाँ रास आनी थी। वह हंसते हुए प्रणाम करके चलता बना।[1]

75 साल की उम्र में फ़रार

लगभग 75 साल की उम्र में दिल्ली की तिहाड़ जेल से कानपुर के एक मामले में पेशी के लिए उत्तर प्रदेश पुलिस के दो जवान और एक हवलदार उसे लेने आए थे। पुरानी दिल्ली रेलवे स्टेशन से लखनऊ मेल में उन्हें बैठना था। स्टेशन पर ख़ासी भीड़ थी, पहरेदार मौजूद और नटवर लाल बैंच पर बैठा था। उसने सिपाही से कहा कि बेटा बाहर से दवाई की गोली ला दो। मेरे पास पैसा नहीं हैं लेकिन जब रिश्तेदार मिलने आएंगे तो दे दूंगा। यह बात अलग है कि उसके परिवार और रिश्तेदारों के बारे में सिर्फ़ इतना पता है कि परिवार ने उसे कुटुंब से निकाल दिया था, पत्नी की बहुत पहले मृत्यु हो गई थी और संतान कोई थी नहीं। सिपाही दवाई लेने गया, अब कुल दो पहरेदार मौजूद थे। इनमें से एक को नटवर लाल ने पानी लेने के लिए भेज दिया। हवलदार बचा तो उससे कहा कि भैया तुम

वर्दी में हो और मुझे बाथरूम जाना है। तुम रस्सी पकड़े रहोगे तो मुझे जल्दी अंदर जाने देंगे क्योंकि मुझसे खड़ा नहीं हुआ जा रहा। उस भीड़ भाड़ में नटवर लाल ने कब हाथ से रस्सी निकाली, कब भीड़ में शामिल हुआ और कब गायब हो गया, यह किसी को पता नहीं। तीनों पुलिस वाले निलंबित हुए और नटवर लाल आठवीं बार फरार हो गया।

अन्तिम कारनामा

आखिरी बार नटवर लाल बिहार के दरभंगा रेलवे स्टेशन पर देखा गया था। पुलिस में पुराने थानेदार ने जो सिपाही के जमाने से नटवर लाल को जानता था, उसे पहचान लिया। नटवर लाल ने भी देख लिया कि उसे पहचान लिया गया है। सिपाही अपने साथियों को लेने थाने के भीतर गया और नटवर लाल गायब था। यह बात अलग है कि पास खड़ी मालगाड़ी के डिब्बे से नटवर लाल के उतारे हुए कपड़े मिले और गार्ड की यूनीफ़ॉर्म गायब थी।

इसके बाद नटवर लाल का नाम 2004 में तब सामने आया, जब उसने अपनी वसीयतनुमा फ़ाइल एक वकील को सौंपी। बलरामपुर के अस्पताल में भर्ती हुआ और इसके बाद एक दिन अस्पताल छोड़ कर चला गया। डॉक्टरों का कहना था कि जिस हालत में वह था, उसमें उसके तीन चार दिन से ज़्यादा बचने की गुंजाइश नहीं थी। नटवर लाल के जो ज्ञात अपराध हैं, अगर सबको मिला लिया जाए तो भी यह रकम 50 लाख तक नहीं पहुंचती।

नटवर लाल की मौत का रहस्य बरक़रार

बताया जाता है कि अंतिम बार वर्ष 1996 में जब वह गिरफ्तार हुआ था, तब उन्हें कानपुर जेल में रखा गया था। वृद्धावस्था के कारण जेल में बीमार होने के बाद इलाज के लिए अदालत के आदेश पर उसे एम्स ले जाया गया। उसके साथ एक डॉक्टर, दो हवलदार और एक सफाईकर्मी था, लेकिन वापसी के दौरान नई दिल्ली रेलवे स्टेशन पर नटवर लाल पुलिसकर्मियों को झांसा देकर नौ दो ग्यारह हो गया। तबसे उसकी कोई खबर पुलिस नहीं जुटा पाई है। सच्चाई यह है कि अब पुलिस के पास भी उनके निधन का कोई पुख्ता सबूत नहीं है, जिसके कारण उनकी ठगी के मामलों की फ़ाइलें अभी भी लंबित और खुली बताई जाती

हैं।नटवरलाल के वकील द्वारा 2009 में अदालत में यह कहते हुए अर्जी डाली गई कि नटवरलाल की मृत्यु 25 जुलाई 2009 को चुकी है इसलिए उसके खिलाफ लम्बित केस खारिज़ कर दिए जाए । नटवर लाल के छोटे भाई गंगाप्रसाद जो कि गोपालगंज में रहते हैं उनका भी कहना था कि नटवारलाल का अन्तिम संस्कार रांची में कर दिया गया है ।परन्तु आज तक इसके कोई पुख्ता सबूत या सरकारी दस्तावेज उपलब्ध नहीं हैं । नटवर लाल एक अनोखा अपराधी था जिसका अपराधचक्र न्याय के दरवाजे तक पहुंचा पर अपराधी बहुत शातिर था वह कानून की पकड़ से दूर चला गया |

8
बिहार का चारा घोटाला

चारा घोटाला स्वतन्त्र भारत के बिहार राज्य का सबसे बड़ा भ्रष्टाचार घोटाला था जिसमें पशुओं को खिलाये जाने वाले चारे के नाम पर 950 करोड़ रुपये सरकारी खजाने से फर्जीवाड़ा करके निकाल लिये गये। सरकारी खजाने की इस चोरी में अन्य कई लोगों के अलावा बिहार के तत्कालीन मुख्यमन्त्री लालू प्रसाद यादव व पूर्व मुख्यमन्त्री जगन्नाथ मिश्र पर भी आरोप लगा। इस घोटाले के कारण लालू यादव को मुख्यमन्त्री के पद से इस्तीफा देना पड़ा।

लोकसभा में प्रमुख विपक्षी दल भारतीय जनता पार्टी द्वारा इस मुद्दे को उठाया गया और सीबीआई जाँच की माँग की गयी। इस गबन की गूँज न सिर्फ़ भारत में ही नहीं बल्कि अमेरिका और ब्रिटेन में भी सुनायी दी जिससे भारत की राजनीति बदनाम हुई। हालांकि यह घोटाला 1996 में हुआ था लेकिन जैसे-जैसे जाँच हुई इसकी परतें खुलती गयीं और लालू यादव व जगन्नाथ मिश्र जैसे कई सफेदपोश नेता इसमें शामिल नजर आये। मामला लगभग दो दशक तक चला। मीडिया ने भी इसमें महत्वपूर्ण भूमिका निभायी जिसके चलते सीबीआई और न्यायपालिका अपनी-अपनी कार्रवाई में कोई कोताही नहीं कर पायी।

लालू प्रसाद यादव और जदयू नेता जगदीश शर्मा को घोटाला मामले में दोषी करार दिये जाने के बाद लोक सभा से अयोग्य ठहराया गया।चुनाव आयोग के नये नियमों के अनुसार लालू प्रसाद अब 11 साल तक लोक सभा चुनाव नहीं लड़ पायेंगे। उच्चतम न्यायालय ने चारा घोटाला में दोषी सांसदों को संसद की सदस्यता से अयोग्य ठहराये जाने से बचाने वाले प्रावधान को भी निरस्त कर दिया है। लोक सभा के महासचिव एस॰ बालशेखर ने यादव और शर्मा को सदन की सदस्यता के अयोग्य ठहराये जाने की अधिसूचना जारी कर दिया था । लोक सभा द्वारा जारी इस अधिसूचना के बाद संसद की सदस्यता गँवाने वाले लालू प्रसाद यादव भारतीय इतिहास में लोक सभा के पहले सांसद हैं और जनता दल यूनाइटेड के एक अन्य नेता जगदीश शर्मा दूसरे, जिन्हें 10 साल के लिये अयोग्य ठहराया गया।

चारा घोटाला जिसने तत्कालीन एकीकृत बिहार-झारखंड में सनसनी फैला दी थी, वो घोटाला जिसमें सबसे ज्यादा पैसों का घपला रांची की डोरंडा ट्रेजरी से किया गया, वो घोटाला जिसमें दो पूर्व सीएम यानि लालू प्रसाद यादव से लेकर जगन्नाथ मिश्रा तक शामिल थे। इस घोटाले की जब परतें खुलनी शुरू हुईं तो जांच करने वाले अफसर भी हैरान रह गए। घोटाला इतना बड़ा कि उसमें 26 सालों तक लंबी सुनवाई चली। झारखंड में चारा घोटाले के दर्ज 53 मामलों में यह 52वां केस है। इसमें से पांच मामले में लालू प्रसाद समेत अन्य राजनीतिज्ञ और अधिकारी-कर्मी तथा आपूर्तिकर्ता दोषी बनाये गये थे। जिसमें 5 केस में लालू प्रसाद को दोषी करार देते हुए सजा सुनायी जा चुकी है।

229 प्रतिशत अधिक निकासी डोरंडा ट्रेजरी से हुई

चारा घोटाले के जांच में यह पाया गया कि पशुपालन विभाग का बजट से 229 प्रतिशत अधिक की अवैध निकासी डोरंडा कोषागार से हुई। इसके लिए फर्जी मांग पत्र आवंटन पत्र और इसके आधार पर फर्जी आपूर्ति आदेश निर्गत किये गये। 1990 में डोरंडा ट्रेजरी से अधिक 50 हजार रुपये तक का बिल ही पास करने का प्रावधान था, लेकिन फर्जीवाड़े के इस खेल में घोटालेबाज बिल को 50 हजार से थोड़ा कम दिखाकर अलग-

अलग भागों में बांट कर फर्जी बिल से करोड़ों रुपये की अवैध निकासी कर ली।

करीब 950 करोड़ रुपये की इस अनियमितता मामले में फिल्मी अंदाज में कई ऐसी अनियमितता बरती गयी कि जब महाघोटाले की बात सामने आयी, तो सभी चौंक गये। इस पूरे घोटाले में पशुओं साँड़ , बछिया समेत कई पशुओं को स्कूटर से हरियाणा से रांची लाने की बात सामने आयी, जबकि सैकड़ों टन पशु अनाज भी स्कूटर और मोपेड पर ढोये गये। दरअसल घोटालेबाजों की ओर से जो डोरंडा ट्रेजरी में अवैध निकासी मामले में 400 सांड हरियाणा और दिल्ली से रांची लाने का लाने का जो बिल दिया गया था उसमें जो गाड़ियों के नंबर दिए गए थे , उन बिलों की जांच की गयी, तो स्कूटर और मोटरसाईकिल के नंबर निकले ।

<u>575 गवाहों ने खोली चारा घोटाले की एक-एक परतें, लालू यादव को बचाने उतरे 'स्पेशल 25'</u>

|1996 में जब चारा घोटाला सुर्खियों में आया, तो लालू प्रसाद ने इसे गंभीरता से नहीं लिया। बिहार विधानसभा में कई सदस्यों ने इसकी जांच का मुद्दा उठाया था, उस वक्त लालू प्रसाद का जवाब था- सीबीआई क्या चीज है, हम तो इसका यूएनओ से जांच करा देंगे, ..फिलहाल इसकी जांच लोक लेखा समिति को करने दें।

चारा घोटाला में खुलासा हुआ कि 'लालू यादव पॉलिथीन पैकेट में भरकर ले जा रहे थे नोट, पैकेट फटा और जमीन पर बिखर गए रुपये ही रुपये |बहस के दौरान गवाह आर के दास ने अपने बयान में कहा कि पूर्व मुख्यमंत्री लालू प्रसाद यादव जब पूर्व पशुपालन निदेशक एस बी सिन्हा के आवास से निकल रहे थे तब उनके हाथ में एक पॉलिथीन की थैली थी । वहां से निकलते वक्त पॉलिथीन फट गई और उससे नोटों के बंडल गिरकर जमीन पर बिखर गए थे।

गवाह आर के दास पटना के पशुपालन विभाग के सेवानिवृत प्रशासनिक पदाधिकारी थे । चारा घोटाले में उनके 80 पेज के बयान को कोर्ट के समक्ष प्रस्तुत किया गया था । जज के सामने आर के दास ने कहा कि वह एक बार पशुपालन विभाग के तत्कालीन निदेशक

एसबी सिन्हा के पटना स्थित आवास पर ऑफिस के काम के सिलसिले में मिलने गये थे। वहां पहुंचकर पता चला कि एसबी सिन्हा की कुछ महत्वपूर्ण लोगों के साथ मीटिंग चल रही है। तब वह बाहर बैठकर ही इंतजार करने लगे।

आर के दास जब वहां बैठे थे तभी उन्होंने तत्कालीन मुख्यमंत्री लालू प्रसाद यादव और विधायक आरके राणा को एसबी सिन्हा के कमरे से निकलते हुए देखा। वहां से निकलते वक्त लालू यादव के हाथ में काले रंग का पॉलिथीन पैकेट था। लालू यादव जैसे ही कमरे से बाहर निकले वैसे ही उनके हाथ में लटका पॉलिथीन का पैकेट फट गया और उसमें रखा नोटों का बंडल जमीन पर फैल गया। तभी विधायक आरके राणा ने झटपट नोटों को दोबारा से पॉलिथीन पैकेट में समेटा और दोनों नेता वहां से चले गए।

सीबीआई की विशेष अदालत में सीबीआई की ओर से अधिवक्ता बीएमपी सिंह पैरवी कर रहे हैं। बीएमपी सिंह की ओर से पूछे गए सवालों पर ही गवाह आरके दास ने लालू यादव के हाथ से नोटों का बंडल गिरने की बात बताई। आरके दास ने कोर्ट को बताया लालू यादव के हाथ में पॉलिथीन पैकेट देखकर ही उन्हें अंदेशा हो गया था कि इसमें नोटों के बंडल हैं, लेकिन जब वह फटकर जमीन पर बिखर गया तो उनका अंदेशा स्पष्ट हो गया। लालू प्रसाद यादव फिलहाल जेल में ही हैं। वह चारा घोटाला के अलग-अलग मामले में सजा काट रहे हैं।

देवगोड़ा सरकार पर भी दबाव बनाने की कोशिश

वहीं 1997 में जब चारा घोटाले का मामला तूल पकड़ा और अदालत से वारंट जारी होने के बाद लालू प्रसाद को जमानत नहीं मिली, तो उन्हें मुख्यमंत्री पद से त्यागपत्र देना पड़ा। तब लालू प्रसाद ने आरजेडी के समर्थन से केंद्र में बनी देवगोड़ा सरकार पर भी दबाव बनाने की कोशिश की, लेकिन वे इसमें सफल नहीं हो सके और हाईकोर्ट की निगरानी में हुई जांच के क्रम में एक के बाद एक मामले में वे दोषी ठहराते गये।

इस घोटाले को पशुपालन घोटाला ही कहा जाना चाहिए क्योंकि मामला सिर्फ़ चारे का नहीं है। असल में, यह सारा घपला बिहार सरकार के ख़ज़ाने से ग़लत ढंग से पैसे निकालने का है। कई वर्षों में करोड़ों

की रक़म पशुपालन विभाग के अधिकारियों और ठेकेदारों ने राजनीतिक मिली-भगत के साथ निकाली है |घपला रोशनी में धीरे-धीरे आया और जांच के बाद पता चला कि ये सिलसिला वर्षों से चल रहा था | शुरुआत छोटे-मोटे मामलों से हुई लेकिन बात बढ़ते-बढ़ते तत्कालीन मुख्यमंत्री लालू प्रसाद यादव तक जा पहुंची |

मामला एक-दो करोड़ रुपए से शुरू होकर अब 950 करोड़ रुपए तक जा पहुंचा | और कोई पक्के तौर पर नहीं कह सकता कि घपला कितनी रक़म का है क्योंकि यह वर्षों से होता रहा है और बिहार में हिसाब रखने में भी भारी गड़बड़ियां हुई हैं |मामले में फंसे लालू यादव को इस सिलसिले में जेल तक जाना पड़ा, उनके ख़िलाफ़ सीबीआई और आयकर की जांच हुई, छापे पड़े और अब भी वे कई मुक़दमों का सामना कर रहे हैं | आय से अधिक संपत्ति के एक मामले में सीबीआई ने राबड़ी देवी को भी अभियुक्त बनाया |

घपले की पोल

बिहार पुलिस ने 1994 में राज्य के गुमला, रांची, पटना, डोरंडा और लोहरदगा जैसे कई कोषागारों से फर्ज़ी बिलों के ज़रिए करोड़ों रुपए की कथित अवैध निकासी के मामले दर्ज किए |रातों-रात सरकारी कोषागार और पशुपालन विभाग के कई सौ कर्मचारी गिरफ़्तार कर लिए गए, कई ठेकेदारों और सप्लायरों को हिरासत में लिया गया और राज्य भर में दर्जन भर आपराधिक मुक़दमे दर्ज किए गए | लेकिन बात यहीं ख़त्म नहीं हुई, राज्य के विपक्षी दलों ने मांग उठाई कि घोटाले के आकार और राजनीतिक मिली-भगत को देखते हुए इसकी जांच सीबीआई से कराई जाए |सीबीआई ने मामले की जांच की कमान संयुक्त निदेशक यूएन विश्वास को सौंपी और यहीं से जांच का रुख़ बदल गया |

शातिर कारगुज़ारी

सीबीआई ने अपनी शुरुआती जांच के बाद कहा कि मामला उतना सीधा-सादा नहीं है जितना बिहार सरकार बता रही है |सीबीआई ने उस समय कहा था कि चारा घोटाले में शामिल सभी बड़े अभियुक्तों के संबंध राष्ट्रीय जनता दल और अन्य पार्टियों के शीर्ष नेताओं से रहे हैं और उसके पास इस बात के पर्याप्त सबूत हैं कि काली कमाई का हिस्सा

नेताओं की झोली में भी गया है |

सीबीआई के अनुसार, राज्य के ख़ज़ाने से पैसा कुछ इस तरह निकाला गया- पशुपालन विभाग के अधिकारियों ने चारे, पशुओं की दवा आदि की सप्लाई के लिए करोड़ों रुपए के फ़र्जी बिल कोषागारों से वर्षों तक नियमित रूप से भुनाए | जांच अधिकारियों का कहना है कि बिहार के मुख्य लेखा परीक्षक ने इसकी जानकारी राज्य सरकार को समय-समय पर भेजी थी लेकिन बिहार सरकार ने इसकी ओर कोई ध्यान नहीं दिया |

राज्य सरकार की वित्तीय अनियमितताओं का हाल ये था कि कई-कई वर्षों तक विधानसभा से बजट पारित नहीं हुआ और राज्य का सारा काम लेखा अनुदान के सहारे चलता रहा है |सीबीआई का कहना था कि उसके पास इस बात के दस्तावेज़ी सबूत हैं कि तत्कालीन मुख्यमंत्री को न सिर्फ़ इस मामले की पूरी जानकारी थी बल्कि उन्होंने कई मौक़ों पर राज्य के वित्त मंत्रालय के प्रभारी के रूप में इन निकासियों की अनुमति दी थी |

व्यापक षड्यंत्र

सीबीआई का कहना था कि ये सामान्य आर्थिक भ्रष्टाचार का नहीं बल्कि व्यापक षड्यंत्र का मामला है जिसमें राज्य के कर्मचारी, नेता और व्यापारी वर्ग समान रूप से भागीदार थे |

मामला सिर्फ़ राष्ट्रीय जनता दल तक सीमित नहीं रहा | इस सिलसिले में बिहार के एक और पूर्व मुख्यमंत्री डॉक्टर जगन्नाथ मिश्र को गिरफ़्तार किया गया | राज्य के कई और मंत्री भी गिरफ़्तार किए गए |सीबीआई के कमान संभालते ही बड़े पैमाने पर गिरफ़्तारियां हुईं और छापे मारे गए | लालू प्रसाद यादव के ख़िलाफ़ सीबीआई ने आरोप पत्र दाख़िल कर दिया जिसके बाद उन्हें अपने पद से इस्तीफ़ा देना पड़ा और बाद में सुप्रीम कोर्ट से ज़मानत मिलने तक वे कई महीनों तक जेल में रहे |मामले के तेज़ी से निबटारे में बहुत सारी बाधाएं आईं | पहले तो इसी पर लंबी क़ानूनी बहस चलती रही कि बिहार से अलग होकर बने झारखंड राज्य के मामलों की सुनवाई पटना हाई कोर्ट में होगी या रांची हाई कोर्ट में |

बिहार के पूर्व मुख्यमंत्री लालू यादव पर चारा घोटाले के कुल छह केस दर्ज हुए थे। इनमें पाँच का फैसला हो चुका है। इन पांचों मामलों में आरजेडी सुप्रीमो को साढ़े 32 साल 6 महीनों की सजा हुई। एक करोड़ रुपए का उन्होंने जुर्माना भी भरा। सभी छह केस में 211 करोड़ 62 लाख 53 हजार की अवैध निकासी के आरोप लगे। फॉडर स्कैम केस में लालू यादव को आधा दर्जन से ज्यादा बार जेल जाना पड़ा है।

चारा घोटाले के पहले मामले में 5 साल की सजा

आरजेडी सुप्रीमो लालू प्रसाद यादव को चारा घोटाले से जुड़े चार मामले में सजा हुई है। इसमें पहला मामला चाईबासा कोषागार से अवैध तरीके से 37.7 करोड़ रुपये निकालने का है। इस मामले में लालू यादव समेत 44 आरोपी थे। आरजेडी मुखिया को 5 साल की सजा हुई है। साथ ही 25 लाख रुपये का जुर्माना भी लगा था।

चारा घोटाला के दूसरेमामले में साधे तीन साल की सजा

चारा घोटाले से जुड़ा दूसरा मामला देवघर सरकारी कोषागार से 84.53 लाख रुपये की अवैध निकासी का है। इसमें लालू यादव समेत 38 पर केस चला। आरजेडी सुप्रीमो को साढ़े तीन साल की सजा और 5 लाख का जुर्माना लगाया गया।

चारा घोटाला : तीसरे मामले में 5 साल की सजा

तीसरा मामला चाईबासा कोषागार से 33.67 करोड़ रुपये की अवैध निकासी का है। जिसमें लालू प्रसाद यादव समेत 56 आरोपी थे। इसमें आरजेडी मुखिया को दोषी करार देते हुए कोर्ट ने 5 साल की सजा सुनाई। चाईबासा कोषागार मामले में 10 लाख का जुर्माना भी लगाया गया।

चारा घोटाला मेंचौथे मामले में दो धाराओं के तहत 7-7 साल की सजा

दुमका कोषागार से 3.13 करोड़ रुपये की अवैध निकासी करने का चौथा मामला है। इसमें लालू प्रसाद यादव को दोषी करार देते हुए दो अलग-अलग धाराओं में 7-7 साल की सजा सुनाई गई। इसमें 60 लाख जुर्माना भी लगाया गया।

चारा घोटाला : पांचवें मामले में 5 साल की सजा

बिहार के पूर्व मुख्यमंत्री लालू प्रसाद यादव को झारखंड के रांची में सीबीआई की विशेष अदालत ने चारा घोटाले के पाँचवें (डोरंडा कोषागार केस नंबर आरसी 47-ए/96) मामले में पाँच साल की क़ैद और 60 लाख रुपये के जुर्माने की सज़ा सुनाई है | कोर्ट ने 15 फ़रवरी 2022 को उन्हें दोषी ठहराया था |झारखंड में लालू प्रसाद यादव के ख़िलाफ़ पशुपालन (चारा) घोटाला का यह पाँचवा मामला था |

चारा घोटाला : छठे मामले पर पटना में सुनवाई

अब उनके ख़िलाफ़ सिर्फ़ एक मामला लंबित है | बांका जिले के उप कोषागार से फर्जी कागजातों के सहारे 46 लाख रुपए की अवैध निकासी का मामला है। 1996 से ये मुकदमा चल रहा है। उसकी सुनवाई बिहार की राजधानी पटना की सीबीआई कोर्ट में चल रही है | साल 2000 में बिहार बँटवारे से पहले इन सभी मामलों की सुनवाई पटना की विशेष सीबीआई कोर्ट में ही चल रही थी | झारखंड बनने के बाद इनमें से पाँच मामले झारखंड ट्रांसफ़र कर दिए गए थे |

कई नेता बने अभियुक्त

लालू प्रसाद यादव के अलावा बिहार के पूर्व मुख्यमंत्री डॉ जगन्नाथ मिश्र, पूर्व मंत्री विद्यासागर निषाद, चंद्रदेव प्रसाद वर्मा व भोलाराम तूफानी और डॉ आर के राणा, जगदीश शर्मा, ध्रुव भगत जैसे राजनेता भी पशुपालन घोटाला के अभियुक्त बनाए गए थे |

इन नेताओं का ताल्लुक़ आरजेडी, जेडीयू, कांग्रेस और बीजेपी जैसी पार्टियों से रहा है | इनमें से अधिकतर लोगों को कोर्ट ने सजा भी सुनायी | हालाँकि, डॉ जगन्नाथ मिश्र को सज़ा सुनाने के बाद कोर्ट ने ख़राब सेहत को देखते हुए बाद में उन्हें बरी कर दिया | बाद में उनका निधन हो गया |इनके अलावा बेक जूलियस, सजल चक्रवर्ती, अरुमुगम, फूलचंद सिंह, महेश प्रसाद, श्रीपति नारायण दुबे जैसे वरिष्ठ आइएएस भी इन मामलों के अभियुक्तों में शामिल रहे हैं और इन्हें अलग-अलग मामलों में सजा हुई |

लालू यादव 15 फ़रवरी 2022 को दोषी ठहराए जाने के बाद से राँची के सबसे बड़े सरकारी अस्पताल राजेंद्र इंस्टीट्यूट ऑफ मेडिकल साइंसेज़ (रिम्स) में भर्ती हैं और कस्टडी में रहते हुए इलाज करा रहे हैं |74 साल के लालू यादव को कई तरह की बीमारियाँ हैं |

लालू यादव समाजवादी नेता थे | समाजवाद समाज के सभी वर्गों के बीच धन और साधन के समान बंटवारे की वकालत करता है परंतु लालू यादव जैसे कुटिल राजनीतिज्ञों ने इस देश का धन लूट कर अपनी तिजोरियों में भर लिया | इन्हे समाज से कोई लेना-देना नहीं था |इस लूट का जिम्मेदार सिर्फ वो ही नहीं बल्कि वहाँ की जनता भी जिम्मेदार है जो ऐसे भ्रष्ट नेताओं को अपना कीमती वोट देकर विधानसभा और लोकसभा में चुनकर भेजती रही | जैसी जनता होगी वैसा ही उनका नेता होगा | गरीब और अशिक्षित जनता जल्दी ही ऐसे नेताओं के बहकावे में आ जाती है और यही जनता अपने मताधिकार का उपयोग करती है | जबकि शिक्षित और सम्पन्न वर्ग के ज्यादातर लोग तो वोट ही नहीं डालते | यही उदासीनता देश में भ्रष्टाचार का कारण है | अपराधचक्र का पहिया घूमता है और न्यायाचक्र के दायरे में अंततः फंस जाता है |लालू यादव अपनी उम्र के आखरी पड़ाव में जेल की हवा खा रहे हैं | अब शरीर भी साथ नहीं दे रहा है |यही अपराधचक्र की अंतिम परिणति है |

9

हरियाणा का शिक्षक भर्ती घोटाला

हरियाणा के जूनियर बेसिक ट्रेंड (जेबीटी) शिक्षक भर्ती घोटाले में हरियाणा के पूर्व मुख्यमंत्री और इंडियन नेशनल लोकदल के अध्यक्ष ओमप्रकाश चौटाला और उनके पुत्र अजय चौटाला सहित 55 लोगों को न्यायालय ने 16 जनवरी 2013 को दोषी करार दिया | ओमप्रकाश चौटाला को न्यायालय द्वारा दोषी करार दिए जाने के बाद गिरफ्तार कर लिया गया | दिल्ली के रोहिणी में स्थित सीबीआई के विशेष न्यायालय ने यह निर्णय दिया |

दोषियों में आईएएस अधिकारी व तत्कालीन प्राथमिक शिक्षा निदेशक संजीव कुमार और हरियाणा के मुख्यमंत्री के तत्कालीन विशेष कार्य अधिकारी विद्याधर व विधायक शेर सिंह बड़शामी भी शामिल थे | शेर सिंह बड़शामी घोटाले के समय मुख्यमंत्री के राजनीतिक सलाहकार थे | रोहिणी न्यायालय स्थित सीबीआई के विशेष न्यायाधीश विनोद कुमार ने पूर्व मुख्यमंत्री ओमप्रकाश चौटाला व संजीव कुमार को आपराधिक साजिश रचने व भ्रष्टाचार निरोधक कानून की धाराओं के तहत दोषी करार दिया, जबकि अजय चौटाला, विद्याधर व बड़शामी को आपराधिक साजिश रचने का दोषी पाया | इसके अलावा अन्य आरोपियों को आपराधिक साजिश, धोखाधड़ी, नकली दस्तावेजों का प्रयोग और

दस्तावेजों के साथ छेड़छाड़ आदि अपराध का दोषी करार दिया | मामले में सुनवाई के दौरान 6 आरोपियों की मौत हो गई थी, जबकि 1 को आरोपमुक्त कर दिया गया |

क्या था मामला ?

ओमप्रकाश चौटाला पर आरोप था कि उन्होंने हरियाणा राज्य के मुख्यमंत्री पद पर रहते हुए शिक्षकों की भर्ती की जिम्मेदारी कर्मचारी चयन आयोग से लेकर जिला स्तर पर बनाई गई कमेटी को सौंपने का निर्देश दिया था | सर्वोच्च न्यायालय के आदेश पर सीबीआई ने जेबीटी शिक्षक भर्ती घोटाले की जांच वर्ष 2003 में शुरू की | शिक्षकों की नियुक्ति में बरती गई अनियमितताओं का आरोप सामने आने के बाद सीबीआई ने जनवरी 2004 में हरियाणा के तत्कालीन मुख्यमंत्री ओमप्रकाश चौटाला सहित कुल 62 लोगों के विरुद्ध मामला दर्ज किया | जांच एजेंसी ने वर्ष 2008 में आरोपियों के विरुद्घ न्यायालय में आरोपपत्र दाखिल किया | आरोपपत्र के अनुसार वर्ष 1999-2000 में राज्य के 18 जिलों में हुई 3206 जेबीटी शिक्षकों की भर्ती के मामले में मानदंडों को ताक पर रखकर मनचाहे अभ्यर्थियों की बहाली की गई | कमेटी ने फर्जी साक्षात्कार के आधार पर चयनित अभ्यर्थियों की सूची तैयार की |इसके लिए जिला स्तरीय चयन कमेटी में शामिल शिक्षा विभाग के अधिकारियों पर मनचाहे अभ्यर्थियों के चयन के लिए दिल्ली के हरियाणा भवन व चंडीगढ़ के गेस्ट हाउस में बैठकों में दबाव भी बनाया गया था |

कैसे सामने आया घोटाला ?

यह घोटाला वर्ष 1999 से 2000 के मध्य का है, जिसमें 3206 से अधिक शिक्षकों की भर्ती की गई थी | शिक्षा विभाग के ही एक आईएस अधिकारी संजीव कुमार ने वर्ष 2003 में सर्वोच्च न्यायालय में एक याचिका दर्ज की, जिसके बाद जांच सीबीआई को सौंप दी गई | जेबीटी भर्ती में ओम प्रकाश चौटाला पर लिस्ट बदलवाने का आरोप था, जो अदालत में साबित हो गया | इस केस में कुल 148 सरकारी गवाह थे, जिनमें से 67 की गवाही अदालत में हुई और यह साबित हुआ कि जेबीटी भर्ती में नौकरी पाने वाले हर व्यक्ति से 3 से 5 लाख रुपए की रिश्वत ली गई थी

शिक्षक भर्ती घोटाला: चौटाला को झटका, हाईकोर्ट ने रखी सजा बरकरार

वर्ष 1999-2000 के हरियाणा में हुए जेबीटी शिक्षक भर्ती घोटाले में हरियाणा के पूर्व मुख्यमंत्री ओमप्रकाश चौटाला और उनके पुत्र अजय चौटाला को बड़ा झटका लगा। दिल्ली हाईकोर्ट ने इस मामले में रोहिणी कोर्ट द्वारा दोषियों को सुनाई गई सजा को बरकरार रखते हुए उन्हें कोई भी राहत देने से इनकार कर दिया।

कोर्ट ने स्पष्ट किया कि पूर्व सीएम ओमप्रकाश चौटाला, उनके विधायक पुत्र अजय चौटाला, चौटाला के पूर्व राजनीतिक सलाहकार शेर सिंह बड़शामी और आईएएस अधिकारी विद्या धर और संजीव कुमार की सजा में कोई कमी नहीं की जाएगी। सभी को तिहाड़ में सरेंडर करने के आदेश भी दिए गए हैं। हालांकि न्यायालय ने मामले में अन्य दोषियों की सजा को घटाकर दो साल कर दिया। कोर्ट ने आदेश दिए कि जो दोषी मामले में दो साल जेल की सजा काट चुके हैं, उन्हें रिहा कर दिया जाए।

चौटाला के वकील अमित साहनी ने कहा, 'कोर्ट ने ओपी चौटाला और उनके बेटे अजय चौटाला की सजा को बरकरार रखा है। वे हाईकोर्ट के इस फैसले को सुप्रीम कोर्ट में चुनौती देंगे।' उधर अभियोजन पक्ष के वकील ने कहा कि दिल्ली हाईकोर्ट ने इस मामले में ओमप्रकाश चौटाला और अजय चौटाला की सजा में कोई कमी नहीं की है।

मामले में 22 जनवरी, 2013 को रोहिणी कोर्ट स्थित सीबीआइ की विशेष अदालत ने हरियाणा के पूर्व मुख्यमंत्री ओमप्रकाश चौटाला, उनके पुत्र अजय सिंह चौटाला और पूर्व आइएएस अधिकारी संजीव कुमार सहित दस लोगों को दस-दस साल कैद की सजा सुनाई थी।

साथ ही अन्य अभियुक्त पुष्करमल वर्मा को पांच साल कैद व 44 अन्य को चार-चार साल कैद की सजा सुनाई गई थी। सभी ने सजा को हाई कोर्ट के समक्ष चुनौती दी हुई है। मामले में सभी पर चयनित उम्मीदवारों की सूची में हेरफेर करने का आरोप है।

टीचर्स भर्ती घोटाले का यह मामला 2000 में सामने आया था। उस दौरान 3,206 जूनियर बेसिक टीचरों की भर्ती में चौटाला पर घोटाले का

आरोप लगा था | 86 साल के चौटाला 2013 से जेल में थे लेकिन कोविड की वजह से 26 मार्च 2020 से इमरजेंसी पैरोल पर थे | फरवरी में उनका पैरोल बढ़ा दिया गया था | चौटाला के साथ उनके बेटे अजय चौटाला और आईएएस अफसर संजीव कुमार भी इस मामले में दोषी करार दिए गए थे |

****

शिक्षक भर्ती घोटाले में फंसे 82 साल के ओमप्रकाश चौटाला ने तिहाड़ से 'ए' ग्रेड में 12वीं पास की है | वे काफी समय बाद फिर सुर्खियों में आए | चौटाला की उम्र 82 साल है | वे जेल से ही ग्रेजुएशन करने की तैयारी भी कर रहे थे |

चौटाला ने इस साल नेशनल इंस्टीट्यूट ऑफ ओपन स्कूलिंग (एनआईओएस) से यह परीक्षा दी थी | इसकी पुष्टि करते हुए उनके छोटे बेटे और हरियाणा विधानसभा में विपक्ष के नेता अभय सिंह ने बताया, 'आखिरी प्रश्न पत्र 23 अप्रैल को हुआ था | उस वक्त ओमप्रकाश चौटाला पैरोल पर जेल से बाहर थे | चूंकि परीक्षा केंद्र जेल के भीतर था , वे वापस जेल गए और परीक्षा में बैठे | चौटाला को अप्रैल के दूसरे पखवाड़े में अपने पौत्र- दुष्यंत की शादी में शामिल होने के लिए पैरोल मिली थी | इसकी अवधि पांच मई को खत्म हुई थी |

अभय के मुताबिक, तमाम विपरीत परिस्थितियों के बावजूद चौटाला जेल में अपना समय रचनात्मक तरीके से काट रहे थे | वहां वे रोज पुस्तकालय जाते थे , जहां किताबें और अखबार पढ़ते थे | जेल स्टाफ से भी कहते थे कि उनकी पसंदीदा किताबें उन्हें मुहैया कराई जाएं | साथ ही, मिलने गए परिजनों से वे कोर्स की किताबें भी मंगवाते रहते थे | इस तरह उनका अध्ययन जारी था |

****

महानिदेशक (दिल्ली कारागार) संदीप गोयल ने बताया ,'जरूरी औपचारिकताओं के बाद उन्हें रिहा कर दिया गया | पिछले महीने दिल्ली सरकार ने एक आदेश जारी किया था और कोरोनावायरस संक्रमण के कारण जेलों में भीड़-भाड़ कम करने के लिए ऐसे कैदियों को छह माह की विशेष छूट दी थी जिन्होंने दस वर्ष की अपनी सजा के साढ़े नौ वर्ष पूरे

कर लिए थे वो जेल से रिहा होने के हकदार थे |86 वर्षीय पूर्व मुख्यमंत्री ओमप्रकाश चौटाला पैरोल पर थे और वह औपचारिकताएं पूरी करने के लिए तिहाड़ जेल पहुंचे थे, जिसके बाद उन्हें रिहा कर दिया गया | रिहा होने के बाद जब वो अपने घर गुड़गांव के लिए जा रहे थे तो बॉर्डर पर उनके समर्थकों ने जोरदार स्वागत किया |

भ्रष्टाचार के आरोप में साढ़े नौ साल की सजा के बाद ओमप्रकाश चौटाला का जोरदार स्वागत किया गया | इससे पता चलता है की जनता खुद कितनी भ्रष्ट है| इस देश की विडंबना है कि भ्रष्ट नेता का स्वागत हो रहा है | उत्तर कोरिया जैसे देश में तो ऐसे नेताओं को गोली मारकर सजा दी जाती है | परंतु हमारा देश महान है | यहाँ भ्रष्टाचारियों,गुनहगारों,हत्यारों, बलात्कारियों को भी उतनी ही आजादी से जीने की स्वतंत्रता है जितना एक आम इंसान को |

10

विजय माल्या का बैंक घोटाला

विजय माल्या जन्म 18 दिसम्बर, 1955 एक भारतीय व्यापारी परिवार में हुआ था । वे राज्यसभा के पूर्व सदस्य हैं और उद्योगपति विट्ठल माल्या के पुत्र हैं तथा यूबी समूह और किंगफिशर एयरलाइंस के अध्यक्ष हैं। वर्ष 2008 में लगभग ₹72 अरब रुपये के सम्पत्ति के साथ यह विश्व के 962वें सबसे धनी लोगों में शामिल हुए। इसी समय इनका भारत में सबसे धनी लोगों में 42वां स्थान था।

विजय माल्या ने किंगफिशर एयरलाइंस के लिए एसबीआई और दूसरे बैंकों से करीब 9000 करोड़ रुपये का लोन लिया था। माल्या यह पैसा बैंकों को नहीं लौटा सके और 2 मार्च 2016 को भारत छोड़कर लंदन भाग गये । भारत सरकार ने विभिन्न भारतीय बैंको के 9000 करोड़ हड़पकर भाग जाने के कारण विजय माल्या को भगोड़ा घोषित किया है। अभी वे ब्रिटेन में हैं और भारत सरकार उनका प्रत्यर्पण कराकर भारत लाने की भरपूर कोशिश कर रही है।

इस केस में भारत सरकार की तरफ से एसबीआई, ईडी और सीबीआई ने केस लड़ा था | माल्या के ऊपर भारतीय स्टेट बैंक, बैंक ऑफ बड़ौदा और पंजाब नेशनल बैंक समेत 13 बैंकों का बकाया है | इन बैंकों के समूह की अगुवाई एसबीआई कर रहा था | बैंक चाह रहे थे कि उसको

दिवालिया घोषित करके विदेश में मौजूद संपत्ति भी जब्त की जाए | माल्या बंद हो चुकी किंगफिशर एयरलाइंस के मालिक भी हैं| माल्या ने हाईकोर्ट के समक्ष अपनी अपील दायर की थी |लंडन स्थित रॉयल कोर्ट ऑफ जस्टिस में दो सदस्यीय वाली पीठ ने मामले की सुनवाई करते हुए यह फैसला दिया है | लंडन स्थित हाईकोर्ट ने माल्या की भारत को प्रत्यर्पित न करने की अपील को ठुकरा दिया | इसके साथ ही माल्या की भारत वापसी का रास्ता साफ हो गया है |

माल्या पर तीन बैंकों पर 9 हजार करोड़ के घोटाले करने का आरोप है |मुंबई स्थित पीएमएलए कोर्ट ने बैंकों को माल्या की 11 हजार करोड़ की संपत्ति को जब्त करने का आदेश दिया था | बैंकों को 6205 करोड़ रुपये का बकाया और इस पर 2013 से लगे ब्याज को मिलाकर 9 हजार करोड़ रुपये वसूलना है |माल्या ने उधार लिए गए पैसों को चुकाने की इच्छा जताई थी | उसने तब वित्त मंत्री निर्मला सीतारमण से कहा कि कोरोना वायरस महामारी के इस संकटपूर्ण समय में दिवालिया हो चुकी किंगफिशर एयरलाइंस द्वारा उधार ली गई 'शत प्रतिशत राशि चुकाने' की उनकी पेशकश पर विचार किया जायेगा ।

****

विजय माल्या पर स्विस बैंक यूबीएस का भी 195 करोड़ रुपये कर्ज बकाया है | स्विस बैंक यूबीएस ने माल्या द्वारा कर्ज न चुकाए जाने को लेकर उसके लंदन स्थित घर को अपने अधिकार में लिए जाने की मांग की थी | 22 नवंबर 2018 को माल्या के लंदन स्थित 195 करोड़ रुपये के बंगले को लंदन हाईकोर्ट ने स्विस बैंक को माल्या का आलीशान बंगला कब्जे में लेने की मंजूरी दे दी है|

लंदन हाईकोर्ट के चांसरी डिवीजन की वर्चुअल हियरिंग में चीफ इंसॉल्वेंसीज और कंपनी कोर्ट जज माइकल ब्रिग्स ने कहा, 'मैं डॉ माल्या को दिवालिया घोषित करता हूं'। भारतीय बैंकों के कंसोर्टियम का प्रतिनिधित्व कानूनी फर्म टीएलटी एलएलपी और बैरिस्टर मार्सिया शेकरडेमियन ने किया। विजय माल्या के बैरिस्टर फिलिप मार्शल ने दिवालिएपन के आदेश पर रोक लगाने और स्थगन की मांग की थी।

बैरिस्टर फिलिप मार्शल ने कोर्ट से कहा कि जब तक कि भारतीय अदालतों में मामला पेंडिंग तब तक दिवालिएपन के आदेश पर रोक लगा दी जाए। लेकिन जज ने इन अनुरोधों को ठुकरा दिया। जज ने साफ तौर पर कहा कि इस बात के सबूत नहीं हैं कि माल्या बैंकों को सही समय में पूरे पैसे वापस कर देगा। इसके अलावा दिवालियापन आदेश के खिलाफ अपील करने की अनुमति मांगने वाला एक आवेदन दिया गया था। जज ब्रिग्स ने इसे भी ठुकरा दिया।

****

लंदन हाईकोर्ट ने भारतीय भगोड़े कारोबारी विजय माल्या को दिवालिया घोषित कर दिया। इस फैसले के बाद भारतीय बैंक विजय माल्या की संपत्तियों को जब्त कर बकाया ऋण की वसूली कर सकेंगी। भारतीय स्टेट बैंक के नेतृत्व में भारतीय बैंकों के एक कंसोर्टियम ने ब्रिटिश कोर्ट में माल्या के खिलाफ याचिका दाखिल की थी। इस मामले में याचिकाकर्ताओं में 13 बैंकों का एक कंसोर्टियम शामिल है। इसमें एसबीआई, बैंक ऑफ बड़ौदा, कॉर्पोरेशन बैंक, फेडरल बैंक लिमिटेड, आईडीबीआई बैंक, इंडियन ओवरसीज बैंक, जम्मू एंड कश्मीर बैंक, पंजाब एंड सिंध बैंक, पंजाब नेशनल बैंक, स्टेट बैंक ऑफ मैसूर, यूको बैंक, यूनाइटेड बैंक ऑफ इंडिया और जेएम फाइनेंशियल एसेट रिकंस्ट्रक्शन कंपनी प्राइवेट लिमिटेड। याचिकाकर्ताओं में एक एडिशनल क्रेडिटर भी शामिल था।कोर्ट के आदेश के मुताबिक बैंकों को सौंपी जाने वाली माल्या की जब्त संपत्ति की कुल कीमत करीब 5646.54 करोड़ रुपये होगी।विजय माल्या के बैंक धोखाधड़ी मामले में मुंबई की विशेष अदालत ने ईडी के पास जब्त संपत्ति में से 5646.54 करोड़ रुपये की संपत्ति बैंकों को सौंपने का आदेश दिया।

पीएमएलए कोर्ट के जज जेसी जगदाले ने कहा, मौजूदा स्थिति में बैंकों के असल नुकसान का आकलन करना मुश्किल है लेकिन बैंकों का 6200 करोड़ रुपये के नुकसान का दावा काल्पनिक भी नहीं है। कोर्ट ने आदेश में कहा, गौर करने की बात है कि दावा करने वाले बैंक सार्वजनिक क्षेत्र के बैंक हैं और ये जनता के पैसे में डील करते हैं। ऐसे में बैंकों के दावे में कोई निजी हित नहीं हो सकता। माल्या ने खुद इस संपत्ति से बैंकों को

पैसे लौटाने की पेशकश की है। अगर बैंकों को नुकसान नहीं हुआ होता तो माल्या ऐसा क्यों करता।

कोर्ट के आदेश के मुताबिक बैंकों को सौंपी जाने वाली माल्या की जब्त संपत्ति की कुल कीमत करीब 5646.54 करोड़ रुपये होगी। माल्या के खिलाफ बैंको से 9000 करोड़ रुपये की धोखाधड़ी का मामला है। कोर्ट ने 24 मई को 4234.84 करोड़ रुपये व 1 जून को 1411.70 करोड़ की संपत्ति बैंकों को देने का आदेश दिया था। हालांकि माल्या के वकीलों की टीम ने कोर्ट के इस आदेश को चुनौती दी थी |

ईडी ने ट्वीट के जरिए इस बात की जानकारी दी। वितीय मामलों की जांच करने वाली एजेंसी ने जानकारी दी कि PMLA के तहत तीनों कारोबारियों विजय माल्या, नीरव मोदी और मेहुल चोकसी से 18,170.02 करोड़ की संपत्ति जब्त की गई है | ये संपत्ति बैंकों को हुए नुकसान का महज 80.45 फीसदी ही है | इसके अलावा 9,371.17 करोड़ की कुर्क की गई संपत्ति का एक हिस्सा पीएसबी और केंद्र सरकार को ट्रांसफर कर दिया गया है | जिससे अब सार्वजनिक क्षेत्र के बैंकों के नुकसान की भरपाई की जाएगी।

तीनों कारोबारियों विजय माल्या , नीरव मोदी, मेहुल चौकसी मिलकर भारत के सरकारी बैंकों को करीब 22,585 करोड़ा का चूना लगाया है | जिसमें से इन तीनों की 18 हजार करोड़ की संपत्ति सीज हो चुकी है | बंद हो चुकी किंगफिशर एयरलाइंस के मालिक विजय माल्या फिलहाल जमानत पर बाहर हैं | उन्हें ब्रिटेन में अदालती मामलों से जूझना पड़ रहा है | दो साल पहले उसके प्रत्यर्पण की मंजूरी भी मिल चुकी है | 2 मार्च 2016 को माल्या देश छोड़ कर फरार हुआ था | 2019 में उसे भगोड़ा अपराधी घोषित किया गया था |

माल्या के अलावा चोकसी और नीरव मोदी पीएनबी घोटाले के बाद जनवरी 2018 में फरार हुए थे | चोकसी डोमिनिका की जेल में बंद है और नीरव मोदी ब्रिटेन की जेल में सजा काट रहा है |

प्रवर्तन निदेशालय ने भगोड़े शराब कारोबारी और किंगफिशर एयरलाइंस के संस्थापक विजय माल्या पर शिकंजा कसते हुए फ्रांस में उनकी 16 लाख यूरो की संपत्ति (11,231.70 करोड़ रुपये दिसम्बर

2020 में कुर्क की है। ईडी ने 25 जनवरी 2016 को मनी लॉन्ड्रिंग का मामला दर्ज किया था वित्तीय जांच एजेंसी ने यह जानकारी दी। ईडी के एक अधिकारी ने कहा कि प्रवर्तन निदेशालय के आग्रह पर विजय माल्या की 32 एवेन्यू फोच, फ्रांस में 16 लाख यूरो (14 करोड़) की संपत्ति को फ्रांसीसी अधिकारियों ने जब्त किया है। जिसकी पुष्टि संबंधित प्राधिकारी द्वारा भी की गई है। ईडी ने माल्या, यूनाइटेड ब्रेवरीज होल्डिंग्स लिमिटेड (यूबीएचएल), केएएल, बैंक अधिकारियों और अन्य के खिलाफ आरोप पत्र भी दायर किया है।

उन्होंने आगे कहा कि माल्या के खिलाफ मनी लॉन्ड्रिंग जांच के दौरान, यह पाया गया कि किंगफिशर एयरलाइंस लिमिटेड (केएएल) के बैंक खाते से बड़ी रकम विदेश में भेजी गई थी। जांच एजेंसी ने भारत में वांछित अभियुक्तों की विदेशी संपत्तियों को कुर्क करने के लिए राजनयिक चैनल के माध्यम से विदेशी प्राधिकरण को अनुरोध भेजा था। भारतीय जांच एजेंसियों के अनुरोध पर कार्रवाई करते हुए वहां के अधिकारियों ने संपत्ति कुर्क की है।

माल्या के खिलाफ भारत में नए भगोड़े आर्थिक अपराधी अधिनियम के तहत पहला मामला दर्ज किया गया था। 2019 में मुंबई की एक अदालत ने माल्या को इस अधिनियम के तहत एक अपराधी के रूप में नामित किया, जिसने जांच एजेंसियों को दुनिया भर में फैली उनकी संपत्तियों को जब्त करने का अधिकार दिया। माल्या 9,000 करोड़ रुपये की ऋण धोखाधड़ी के आरोपों का सामना कर रहे हैं। भारत लगातार उनके प्रत्यर्पण की कोशिश कर रहा है।

सुप्रीम कोर्ट भगोड़े कारोबारी विजय माल्या को बैंकों द्वारा दायर अवमानना मामले में सजा सुनाने से पहले पेश होने का अंतिम मौका दिया, जिसमें उन्हें दोषी पाया गया है।

जस्टिस यू. यू. ललित और एस. रवींद्र भट की बेंच ने कहा कि अदालत ने माल्या को अवमानना का दोषी पाया है और उन्हें सजा दी जानी चाहिए। सामान्य तर्क के आधार पर अवमाननाकर्ता को सुना जाना चाहिए, लेकिन वह अब तक अदालत में पेश नहीं हुए हैं।

दरअसल सुप्रीम कोर्ट की ओर से बार-बार समन किए जाने के बावजूद विजय माल्या अब तक पेश नहीं हुए। इसके चलते कोर्ट ने उन्हें 2017 में अवमानना के मामले में भी दोषी ठहराया था। हालांकि, कोर्ट के लंबे इंतजार के बावजूद माल्या इस मामले में एक भी बार पेश नहीं हुए हैं।

वरिष्ठ अधिवक्ता जयदीप गुप्ता, जो न्याय मित्र (एमिक्स क्यूरी) हैं, ने प्रस्तुत किया कि मामले को थोड़े समय के लिए इस अभिव्यक्ति के साथ स्थगित किया जा सकता है कि यह अंतिम अवसर हो सकता है।

न्यायमूर्ति भट ने कहा कि माल्या ने अब तक सुनवाई से परहेज किया है और अगली सुनवाई में भी यही होगा और फिर अदालत को अनुपस्थिति में सजा सुनानी होगी।जस्टिस ललित ने कहा कि उन्हें कई मौके दिए जा चुके हैं।

सॉलिसिटर जनरल तुषार मेहता ने स्पष्ट किया कि यह भारत सरकार का स्टैंड नहीं है कि उनके खिलाफ कुछ गोपनीय कार्यवाही ब्रिटेन (यूके) में लंबित है, बल्कि यह यूके सरकार का स्टैंड है, जो उनके प्रत्यर्पण में देरी कर रहा है। पीठ मेहता की दलीलों को रिकॉर्ड में लेने के लिए तैयार हो गई।पीठ ने कहा कि न्याय मित्र का कहना है कि नैसर्गिक न्याय के सिद्धांतों का पर्याप्त रूप से पालन किया गया है और अवमानना करने वाले को पर्याप्त अवसर दिया गया है। इसलिए अब मामले को थोड़े समय के लिए स्थगित किया जा सकता है, और अंतिम अवसर दिया जाना चाहिए।

6 अक्टूबर, 2020 को, गृह मंत्रालय ने सुप्रीम कोर्ट को बताया कि यूके के गृह कार्यालय ने सूचित किया है कि एक और कानूनी मुद्दा है, जिसे माल्या के प्रत्यर्पण से पहले हल करने की आवश्यकता है। ब्रिटेन के कानून के तहत इसी कानूनी पेंच के कारण उनकी प्रत्यर्पण प्रक्रिया में देरी हो रही है। विजय माल्या का ब्रिटेन से भारत प्रत्यर्पन नहीं हो सका है। परंतु विजय माल्या का अपराधचक्र न्यायचक्र के दायरे में आकर फंस गया है। अब उनकी भी वही परनाती होगी जो अन्य अपराधियों की होती है। सूरा और सुंदरियों के बीच जीवन का आनंद तलासने वाला अब जेल की सलाखों में होगा।

11

ए बी जी बैंक घोटाला

एक आम आदमी अपनी जरूरतों को पूरी करने के लिए बैंक से लोन लेता है । कभी घर खरीदने के लिए, कभी कार तो कभी पर्सनल लोन । फिर उसकी EMI बनती है | EMI एक तय तारीख को भरनी होती है | अकाउंट से पैसे खुद ब खुद कट जाते हैं | मगर गलती से अकाउंट में पैसा ना रहा | EMI बाउंस हुई तो अगले ही दिन से बैंक के फोन आने शुरू हो जाते हैं | दो-चार दिन EMI नहीं भर पाए तो दोस्त, यार, नातेदार-रिश्तेदार तक को पता चल जाता है | फोन कर उनके द्वारा दबाव बनाया जाने लगता है | अगर लोन नहीं चुका सके तो गारंटी में रखे गए घर, कार उठाकर लोन वसूल लिया जाता है | किसान जब लोन नहीं चुका पाता तो बैंक उसकी जमीन नीलाम कर पूरे के पूरे पैसे वसूल कर लेते हैं | ये तो हुई आम लोगों की बात | मगर खास लोगों का क्या ? उद्योगपतियों या फिर कर्पनियों की बात आती है तो वही बैंक पंगु हो जाते हैं | हाथ-पांव तब तक हरकत में नहीं आते, जब तक चीजें हाथ से नहीं निकल जाती | इस घोटाले को देश के इतिहास का सबसे बड़ा बैंक घोटाला कहा जा रहा है।

बैंकिंग घोटाले में नीरव मोदी, विजय माल्या के बाद दो नए नाम सुनने को मिल रहे हैं | पहला ABG शिपयार्ड का और दूसरा ऋषि अग्रवाल | गुजरात के सूरत और दहेज समुद्र तट पर बसे दोनों ही शहर में इसके शिपयार्ड हैं | पानी के जहाज और उसके पार्ट्स बनाने का काम होता था | जहाज बनाने वाली इस ABG शिपयार्ड कंपनी ने 28

बैंकों को चूना लगा दिया | थोड़ा बहुत नहीं बल्कि पूरे 22 हजार 842 करोड़ रुपये का | राउंड फिगर में कहें तो करीब 23 हजार करोड़ रुपये | 23000,0000000. पूरे 10 जीरो होते हैं इतना बड़ा बैंकिंग घोटाला हुआ तो केंद्र की मोदी सरकार सवालों से कैसे बच सकती थी | चूंकि मामला गुजरात से जुड़ा था तो विपक्षियों की तरफ से सवालों की धार और तीखी कर दी गई | फिर यहां पक्ष-विपक्ष के आरोपों से इतर एक बुनियादी सवाल है कि आखिर ये घोटाला हुआ कब ? क्या रातों-रात बैंक से पैसे उड़ा लिए गए ? या इसके पीछे भी कोई क्रोनोलॉजी है ? शुरु से शुरु करते हैं |

1989 में गुजरात के सूरत में एक कंपनी बनती है जिसका नाम था मगदल्ला शिपयार्ड | मालिक थे आर.एस नाकरा | आगे चलकर अमेरिका की Purdue university से MBA की पढ़ाई कर लौटा एक लड़का मगदल्ला शिपयार्ड को टेकओवर कर लेता है | मगदल्ला शिपयार्ड बदलकर ABG शिपयार्ड हो जाता है | वो लड़का जो बड़े उद्योगपति घराने से ताल्लुक रखता है | एस्सार कंपनी के मालिक शशि और रवि रुइया का भतीजा है ऋषि अग्रवाल | ये गुजरात की ABG के पूर्व अध्यक्ष हैं और पूरे घोटाले के मुख्य आरोपी भी | कंपनी ने 90 के दशक से दिन-दूना रात, चौगुनी तरक्की की | साल 2009 आते-आते ABG शिपयार्ड देश की नंबर वन जहाज बनाने और मरम्मत करने वाली कंपनी बन गई | इस दौरान कंपनी ने बैंकों से पैसा भी खूब उठाया | 2008 से 2012 के बीच अगल-अलग बैंकों ने आंख मूंद कर पैसा दिया | अब आज की तारीख में किस बैंक का कितना पैसा फंसा है या कितना लोन दिया था, वो आंकड़े भी जानते चलिए | ICICI- 7089 करोड़ IDBI- 3639 करोड़ SBI- 2926 करोड़ Bank of Baroda - 1614 करोड़ EXIM BANK- 1327 करोड़ PNB- 1244 करोड़ indian overseas bank- 1228 करोड़ bank of india- 719 करोड़ | एक दो नहीं 28 बैंकों से कर्जा लिया | लिस्ट लंबी है और रोकड़ा भी बहुत ज्यादा | जिससे जितना माल मिल सका, कंपनी ने बटोर लिया | LIC तक को नहीं छोड़ा 136 करोड़ वहां से भी मारे | मगर 2013 आते-आते समंदर पर राज करने वाली कंपनी किनारे की लहरों पर ही गोता खाने लगी | 2013 में कंपनी को

दिया पैसा NPA की तरफ बढ़ने लगा | NPA मतलब नॉन परफ़ॉर्मेंस एसेट,यानी वो पैसा जिसके मिलने की उम्मीद बहुत कम होती है | बैंक अधिकारियों का दावा तो ये भी है ABG को दिया गया पैसा 2013 में ही NPA घोषित हो गया था | मगर ऑल इंडिया बैंक एसोसिएशन के पूर्व अध्यक्ष अश्विनी राणा ने एक और तथ्य बताया | उनके मुताबिक 2014 में यूपीए सरकार जाते-जाते ABG शिपयार्ड को SBI की तरफ से करीब 2000 करोड़ का और लोन दिया गया | अब जरा इस खेल को भी समझिए |

आम आदमी के साथ होता ये है कि एक किश्त में देरी हो जाए तो सिविल स्कोर खराब हो जाता है | मगर कंपनियों के साथ बैंकों का अलग सिस्टम चलता है | भारी-भरकम लोन लेकर कोई कंपनी डूब रही होती है तो बैंक उसे बचाने की कोशिश करते हैं | उसे और पैसा देते हैं ताकि कंपनी को दिवालिया होने से बचाया जा सके | सारा खेल कैसे होता चला गया ? मगर ऋषि अग्रवाल की ABG तो बैंकों के साथ फ्रॉड कर रही थी | उनसे लिया पैसा कंपनी को बचाने के बजाय दूसरी संपत्तियों को खरीदने में खर्च किया | उदाहरण के तौर पर जैसे पैसा लिया घर खरीदने का और खरीद ली दुकान | तो सवाल है कि ये सब हुआ कैसे ? यहां किसकी मिली भगत थी ? चुंकि मामला थोड़ा पेचीदा है अतः मामले के जानकार ऑल इंडिया बैंक एसोशिएशन के अध्यक्ष रहे अश्विनी राणा से समझिए |

ये 1985 की कंपनी है | ये उसके बाद से काम कर रहे थे | 2008 के पहले तक इनका काम अच्छा चल रहा था | ग्लोबल क्राइसिस के बाद से ही इनका धंधा कम होता गया | जो लोन ये लेते थे वो बैंक को वापस नहीं दिया और उस पैसे को कहीं और लगा दिया | 2013 के बाद नए क़ानून लागू हो जाने के बाद इस घोटाले का पता चला |

मतलब ये कि घोटाला तो पहले से ही चल रहा था, बस मुहर CBI की FIR के बाद लगी | CBI ने 12 फरवरी 2022 को ABG शिपयार्ड के पूर्व अध्यक्ष ऋषि अग्रवाल समेत कंपनी से जुड़े 8 लोगों के खिलाफ धोखाधड़ी का मामला दर्ज किया | मुंबई, पुणे, सूरत, दहेज, भरूच सहित 13 ठिकानों पर छापेमारी कर जरूरी कागजात जब्त किए | जब CBI ने इतनी कार्रवाई की तो राजनीतिक गलियारों में भी आरोप-प्रत्यारोप दौर

शुरु हो गया अब यहां राजनीतिक तौर पर दो पक्ष हैं | बीजेपी कहती है कि लोन हमारे कार्यकाल में नहीं दिए गए और कांग्रेस कहती है कि जब 2017 में ही कंपनी के दिवालिया होने का पता चल गया था तो केंद्र की मोदी सरकार ने 5 साल तक कोई कार्रवाई क्यों नहीं की ? तो हुआ ये कि 2019 तक बैंक इंतजार करते रहे कि शायद कुछ पैसा वापस मिल जाए | मगर जब नहीं मिला तब सारे बैंकों ने मिलकर 2019 में ABG शिपयार्ड को फ्रॉड घोषित किया | पहली बार CBI में शियाकत दर्ज कराई | CBI ने कुछ मुद्दों पर स्पष्टता मांगी | अगस्त 2020 में फिर शिकायत की गई | जांच करने में CBI को करीब डेढ़ साल लग गए | फरवरी 2022 को जाकर FIR दर्ज हुई | अधिकारी कहते हैं कि ऐसे मामलों की जांच में वक्त लगता है | मगर इतना घोटाला बिना सिस्टम की मिली भगत के नहीं हो सकता | 23 हजार करोड़ रुपये कोई छोटी-मोटी रकम नहीं होती है | ये नीरव मोदी के 14 हजार करोड़ और विजय माल्या के 9 हजार करोड़ बैंक घोटाले का अकेले बराबरी कर रहा है| सवाल जहन में जरूर होना चाहिए कि ये पैसा किसका है ? नुकसान किसको हुआ है ? तो जवाब है कि ये पैसा आपका है, आम लोगों की पाई-पाई का है | बैंकों के पास अपना पैसा तो होता नहीं, जो पैसा आप जमा करते हैं | बैंक उसी को लोन कर देकर अपना बिजनेस बढ़ाते हैं | यही बैंक हैं जो एक तरफ आम आदमी के सेविंग अकाउंट पर ब्जाय दर घटा देते हैं | FD का ब्याज दर कम कर देते हैं | आम आदमी फिर भी संतोष कर लेता है | मगर उद्योगपतियों की बात आती है तो इन्हीं बैंकों की स्थिति चौराहे चक्कर खाती चकरघिन्नी की तरह हो जाती है | तो इस बार भी वही हो गई |

अब सवाल है कि ये पैसा मिलेगा कैसे, रिकवरी कैसे होगी ? इस पूरे घोटाले का भविष्य क्या है ? कंपनी की संपत्ति NCLT यानी नेशनल कंपनी लॉ ट्रिब्यूनल के जरिए नीलाम की जाएगी | हो सकता है आगे आरोपियों की गिरफ्तारी हो | उनकी व्यक्तिगत संपतियों से भी वसूली हो सकती है | मामला हाईकोर्ट-सुप्रीम कोर्ट तक भी जा सकता है | पूरा पैसा मिलने की उम्मीद बहुत कम है|

अब जरा एक दूसरी खबर से इसे जोड़कर देखिए | 16 फरवरी 2022 को एक लाख आम लोगों का सोना नीलाम हुआ | बैंकों से गोल्ड लोन

लेने वाले एक लाख लोग कर्ज नहीं चुका सके | आर्थिक तंगी ने उन्हें तोड़ दिया | कोरोना काल में लोगों ने सोना गिरवी रखकर जैसे-तैसे घर चलाया | मगर चुका नहीं पाए | उनका सोना बेच बैंक तुंरत अपना पैसा वसूल कर लिया जबकि दूसरी ओर ABG शिपयार्ड जैसी घोटालेबाज कंपनियां हैं जिनके सामने 28 के 28 बैंक पानी भरने लग गए | यह देश में भ्रष्टाचार की पराकाष्ठा है ।

12

नेशनल हेराल्ड का मामला

चलिए जानते हैं कि आखिर क्यों जारी हुआ राहुल और सोनिया को ED का समन? आखिर क्या है नेशनल हेराल्ड केस? राहुल-सोनिया पर ED ने लगाए हैं कौन से आरोप?

नेशनल हेराल्ड केस क्या है?

BJP नेता सुब्रमण्यम स्वामी ने 2012 में दिल्ली के पटियाला हाउस कोर्ट में एक याचिका दाखिल करते हुए सोनिया गांधी, राहुल गांधी और कांग्रेस के ही मोतीलाल वोरा, ऑस्कर फर्नांडीज, सैम पित्रोदा और सुमन दुबे पर घाटे में चल रहे नेशनल हेराल्ड अखबार को धोखाधड़ी और पैसों की हेराफेरी के जरिए हड़पने का आरोप लगाया था।

आरोप के मुताबिक, इन कांग्रेसी नेताओं ने नेशनल हेराल्ड की संपत्तियों पर कब्जे के लिए यंग इंडियन लिमिटेड, यानी YIL नामक ऑर्गेनाइजेशन बनाया और उसके जरिए नेशनल हेराल्ड का प्रकाशन करने वाली असोसिएटेड जर्नल लिमिटेड, यानी AJL का अवैध तरीके से अधिग्रहण कर लिया। स्वामी का आरोप था कि ऐसा दिल्ली के बहादुर शाह जफर मार्ग स्थित हेराल्ड हाउस की 2000 करोड़ रुपये की बिल्डिंग पर कब्जा करने के लिए किया गया था।

स्वामी ने 2000 करोड़ रुपये की कंपनी को केवल 50 लाख रुपये में खरीदे जाने को लेकर सोनिया गांधी, राहुल गांधी समेत केस से जुड़े कांग्रेस के अन्य वरिष्ठ नेताओं के खिलाफ आपराधिक मुकदमा चलाने की मांग की थी।

इस मामले में जून 2014 ने कोर्ट ने सोनिया, राहुल समेत अन्य आरोपियों के खिलाफ समन जारी किया। अगस्त 2014 में ED ने इस मामले में स्वतः संज्ञान लेते हुए मनी लॉन्ड्रिंग का केस दर्ज किया। दिसंबर 2015 में दिल्ली के पटियाला कोर्ट ने सोनिया, राहुल समेत सभी आरोपियों को जमानत दे दी। अब ED ने इसी मामले की जांच के लिए सोनिया और राहुल को समन जारी किया है।
****

जिस नेशनल हेराल्ड अखबार से जुड़े मामले में सोनिया और राहुल को ED ने समन भेजा है, उसे 1938 में जवाहर लाल नेहरू ने 5 हजार स्वतंत्रता सेनानियों के साथ मिलकर शुरू किया था। इस अखबार का प्रकाशन सोसिएटेड जर्नल लिमिटेड (AJL) द्वारा किया जाता था। आजादी के बाद ये अखबार कांग्रेस का मुखपत्र बन गया।AJL इस अखबार का प्रकाशन तीन भाषाओं में करता था। अंग्रेजी में 'नेशनल हेराल्ड' के अलावा हिंदी में 'नवजीवन' और उर्दू में 'कौमी आवाज।' धीरे-धीरे अखबार घाटे में चला गया और कांग्रेस से मिले 90 करोड़ रुपए के कर्ज के बावजूद 2008 में बंद हो गया।
****

2010 में यंग इंडियन प्राइवेट लिमिटेड (YIL) नामक नया ऑर्गेनाइजेशन बना, जिसने नेशनल हेराल्ड को चलाने वाले AJL का अधिग्रहण कर लिया। YIL के बोर्ड ऑफ डायरेक्टर्स में सोनिया गांधी और राहुल गांधी शामिल थे। YIL में सोनिया और राहुल की हिस्सेदारी 76% थी और बाकी 24% हिस्सेदारी मोतीलाल वोरा और ऑस्कर फर्नांडीज के पास थी। मोतीलाल वोरा का 2020 और ऑस्कर फर्नांडीज का 2021 में निधन हो चुका है। इसके बाद कांग्रेस ने AJL के 90 करोड़ रुपए लोन को YIL को ट्रांसफर कर दिया।कांग्रेस का लोन चुकाने के बदले में AJL ने यंग इंडियन को 9 करोड़ शेयर दिए। इन 9 करोड़ शेयरों

के साथ यंग इंडियन को AJL के 99% शेयर हासिल हो गए। इसके बाद कांग्रेस ने AJL का 90 करोड़ का लोन माफ कर दिया। सुब्रमण्यम स्वामी ने इसी सौदे पर सवाल उठाते हुए केस फाइल किया था।

सोनिया और राहुल पर हैं कौन से आरोप

BJP नेता सुब्रमण्यम स्वामी का आरोप है कि कांग्रेस ने नेशनल हेराल्ड को चलाने वाले AJL से 90 करोड़ रुपए लोन की रिकवरी का अधिकार यंग इंडियन लिमिटेड को ट्रांसफर किया और यंग इंडियन लिमिटेड ने AJL की 2,000 करोड़ रुपए की संपत्ति को कांग्रेस पार्टी को महज 50 लाख रुपए का भुगतान करते हुए अधिग्रहित कर ली।स्वामी का आरोप है कि नेशनल हेराल्ड को चलाने वाली AJL कंपनी पर कांग्रेस के बकाया 90 करोड़ के लोन को चुकाने के लिए राहुल-सोनिया की यंग इंडियन लिमिटेड ने 50 लाख रुपए का भुगतान किया, इसके बाद कांग्रेस ने AJL के बाकी बचे 89.50 करोड़ रुपए का लोन माफ कर दिया।

स्वामी का आरोप है कि YIL को अपना लोन वसूलने के लिए नेशनल हेराल्ड की संपत्तियों को अधिग्रहित करने का अधिकार मिल गया, जिसमें दिल्ली की प्राइम लोकेशन पर स्थित उसकी बिल्डिंग भी शामिल है, जिसकी कीमत करीब 2,000 करोड़ रुपए है।आरोप है कि 2010 में 5 लाख रुपये में बनी यंग इंडियन लिमिटेड की संपत्ति कुछ ही सालों में बढ़कर 800 करोड़ रुपए हो गई है।

उधर इनकम टैक्स डिपार्टमेंट का कहना है कि यंग इंडियन लिमिटेड में राहुल गांधी को शेयरों से 154 करोड़ रुपए की कमाई हुई। इनकम टैक्स डिमार्टमेंट पहले ही 2011-12 के लिए यंग इंडियन लिमिटेड को 249.15 करोड़ रुपए टैक्स भुगतान का नोटिस जारी कर चुका है।

इन आरोपों को कैसे खारिज करती है कांग्रेस

कांग्रेस का कहना है कि YIL को मुनाफा कमाने के बजाय चैरिटी के उद्देश्य से बनाया गया था। कांग्रेस का ये भी कहना है कि यंग इंडियन लिमिटेड द्वारा किया गया ट्रांजैक्शन फाइनेंशियल नहीं, बल्कि कॉमर्शियल था। कांग्रेस के अभिषेक मनु सिंघवी का कहना है कि जब प्रॉपर्टी या कैश का कोई ट्रांसफर ही नहीं हुआ, तो मनी लॉन्ड्रिंग का कैसे बन सकता है।सिंघवी का कहना है कि AJL जब घाटे में आ गया तो

उसे बचाने के लिए कांग्रेस ने 90 करोड़ की आर्थिक सहायता दी। इससे AJL पर लोन हो गया। उसने इस लोन को इक्विटी में बदला और 90 करोड़ के लोन को नई कंपनी यंग इंडियन को ट्रांसफर कर दिया गया, लेकिन यंग इंडियन नॉन-फॉर-प्रॉफिट कंपनी है और इसके शेयरहोल्डर्स और डायरेक्टर्स को कोई लाभांश नहीं दिया जा सकता है। सिंघवी का दावा है कि इसका मतलब है कि आप इस कंपनी से एक रुपया नहीं ले सकते।सिंघवी का ये भी दावा है कि अब भी AJL के पास ही पहले की तरह की नेशनल हेराल्ड की सभी प्रॉपर्टी और प्रिंटिंग और पब्लिशर बिजनेस पर अधिकार है। केवल एकमात्र बदलाव ये है कि AJL के शेयर यंग इंडियन के पास हैं, लेकिन यंग इंडियन इस पैसे का किसी भी तरह से इस्तेमाल नहीं कर सकती है। वह न तो लाभांश दे सकती है और न ही प्रॉफिट कमा सकती है।

****

इस मामले में जून 2014 ने कोर्ट ने सोनिया, राहुल समेत अन्य आरोपियों के खिलाफ समन जारी किया। अगस्त 2014 में ED ने इस मामले में स्वतः संज्ञान लेते हुए मनी लॉन्ड्रिंग का केस दर्ज किया। दिसंबर 2015 में दिल्ली के पटियाला कोर्ट ने सोनिया, राहुल समेत सभी आरोपियों को जमानत दे दी। अब ED ने इसी मामले की जांच के लिए सोनिया और राहुल को समन जारी किया है।

जून 2022 में राहुल गांधी ED के दफ्तर में अपना बयान देने के लिये गये।राहुल गांधी ने अफसर से पूछा- यहां केवल कांग्रेस नेताओं से पूछताछ होती है या किसी और को भी बुलाते हैं ? अफसर ने कोई जवाब नहीं दिया।नेशनल हेराल्ड केस में ED के सामने पेश हुए कांग्रेस नेता राहुल गांधी से जांच अधिकारियों ने करीब 3 घंटे तक पूछताछ की। इस दौरान राहुल से लगभग 50 सवाल पूछे गए। राहुल गांधी के जवाबों में से बन रहे सवालों के चलते ये पूछताछ लंबी खिंचती चली गई।

इससे पहले करीब सवा 11 बजे ED ऑफिस पहुंचते ही वहां मौजूद सुरक्षाकर्मियों ने उनसे मोबाइल फोन वगैरह के बारे में पूछा तो राहुल गांधी ने उनसे कहा, 'आप चेक करिए। यह आपकी ड्यूटी है।' हालांकि, राहुल गांधी ने मोबाइल फोन अपने पास नहीं रखा था। उनके हाथ में ED

के समन की कॉपी ही थी।

इसके बाद राहुल गांधी सुरक्षा कर्मियों के साथ असिस्टेंट डायरेक्टर रैंक के जांच अधिकारी के पास ले जाए गए। रास्ते में राहुल गांधी ने साथ चल रहे सुरक्षा कर्मियों से उनका नाम पूछा। साथ ही ये भी कि आप कितने दिनों से यहां कार्यरत हैं। क्या जांच के लिए आने वाले हर शख्स को इसी तरह जांच अधिकारी के पास तक ले जाते हैं? हालांकि, सुरक्षाकर्मी और ED कर्मचारियों ने मुस्कुरा कर रह गए। उन्होंने कोई जवाब नहीं दिया।

ED दफ्तर में राहुल गांधी को किसी भी तरह का VIP ट्रीटमेंट नहीं दिया गया। ED अधिकारी ने उनसे उसी तरह पूछताछ की, जैसे वे किसी आम आरोपी से करते। इसे ED की तरफ से एक मैसेज भी माना जा रहा है कि ED अधिकारी हर किसी के साथ ऐसा ही व्यवहार करते हैं।

केस में अब तक क्या-क्या हुआ

1 नवंबर 2012 को दिल्ली कोर्ट में सुब्रमण्यम स्वामी ने केस दर्ज कराया, जिसमें सोनिया-राहुल के अलावा मोतीलाल वोरा, ऑस्कर फर्नांडिस, सुमन दुबे और सैम पित्रोदा आरोपी बनाए गए। ये सभी कांग्रेस से जुड़े हैं।

26 जून 2014 को मेट्रोपोलिटन मजिस्ट्रेट ने सोनिया-राहुल समेत सभी आरोपियों के खिलाफ समन जारी किया।

01 अगस्त 2014 के ED ने इस मामले में संज्ञान लिया और मनी लॉन्ड्रिंग का केस दर्ज किया।

मई 2019 में इस केस से जुड़ी 64 करोड़ की संपत्ति को ED ने जब्त किया।

19 दिसंबर 2015 को इस केस में सोनिया, राहुल समेत सभी आरोपियों को दिल्ली पटियाला कोर्ट ने जमानत दे दी।

2016 में सुप्रिम कोर्ट का कांग्रेस नेताओं के खिलाफ कार्रवाई को रद्द करने से इंकार। आरोपियों को व्यक्तिगत पेशी से छूट।

2018 में केंद्र ने 56 साल पुराने स्थायी पट्टे को समाप्त करते हुये हेराल्ड हाउस परिसर से AJL को बेदखल करने का फैसला किया।

9 सितंबर 2018 को दिल्ली हाईकोर्ट ने इस मामले में सोनिया और राहुल को करारा झटका दिया था। कोर्ट ने आयकर विभाग के नोटिस के खिलाफ याचिका खारिज कर दी थी।

04 दिसम्बर 2018 को सुप्रीम कोर्ट ने कहा कि आयकर की जांच जारी रहेगी। हालांकि, अगली सुनवाई तक कोई आदेश पारित नहीं होगा।कॉन्ग्रेसने 9 सितम्बर 2018 के हाईकोर्ट के फैसले को चुनौती दी थी ।

अप्रैल 2019 में सुप्रिम कोर्ट ने अगली सूचना तक AJL के खिलाफ कार्वाई पर रोक लगाई ।

2 जून 2022 को ई डी ने सोनिया गांधी और राहुल गांधी को इस मामले में पूछताछ के लिये समन जारी किया ।गाँधी परिवार की वफादारी करते-करते दुनिया छोड़ गए मोतीलाल वोरा, ED के सामने राहुल गाँधी ने सारा दोष उनके ही मत्थे मढ़ा ।वोरा AJL के चेयरमैन और मैनेजिंग डायरेक्टर हुआ करते थे। वे AICC के कोषाध्यक्ष भी रहे। राहुल गाँधी और उनकी माँ सोनिया गाँधी की यंग इंडियन में 76 फीसदी हिस्सेदारी है। शेष 24 फीसदी वोरा और ऑस्कर फर्नांडीस (प्रत्येक 12 फीसदी) के पास थी।

मोतीलाल वोरा का 93 साल की उम्र में 20 दिसंबर 2020 को निधन हो गया था। जब तक जीवित रहे गाँधी परिवार के वफादार रहे। उन्हें परिवार का राजदार भी माना जाता था। नेशनल हेराल्ड में वे भी आरोपित थे। अब कॉन्ग्रेस के पूर्व अध्यक्ष राहुल गाँधी ने इस मामले में सारा दोष दिवंगत वोरा के मत्थे मढ़ने की कोशिश की है।

****

मोतीलाल वोरा AJL के चेयरमैन और मैनेजिंग डायरेक्टर हुआ करते थे। वे AICC (ऑल इंडिया कॉन्ग्रेस कमिटी) के कोषाध्यक्ष भी रहे। राहुल गाँधी और उनकी माँ सोनिया गाँधी की यंग इंडियन में 76 फीसदी हिस्सेदारी है। शेष 12 फीसदी वोरा और 12 फीसदी हिस्सेदारी ऑस्कर फर्नांडीस के पास थी। फर्नांडीस का भी 13 सितंबर 2021 में निधन हो गया थी। वोरा की तरह ऑस्कर फर्नांडिस भी AJL और YIL के डायरेक्टर रहे थे।

गौरतलब है कि पूरा मामला नेशनल हेराल्ड अखबार से जुड़ा है। 'नेशनल हेराल्ड' की स्थापना 1937 में हुई थी। AJL तब उर्दू में 'कौमी आवाज़' और हिंदी में 'नवजीवन' नामक अख़बार निकालता था। नेहरू के लेख इसमें अक्सर आया करते थे। अंग्रेज सरकार ने इसे 1942 में बैन कर दिया था। नेहरू स्वतंत्रता के बाद इसके बोर्ड के अध्यक्ष पद से तो हट गए, लेकिन अख़बार कॉन्ग्रेस से ही चलता रहा। 1963 में इसके सिल्वर जुबली कार्यक्रम में नेहरू ने सन्देश जारी किया। 2016 में इसे फिर से डिजिटल प्लेटफॉर्म के रूप में लॉन्च किया गया था।कई वर्षों से सर्कुलेशन कम होने और घाटे में जाने के कारण 2008 में 'नेशनल हेराल्ड' अख़बार को बंद कर दिया गया था। इसने अपने ऑपरेशन्स बंद कर दिए। लेकिन, दिल्ली, लखनऊ और मुंबई जैसे महानगरों में इसके पास अकूत संपत्ति थी। अख़बार के पास 2000 करोड़ रुपए की संपत्ति होने का अंदाज़ा लगाया गया था।

असली खेल यहीं से शुरू हुआ, जब कॉन्ग्रेस ने अपने पार्टी फंड से अख़बार को 90 करोड़ रुपए का लोन दिया। 2010 में कॉन्ग्रेस ने अपनी नई कंपनी YIL को AJL वाला ऋण असाइन कर दिया। जब AJL ऋण चुका नहीं पाया तो उसकी सारी संपत्तियों को YIL को ट्रांसफर कर दिया गया। इस तरह 50 लाख रुपए के बदले AJL की सारी संपत्तियों का मालिकाना हक़ गाँधी परिवार के स्वामित्व वाली YIL के पास चली गई।

इसको लेकर 2013 में भाजपा सांसद सुब्रमण्यन स्वामी ने शिकायत दर्ज कराते हुए पूछा कि 1000 शेयरधारकों वाली 2000 करोड़ रुपए की संपत्ति किसी कंपनी से मात्र 50 लाख रुपए का लोन देकर कैसे हड़पी जा सकती है? कुल लोन 90.25 करोड़ रुपए का था, जिसके माध्यम से स्वामी ने गाँधी परिवार पर धोखाधड़ी के करने के आरोप लगाए। कॉन्ग्रेस के इन 4 बड़े नेताओं के अलावा पार्टी की ओवरसीज शाखा के अध्यक्ष सैम पित्रोदा और 'राजीव गाँधी फाउंडेशन' के पत्रकार सुमन दुबे भी इस मामले में आरोपित हैं।

कई बार ई डी का समन मिलने के बाद अंततः जुलाई 2022 में सोनिया गांधी ई डी के सामने अपना बयान दर्ज कराने के लिए पेश हुईं। जिसके विरोध में कांग्रेस पार्टी के कुछ सदस्यों ने राहुल गांधी की

अगुआई में ई डी के दफ्तर के सामने धरना दिया | इस पूछताछ को मोदी सरकार की तानाशाही का नाम दिया |

वहीं कांग्रेसी नेता पी चिदंबरम के बेटे कार्ति चिदंबरम, महाराष्ट्र सरकार के पूर्व मंत्री अनिल देशमुख और जम्मू कश्मीर की पूर्व मुख्यमंत्री महबूबा मुफ्ती ने सुप्रीम कोर्ट में ई डी की गिरफ़्तारी ,जब्ती और जांच प्रक्रिया को चुनौती दी थी | सुप्रीम कोर्ट ने यह स्पष्ट कर दिया कि कानून के तहत ई डी का गिरफ़्तारी करने, सीज करने, संपत्ति अटैच करने, रेड डालना और बयान लेने के अधिकार है|

यह इस देश की विडंबना है कि देश की प्रमुख पार्टी के मुखिया न्याय की परिधि से बचने की कोशिश कर रहे हैं पर अपराधचक्र का पहिया न्याय के दायरे में आ चुका है | ई डी की पूछताछ तो इन नेताओं के लिए अपनी सफाई देने का एक अच्छा मौका है | यदि ये दोषी नहीं है तो इन्हे इतना हंगामा करने की जरूरत नहीं है | पर सच्चाई कुछ और है जिसे ई डी पता लगाने की कोशिश कर रही है | अंततः इनकी भी वही परिणति होगी जो अन्य आरोपियों की होती है |

13

हर्षद मेहता का शेयर घोटाला

हर्षद मेहता ऐसे शख्स हैं जिन्होंने 1990 के दशक में देश का वित्तीय बाजार बुरी तरह से हिला कर रख दिया था। इसके बाद उनके जीवन पर किताब भी लिखी गई और वेब सीरीज भी बनी। जब अभिनेता अभिषेक बच्चन की फिल्म 'द बिग बुल' रिलीज हुई, उसके बाद से लोगों में इस कहानी का क्रेज और बढ़ गया है।

देश में इकोनॉमिक रिफॉर्म्स की शुरुआत साल 1991 में हुई थी। भारतीय अर्थव्यस्था के लिए साल 1990 से 1992 का समय बड़े बदलाव का वक्त था। लेकिन इस बीच एक ऐसा घोटाला सामने आया, जिसने शेयरों की खरीद-बिक्री की प्रकिया में ऐतिहासिक परिवर्तन किए। इस घोटाले के जिम्मेदार हर्षद मेहता थे। यह घोटाला करीब 4,000 करोड़ रुपये का था और इसके बाद ही सेबी को शेयर मार्केट में गड़बड़ी रोकने की ताकत दी गई। घोटाले के मुख्य आरोपी हर्षद मेहता का 2002 में निधन हो गया। लेकिन 1992 के बहुचर्चित स्टॉक मार्केट स्कैम की यादें भी अब बहुत कम लोगों के जेहन में हैं।

प्रारंभिक जीवन

हर्षद मेहता जिसका पूरा नाम हर्षद शांतिलाल मेहता था, अपने समय में शेयर मार्केट का एक ब्रॉकर जिहोने 1992 शेयर मार्केट में

मैनुपुलेशन (पंप एंड डंप)किया था। 29 जुलाई 1954 को पनेल मोटी , राजकोट गुजरात में हर्षद मेहता का जन्म एक छोटे से बिजनेस मैन परिवार में हुआ। हर्षद मेहता का बचपन मुंबई के कांदिवली में गुजरा। उसके बाद उनका परिवार रायपुर के मौदहापारा गुरूनानक चौक मे आ के बस गया। रायपुर के होली क्रॉस बेरोन बाजार सेकेंडरी स्कूल से उन्होंने स्कूली पढ़ाई की। बारहवीं पास करने के बाद हर्षद मेहता ने मुबंई के लाजपत राय कॉलेज से बी.कॉम की पढ़ाई की फिर अगले आठ साल तक छोटी मोटी नौकरियां की। बी कॉम पास करने के बाद हर्षद ने पहली नौकरी न्यू इंडिया अश्योरेंस कंपनी लिमिटेड में बतौर सेल्स पर्सन की और उसी वक़्त उनका इंटरेस्ट शेयर मार्केट की तरफ जागा औऱ उसने नौकरी छोड़ हरिजीवनदास नेमीदास सिक्योरिटीज नाम की ब्रोक्रेज फर्म में बतौर जॉबर नौकरी ज्वॉइन कर ली और प्रसन्न परिजीवनदास को अपना गुरु मान लिया। प्रसन्न परिजीवनदास के साथ काम करते हुए हर्षद मेहता ने स्टॉक मार्केट के हर पैंतरे सीखे औऱ 1984 में खुद की ग्रो मोर रीसर्स एंड असेट मैनेजमेंट नाम की कंपनी की शुरुआत की और और बॉम्बे स्टॉक एक्सचेंज में बतौर ब्रोकर मेंबरशिप ली। और यहां से शुरू हुआ स्टॉक मार्केट के उस बेताज बादशाह का सफर जिसने आगे चलकर स्टॉक मार्केट का सबसे बड़ा घोटाला किया |

हर्षद मेहता का घोटाला

1990 के दशक में हर्षद मेहता की कंपनी में बड़े इवेस्टर पैसा लगाने लगे थे, मगर जिस वजह से हर्षद मेहता का नाम स्टॉक मार्केट में छाया वो एसीसी यानी एसोसिएटेड सीमेंट कंपनी में उनका पैसा लगाना शुरू किया। हर्षद मेहता के एसीसी के पैसा लगाने के बाद मानो एसीसी के भाग्य ही बदल गए, क्योंकी एसीसी का जो शेयर 200 रुपये का था उसकी कीमत कुछ ही समय में 9000 हो गई। 1990 तक आते आते हर्षद मेहता का नाम हर बड़े अखबार, मैगजीन के कवर पेज पर आए दिन आने लगा। स्टॉक मार्केट में हर्षद मेहता का नाम बड़े अदब से लिया जाने लगा। हर्षद मेहता के 15500 स्कॉयर फीट के सी फेसिंग पेंट हाउस से लेकर उनकी मंहगी गाड़ियों के शौक तक सबने उन्हें एक सेलिब्रिटी बना दिया था। ऐसा पहली बार हो रहा था कि कोई छोटा सा ब्रोकर

लगातार इतना इंवेस्ट कर रहा है और हर इवेस्टमेंट के साथ करोड़ों कमा रहा है। बस इसी सवाल ने हर्षद मेहता के अच्छे दिनों को बुरे दिनों में तब्दील कर दिया। सवाल था कि आखिर हर्षद मेहता इतना पैसा कहां से ला रहा है?

1992 में हर्षद मेहता के इस राज से टाइम्स ऑफ इंडिया की पत्रकार सुचेता दलाल ने इस राज का पर्दाफाश किया। सुचेता दलाल ने बताया कि हर्षद मेहता बैंक से 15 दिन का लोन लेता था और उसे स्टॉक मार्केट में लगा देता था। साथ ही 15 दिन के भीतर वो बैंक को मुनाफे के साथ पैसा लौटा देता था। कोई भी बैंक 15 दिन के लिए लोन नहीं देता, मगर हर्षद मेहता बैंक से 15 दिन का लोन लेता था। हर्षद मेहता एक बैंक से फेक बी आर बनवाता जिसके बाद उसे दूसरे बैंक से भी आराम से पैसा मिल जाता था। हालांकि इसका खुलासा होने के बाद सभी बैंक ने उससे अपने पैसे वापस मांगने शुरू कर दिए। खुलासा होने के बाद मेहता के ऊपर 72 आपराधिक आरोप लगाए गए और लगभग 600 सिविल केस फाइल हुए।

कैसे करता था घोटाला?

1990 में शेयर बाजार तेजी से बढ़ा जिसके लिए ब्रोकर मेहता को जिम्मेदार माना गया और उन्हें 'बिग बुल' का दर्जा दिया गया। अप्रैल 1992 में हुआ पैसों का खुलासा। मेहता बैंकिंग नियमों का फायदा उठाकर बैंकों को बिना बताए उनके करोड़ों रुपये शेयर मार्केट में लगाते थे। मेहता दो बैंकों के बीच बिचौलिया बनकर 15 दिन के लिए लोन लेकर बैंकों से पैसा उठाते थे और फिर मुनाफा कमाकर बैंकों को पैसा लौटा देते थे। जब यह बात जब सामने आई तो शेयर मार्केट में तेज गिरावट आनी शुरू हो गई। मेहता एक बैंक से फेक बैंक समाधान विवरण (बीआर) बनवाता था, जिसके बाद उसे दूसरे बैंक से भी आराम से पैसा मिल जाता था। कैश बुक और पास बुक के शेष में होने वाले अंतर को मिलाने के लिए जो लेखा तैयार होता है, उसे बैंक समाधान विवरण कहा जाता है। हालांकि इन सब के बावजूद हर्षद मेहता का मन नहीं माना, वो अखबारों में एडवाइजरी कॉलम्स लिखने लगा कि आप इस कंपनी में इंवेस्ट करें आपको फायदा होगा या इस कंपनी में ना करें इससे नुकसान होगा। बाद

में पता चला कि मेहता सिर्फ उस कंपनी में पैसा लगाने कि एडवाइस देता था जिसमें उसका खुद का पैसा लगा हुआ है।

प्रधानमंत्री नरसिम्हा राव पर लगाया घोटाले का आरोप

हर्षद मेहता ने 1993 में पूर्व प्रधानमंत्री और उस वक़्त कांग्रेस के अध्यक्ष पी वी नरसिम्हा राव पर केस से बचाने के लिए 1 करोड़ घूस लेने का आरोप लगाया था। हालांकि पर्याप्त सबूत ना होने के कारण सरकार द्वारा इसे सिरे से खारिज कर दिया गया था।खुलासा होने के बाद मेहता के ऊपर 72 क्रिमिनल चार्ज लगाए गए और सिविल केस फाइल हुए।मेहता पर कई केस चल रहे थे, मगर उसे मात्र एक केस में दोषी पाया गया था। उसे दोषी पाते हुए उच्च न्यायालय ने पांच साल की सजा और 25000 रुपये का जुर्माना लगाया था। मेहता थाणे जेल में बंद था। 31 दिसंबर 2001 को देर रात उसे दर्द की शिकायत हुई, जिसके बाद उसे ठाणे सिविल अस्पताल में भर्ती कराया गया। अस्पताल में ही उसकी मौत हो गई।

परिवार से हुई वसूली

घोटाले के 25 साल बाद भी इसकी वसूली उनके परिवार से चल रही थी। कस्टोडियन ने मेहता की संपत्तियों को बेचकर 6,000 करोड़ रुपये से अधिक की राशि बैंकों व आयकर विभाग के नाम जारी कराई। 2017 में ही मेहता के पारिवारिक सदस्यों ने 614 करोड़ रुपये की रकम बैंक को दी।हर्षद मेहता की धोखाधड़ी का नतीजा उसके परिवार को भुगतना पड़ा | इससे हमें सीख मिलती है कि यदि परिवार का कोई सदस्य बेईमानी करके परिवार का पालन पोषण करता है तो परिवार के सदस्यों को उसकी भरपाई किसी न किसी रूप में करनी पड़ती है |

14

माँ ने बेच डी बेटी की कोख

मई 2022 - एक महिला ने दोस्त से पहले नाबालिग लड़की का रेप कराया, फिर एग बेचे; 4 साल में 8 बार सौदेबाजी |तमिलनाडु के सेलम जिले में एक मां ने ही अपनी नाबालिग बेटी का रेप कराया और फिर उसके एग्स का सौदा कर दिया। इंडियन एक्सप्रेस की रिपोर्ट के मुताबिक मामला सेलम जिले का है। जांच में पता चला है कि नाबालिग लड़की से उसकी मां का पुरुष दोस्त पहले रेप करता था और फिर उसके एग्स को अस्पतालों में बेचा जाता था। रेप पीड़िता की मां और उसके पुरुष दोस्त को गिरफ्तार कर लिया गया है। नजदीकी रिश्तों में अपराध की इस खबर में अनैतिक कारोबार से लेकर कानून का उल्लंघन तक शामिल है।

पुलिस ने बताया कि लड़की के साथ रेप और उसके एग्स को बेचने का सिलसिला 2017 से चल रहा था। उस वक्त लड़की नाबालिग थी। पिछले 4 साल में 8 से ज्यादा बार उसकी कोख का सौदा किया गया है।हॉस्पिटल में एग 20 हजार रुपए में बिकता था| लड़की ने बताया कि हर बार प्रेग्नेंट होने के बाद एग बेचने पर हॉस्पिटल से 20 हजार रुपए मिलते थे। इसमें से 5 हजार रुपए एक महिला कमीशन के रूप में लेती थी और बाकी पैसे मां और उसका दोस्त रखता था। ऐसा साल में दो बार किया जा रहा था। संदेह है कि ऐसा IVF के लिए किया जा रहा था।

IVF तकनीक में भ्रूण रिसीवर महिला के गर्भ में इंप्लांट कर दिया जाता है। ज्यादातर मामलों में ऐसा तब होता है जब एक महिला अपने एग्स की वजह से मां बनने में असफल हो रही हो। एक्सपट्र्स के मुताबिक एग्स डोनेट करने के बाद महिला मानसिक रूप से प्रभावित हो सकती है।

लड़की की शिकायत पर हुआ एक्शन ।लड़की के माता-पिता 10 साल पहले अलग हो गए थे, जिसके बाद वह अपनी मां के साथ उसके पुरुष दोस्त के यहां रहती थी। कई साल से हैवानियत झेल रही लड़की मई 2022 में अपने घर से भागकर अपने दोस्त के पास चली गई। लड़की ने दोस्त को आपबीती सुनाई, जिसके बाद उसके दोस्त और कुछ रिश्तेदारों ने मिलकर पुलिस में शिकायत दर्ज कराई। पुलिस ने लड़की की मां और उसके पुरुष दोस्त को गिरफ्तार कर लिया है।

देश में मानव भ्रूण के व्यापार पर प्रतिबंध

दिसंबर 2021 में पास हुए असिस्टेड रिप्रोडक्टिव टेक्नोलॉजी (रेगुलेशन) यानी ART बिल के मुताबिक मानव भ्रूण के व्यापार को अपराध माना गया है। पहली बार अपराध करने पर 5 से 10 लाख रुपए का जुर्माना हो सकता है। इसके बाद अपराध करने पर आठ से 12 वर्ष की कैद और 10 से 20 लाख रुपए का जुर्माना हो सकता है। इसके अलावा दोनों पक्षों (डोनर और रिसीवर) में लिखित अनुबंध होना अनिवार्य है।

राज्य सरकार ने जांच कमेटी बनाई

राज्य के स्वास्थ्य सचिव ने मीडिया को बताया कि इस केस की जांच के लिए एक कमेटी बनाई गई है। अभी तक पॉक्सो एक्ट, आधार दुरूपयोग समेत IPC की धारा 420, 464, 41, 506 (ii) के तहत केस दर्ज किया गया है। इस मामले में बांझपन के बढ़ते केस के एंगल से भी जांच की जाएगी।

इस मामले की जांच कर रहे पुलिस अधिकारियों का कहना है कि इस केस में कुछ डॉक्टरों और दलालों की पहचान की गई है। उन पर भी एक्शन लिया जाएगा। वहीं, स्वास्थ्य अधिकारियों ने लड़की की काउंसिलिंग शुरू कर दी है।रेप के लिए तो कानून में सजा तय है। लेकिन इस तरह की घटनाएं महिलाओं के एग को लेकर कई तरह के सवाल छोड़

जाती हैं।

महिला के एग से जुड़े सारे सवालों का जवाब दे रही हैं एलएलआरएम मेडिकल कॉलेज की गायनेकोलॉजिस्ट डॉ. प्रीति त्रिवेदी और IVF एक्सपर्ट डॉ. रोमिका कपूर

सवाल: एग डोनेशन क्या होता है?

जवाब: इस प्रक्रिया में महिला अपना एग हॉस्पिटल या IVF सेंटर में डोनेट कर सकती है। इसकी मदद से वह महिलाएं मां बन पाती हैं, जिन्हें गर्भधारण में किसी तरह की समस्या होती है।

इसे ऐसे समझ सकते हैं...यह एक असिस्टेड रिप्रोडक्शन प्रोसेस है।इसमें एक फर्टाइल महिला अपने एग्स डोनेट करती है।इससे इन्फर्टाइल महिला को मां बनाने में मदद मिलती है।एग को लैब में स्पर्म के साथ फर्टिलाइज किया जाता है।उसके बाद उसे मां के यूट्रस में इम्प्लांट किया जाता है।जिससे मां के यूट्रस में भ्रूण बनने की प्रोसेस शुरू होती है

सवाल: क्या इस प्रक्रिया से जान भी जा सकती है?

जवाब: एग डोनेशन से महिलाओं के जान जाने का खतरा रहता है। एग डोनेशन के प्रोसेस में एग डोनेट करने वाली महिला को एक हार्मोनल ट्रीटमेंट से गुजरना पड़ता है। इस वजह से महिलाओं की सुरक्षा को देखते हुए एग डोनेशन को लेकर कानून बनाए गए हैं। इंडियन काउंसिल ऑफ मेडिकल रिसर्च (ICMR) की एक रिपोर्ट के मुताबिक एग डोनेशन में करीब 8% प्रतिशत महिलाओं की मौत हो जाती है। ऐसे में इस प्रोसेस को सावधानीपूर्वक एक्सपर्ट डॉक्टर की देखरेख में ही किया जाना चाहिए। ऐसी महिलाएं जो जरूरत से ज्यादा बार एग्स डोनेट करती हैं, उनके लिए ये खतरा और भी ज्यादा बढ़ जाता है।

सवाल :एग डोनेशन के साइड इफेक्ट्स क्या हो सकते हैं?

जवाब :एग लेने वाली महिला को होता है खतरा जैसे गर्भपात,प्रीमैच्योर डिलीवरी,HIV,हाई ब्लड प्रेशर,डायबिटीज,जुड़वां बच्चे होने की संभावना |एग देने वाली को भी है खतरा होता है जैसे वजन बढ़ना,मूड स्विंग होना,ब्लीडिंग,भविष्य में गर्भधारण में परेशानी ।

सवाल: क्या एग डोनेशन कभी भी कर सकते हैं?

जवाब: दरअसल किसी भी महिला की ओवरी से एक महीने में एक ही एग रिलीज होता है। रिलीज होने वाले एग की संख्या बढ़ाने के लिए महिला को हार्मोनल इंजेक्शन दिए जाते हैं। इसके बाद इंजेक्शन के जरिए ही शरीर से एग निकाला जाता है और उसे फ्रीज करके रखा जाता है। एग डोनेशन या फ्रीजिंग के बाद IVF के जरिए कंसीव किया जा सकता है।

सवाल: किन स्थिति में एग डोनर की मदद ली जाती है?

जवाब:35 साल की उम्र के बाद, ज्यादातर महिलाएं सफल गर्भावस्था के लिए स्वस्थ अंडे प्रोड्यूस नहीं कर पाती हैं। यह डोनर एग के उपयोग की पहली वजह हो सकती है।

यदि कोई महिला 30 से 35 साल की उम्र में ही मेनोपॉज (पीरियड रुक गए हों) और उसके बाद उसे संतान की चाह हो तो डोनर की मदद से बच्चे को जन्म दे सकती है।किसी महिला की मेडिकल ट्रीटमेंट की वजह से ओवरी डैमेज हो गई हो या जन्म से ही ओवरी न बनी हो तो वह परिवार शुरू करने के लिए डोनर एग की मदद ले सकती है।या फिर बच्चा कंसीव करने में बार-बार तकलीफ आ रही हो।

सवाल: एग डोनेशन को लेकर क्या कोई कानून है?

जवाब: एग डोनेशन को लेकर मेडिकल काउंसिल ने कुछ नियम तय किए हैं। देश के सारे IVF सेंटर में ये नियम लगे रहते हैं, लेकिन अब तक इसे लेकर कोई कानून नहीं है। इसकी वजह यह है कि अभी एग डोनेशन केस लाइमलाइट में नहीं हैं। ठीक वैसे ही जैसे एक समय IVF नहीं था। जब किराए की कोख का कारोबार बढ़ा तो सरकार को बिल पास कर कानून बनाना पड़ा। इसी तरह इस पर भी कानून जल्द ही बनाने की जरूरत है।

सवाल: नाबालिग का परिवार अगर उसके एग बेचे तो उन्हें क्या सजा हो सकती है?

जवाब: POCSO Act के तहत केस दर्ज किया जा सकता है।अब तमिलनाडु वाले केस में ही देखें, तो एक दूसरी महिला ने नाबालिग का जाली आधार कार्ड बनवाया और इसे बनाने के लिए पांच हजार रुपए का कमीशन लिया था। वहीं आरोपी मां ने 20 हजार में बेटी के अंडे बेचे।

इसमें मामले में भी पुलिस ने Pocso Act के साथ IPC की धारा 420 और 506 (2) के तहत मामला दर्ज किया है।

सवाल: क्या जो महिला जल्दी मां नहीं बनना चाहती, वह अपना एग फ्रीज कर सकती है?

जवाब: हां, मेडिकल साइंस की भाषा में इसे मैच्योर ओअसाइट क्रायोप्रिजर्वेशन (Mature Oocyte cryopreservation) कहा जाता है। समझ पाने वाली भाषा में कहें तो यह वो प्रक्रिया है, जिससे महिलाओं की प्रजनन क्षमता को संरक्षित किया जाता है, ताकि वह भविष्य में जब चाहें अपना परिवार बना सकें। एग फ्रीजिंग में महिला के शरीर में अंडाशय से परिपक्व अंडे निकाले जाते हैं और उन्हें तरल नाइट्रोजन के बराबर तापमान में फ्रीज करके रख दिया जाता है। एग फ्रीजिंग उन महिलाओं के वरदान है, जो अधिक उम्र में मां बनने की ख्वाहिश रखती हैं।

सवाल :एग डोनेशन और IVF के बीच अंतर क्या है ?

जवाब :IVF और एग डोनेशन का इस्तेमाल दो अलग-अलग प्रोसेस हैं। दोनों की मदद से एक महिला मां बन पाती है। यदि किसी महिला के अंडे हेल्दी हैं तो वह IVF प्रोसेस में अपने अंडे को यूज कर सकती है। वहीं जिनके पास अनहेल्दी अंडे हैं, या जिनके अंडे नहीं बन रहे हैं वह अपने पति के शुक्राणु के साथ एक एग डोनर के अंडे को फर्टिलाइज करने का ऑप्शन चुन सकती हैं।यह भी जान लें कि महिला की ओवरी से निकलने वाले अंडे को OVA कहते हैं।

****

भारत में ही नहीं बल्कि दुनिया के दूसरे देशों में भी कुछ इसी तरह का खौफनाक काम हो रहा है अफ्रीकी देश नाइजीरिया में बच्चा पैदा करने वाली फैक्ट्रियां चलाई जा रही हैं | 'बेबी फार्मिंग' के नाम से चलने वाला ये घिनौना धंधा जोर-शोर से हो रहा है |

दुनिया में कई ऐसी अजीबोगरीब चीजें हैं जिनके बारे में जब लोगों को पता चलता है तो उनके होश उड़ जाते हैं | कई बार ये चीजें दिमाग को ही नहीं, आत्मा को भी झकझोर देने वाली होती हैं | आपको एक ऐसी ही चीज के बारे में बताने जा रहे हैं | अफ्रीका के एक देश में ऐसी फैक्ट्री है

जहां सामान नहीं, बच्चे पैदा किए जाते हैं |

नाइजीरिया में ये खौफनाक काम हो रहा है | यहां बच्चा पैदा करने वाली फैक्ट्रियां चलाई जा रही हैं | 'बेबी फार्मिंग' के नाम से चलने वाला ये घिनौना धंधा जोर-शोर से हो रहा है | आपको जानकर हैरानी होगी कि यहां कम उम्र की अफ्रीकी और दूसरे देश की लड़कियों को जबरदस्ती प्रेग्नेंट किया जाता है और उन्हें बच्चे पैदा करने पर मजबूर किया जाता है | सबसे ज्यादा चौंकाने वाली बात ये है कि यहां 14 साल तक की लड़कियों को भी मां बना दिया जाता है |

निःसंतान कपल्स को बेचे जाते हैं बच्चे

निःसंतान कपल्स के लिए ये बिजनेस शुरू किया गया था | यहां लड़कियों को मां बनाकर बच्चे ऐसे कपल्स को बेचे जाते हैं | इसके लिए कपल्स बड़ी रकम चुकाने को भी तैयार होते हैं | इस वजह से गरीबी की मार झेल रही कई महिलाएं और लड़कियां पैसों की लालच के चलते अपनी मर्जी यहां चली आती हैं तो कई को जबरदस्ती मानव तस्करी के जरिए खरीदकर यहां लाया जाता है और फिर उन्हें सरोगेट मदर बनने पर मजबूर किया जाता है |

14 से 17 होती है मां बनने वाली युवतियों की उम्र

आपको जानकर हैरानी होगी कि ये बिजनेस सिर्फ नाइजीरिया में ही नहीं इंडोनेशिया, यूक्रेन समेत कई और देशों में भी चल रहा है | बेबी फार्मिंग जैसा व्यापार अस्पतालों और अनाथालायों जैसी जगहों पर चोरी-छुपे किया जाता है | नाइजीरिया में चोरी छिपे चल रहा बच्चा पैदा करने का व्यापार बेहद खतरनाक हो चुका है | गार्डियन वेबसाइट की साल 2011 की एक रिपोर्ट के अनुसार एक छापे में सुरक्षाकर्मियों ने 32 प्रेग्नेंट महिलाओं को रिहा किया था जिन्हें जबरन बंधक बनाकर यहां लाया गया था | बता दें कि यहां जन्म देने वाली लड़कियों की उम्र 14 से 17 साल होती है और वो अपनी मर्जी से अबॉर्शन भी नहीं करा सकतीं, क्योंकि देश का कानून उन्हें इसकी इजाजत नहीं देता है | यहां के माफिया बच्चों को 3-4 लाख रुपयों में बेच देते हैं |

15

सोने की तस्करी

सोने की तस्करी कस्टम एक्ट के तहत आएगा या गैरकानूनी गतिविधियां (रोकथाम) अधिनियम के तहत 'आंतकी कृत्य'? इसका परीक्षण करने के लिए सुप्रीम कोर्ट तैयार हो गया | कोर्ट ने मामले में कानून के इस सवाल पर नोटिस जारी किया है | अदालत ने केरल हाईकोर्ट के उस आदेश को चुनौती देने वाली राष्ट्रीय जांच एजेंसी (एनआईए) द्वारा दायर याचिका पर ये कदम उठाते हुए इसे एक अन्य मामले के साथ जोड़ दिया है | एनआईए ने केरल हाईकोर्ट के फैसले को चुनौती दी है, जिसमें केरल सोने की तस्करी मामले में 12 आरोपियों को जमानत दी गई थी|

सीजेआई एनवी रमना और जस्टिस एएस बोपन्ना और जस्टिस हृषिकेश रॉय की पीठ ने कहा कि वो जमानत रद्द करने के पहलू पर विचार नहीं करेंगे | पीठ ने कहा कि वो कानून के इस सवाल पर सुनवाई करेंगे क्या? पीठ ने कहा कि क्या यह अपराध सीमा शुल्क अधिनियम के तहत कवर किया गया था? या यह गैरकानूनी गतिविधियां (रोकथाम) अधिनियम की धारा 15(1) (ए) (iiiए) के तहत "आतंकवादी कृत्य" की परिभाषा के अंतर्गत आता है? पीठ ने कहा कि आरोपी सरकार के कर्मचारी हैं | हम जमानत रद्द करने के पहलू में नहीं जाएंगे | हालांकि, हम कानूनी प्रश्न को खुला छोड़ सकते हैं |

मामला 5 जुलाई 2020 को तिरुवनंतपुरम हवाई अड्डे पर सीमा शुल्क (निवारक) आयुक्तालय, कोच्चि द्वारा 14.82 करोड़ रुपये के 30 किलोग्राम 24 कैरेट सोने की जब्ती से संबंधित है, जिसे संयुक्त अरब अमीरात के वाणिज्य दूतावास को भेजी गई राजनयिक खेप के माध्यम से लाया गया था | एनआईए ने अपने विशेष अदालत के 15 अक्टूबर 2020 के फैसले के खिलाफ केरल हाईकोर्ट के समक्ष अपील दायर की थी, जिसने आरोपी को सशर्त जमानत दी थी और टिप्पणी की थी, कि यह दिखाने के लिए प्रथम दृष्टया सामग्री मौजूद नहीं थी कि आरोपी का आतंकी संगठनों से कोई संबंध रहा है |

एनआईए की अपील को 18 फरवरी 2021 को खारिज कर दिया गया था और उच्च न्यायालय ने माना कि केवल सोने की तस्करी का कार्य, जो सीमा शुल्क अधिनियम के तहत आता है, यूएपीए (UAPA) धारा 15(1) (ए) (iiiए) के तहत "आतंकवादी कृत्य" नहीं होगा | जब तक कि ऐसा काम राष्ट्र की आर्थिक सुरक्षा को खतरे में डालने के इरादे से नहीं किया जाता है | गौरतलब है कि ऐसा ही एक मामला सुप्रीम कोर्ट में पहले ही लंबित है, जिसमें राजस्थान हाईकोर्ट के आदेश को चुनौती दी गई है |

****

नवंबर 2021 -दुबई से Gold तस्करी मामले में एयर इंडिया के 3 कर्मचारी गिरफ्तार, विदेशों से ला चुके हैं 6 करोड़ का अवैध सोना|राजस्थान के जयपुर एयरपोर्ट पर कस्टम विभाग ने प्लेन की सीट के नीचे से डेढ़ किलो सोना बरामद किया था | इस मामले में गिरफ्तार एक यात्री से पूछताछ के बाद हैरान करने वाला खुलासा हुआ | मामले में एयर इंडिया के तीन कर्मचारियों की मिलीभगत सामने आई है |

राजस्थान की राजधानी जयपुर के इंटरनेशनल एयरपोर्ट पर सोने की तस्करी मामले में नए खुलासे हुए हैं | गोल्ड तस्करी के मामले में एयर इंडिया एयरलाइंस के ही तीन कर्मचारियों को गिरफ्तार किया गया है | इन पर तस्कर को मदद करने का आरोप लगा है | जयपुर एयरपोर्ट पर 75 लाख रुपए की कीमत का सोना कस्टम विभाग ने पकड़ा था | इस मामले की जांच के बाद एयर इंडिया इंजीनियरिंग के ठेके पर काम करने वाले तीन कर्मचारियों को गिरफ्तार किया गया है | कस्टम विभाग

का दावा है कि इन कर्मचारियों से सेटिंग कर ही तस्कर सीट के नीचे 75 लाख रुपयों का सोना छुपा कर लाए थे | क्योंकि बिना किसी मिलीभगत के प्लेन की सीट के नीचे गोल्ड को छुपाना संभव नहीं था |

मिली जानकारी के मुताबिक ऐसा पहली बार हुआ है जब सोने की तस्करी के मामले में एयरलाइंस के कर्मचारियों की मिलीभगत पकड़ी गई हो | जयपुर एयरपोर्ट पर 16 नवम्बर 2021 को कस्टम की टीम ने डेढ़ किलो सोना प्लेन की सीट के नीचे से पकड़ा था | कस्टम कमिश्नर बीबी अटल ने गोल्ड तस्करी के मामले में बताया कि शिवराम मीणा, ज्ञानचंद मीणा व कौशल वर्मा की मिलीभगत से प्लेन की सीट के नीचे सोना छुपाया गया था | तीनों को गिरफ्तार कर लिया गया है | ये तीनों एयर इंडिया के ही कर्मचारी हैं | पूछताछ में तीनों ने बताया कि वे पिछले 4 साल से एयर इंडिया के लिए काम कर रहे हैं |

जेल भेजे गए आरोपी

कस्टम कमिश्नर बीबी अटल ने बताया कि तीनों आरोपियों को कोर्ट में पेश करने के बाद 14 दिनों के लिए जेल भेज दिया गया है | इन आरोपियों से पूछताछ और जांच में पता लगा कि ये अब तक 6 करोड़ रुपए से ज्यादा की तस्करी कर चुके हैं | कस्टम विभाग की टीम को 16 नवंबर को सउदी अरब से सोने की तस्करी की सूचना मिली थी | इसके बाद कस्टम की टीम अलर्ट हो गई | टीम ने प्लेन के अंदर पहुंच कर जांच की तो एक सीट के अंदर डेढ़ किलो सोना छुपा कर रखा गया था | कस्टम की टीम ने श्रीचंद नाम के यात्री को पकड़ था | वह एआई 942 फ्लाइट से जयपुर एयरपोर्ट पर आया था | आरोपी से पूछताछ के बाद खुलासा हुआ |

****

विदेशों से सोने की तस्करी के लिए नए-नए तरीके अपनाए जा रहे हैं | ऐसे ही एक चौंकाने वाला मामले में जयपुर से एक युवक को गिरफ्तार किया गया है जो अपनी जीभ के नीचे सोना छिपाकर दुबई से लाया था |

अंतरराष्ट्रीय स्तर पर सोने की तस्करी के मामले लगातार सामने बढ़ते जा रहे हैं | सोने की बढ़ती कीमतों के चलते सोने की तस्करी के मामले भी बढ़ रहे हैं | वहीं तस्कर नए-नए तरीके आजमा रहे हैं | सोने की

तस्करी के कई तरीके तो ऐसे हैं जिन्हें जानकर आप भी चौक जाएगें| ऐसे ही एक मामले में दुबई से एक युवक जीभ के नीचे सोना लेकर जयपुर इंटरनेशनल एयरपोर्ट पहुंचा था | उसके मुंह में जब एयर इंटेलिजेंस विंग ने देखा तो उनके होश फाख्ता हो गए | आरोपी ने अपनी जीभ के नीचे 116.590 ग्राम छुपाया था |तालू के नीचे छिपाकर लाए सोने की कीमत 5 लाख रुपये से ज्यादा थी |

सीमा शुल्क विभाग के अधिकारी बी बी अटल ने बताया कि जयपुर अंतरराष्ट्रीय एयरपोर्ट पर सुबह 4:20 पर दुबई से एयर इंडिया की उड़ान संख्या एआई 942 पहुंची थी | इस दौरान एक यात्री की जब स्क्रीनिंग की गई तो बीप-बीप की आवाज आई | संदेह होने पर युवक की व्यक्तिगत तलाशी ली गई तो सोने की तस्करी करने का अनोखे तरीके का हुआ खुलासा हुआ | दुबई से आने वाले यात्री ने 116.590 ग्राम सोना मुंह के अंदर आपनी तालू के नीचे छुपाकर रखा था | इसकी कीमत 5,79,452 आंकी गई | सीमा शुल्क अधिनियम 1962 के प्रावधान के तहत सोने को जब्त कर लिया गया |सोने की तस्करी के मामले में जयपुर अंतरराष्ट्रीय एयरपोर्ट पर पकड़ा गया आरोपी भारतीय मूल का है जो कि दुबई में शेख के यहां पर नौकरी करता हैं | भारत आने से पहले अपनी कमाई के रुपए से सोना खरीद कर लेकर आया था|

****

जयपुर का अंतरराष्ट्रीय एयरपोर्ट अब तस्करों की पहली पसंद बन गया है | पिछले कुछ समय से सोना तस्करों ने तस्करी के पुराने मॉडल छोड़ तरीका तरीका अपना लिया है |

मार्च 2022 -जयपुर का अंतरराष्ट्रीय एयरपोर्ट अब तस्करों की पहली पसंद बन गया है. पिछले कुछ समय से तस्करों के खिलाफ कस्टम विभाग और डीआरआई (Directorate of Revenue Intelligence) कार्रवाई कर रही है | अब लगता है तस्करों ने सोना तस्करी के तरीके में बदलाव किया है | तस्कर बिस्किट और ईंट के बजाए पेस्ट की शक्ल में प्राइवेट पार्ट में छुपाकर विदेश से सोना ला रहे हैं |

अधिकतर सोना तस्कर दुबई से जयपुर हवाई जाहज के जरिए भारी मात्रा में सोना ला रहे हैं | एयरपोर्ट पर पकड़े गए सोना तस्करों की तस्करी का नया तरीका देख खुद कस्टम विभाग और डीआरआई अधिकारी भी दंग हैं | पिछले वर्ष जयपुर एयरपोर्ट पर सोना तस्करी के 26 प्रकरण सामने आए | छापेमारी के दौरान करोड़ों रुपए की कीमत का सोना भी जब्त किया गया | इस साल भी सोना तस्करी के मामले लगातार सामने आ रहे हैं | सोना तस्करी का एक से बढ़कर एक मामला सामने आया | पहले अंडर गारमेंट, अटैची, इलेक्ट्रॉनिक उपकरणों में सोना छुपाकर लाया जा रहा था | अब शरीर के अलग-अलग पार्ट में सोना छिपाकर लाया जा रहा है | सोना तस्करी के कुछ प्रकरण इस प्रकार हैं | मार्च 2022 तक एयरपोर्ट पर सोना तस्करी के 11 प्रकरण पकड़ में आए, जिनमें करीब 5.500 ग्राम सोना बरामद किया गया |

केस 1: ऑपरेशन कर निकाला गया 1 किलो सोना

पिछले माह एयरपोर्ट पर तीन यात्रियों को पकड़ा गया | एक मुंह में सोना गटके हुए था और दो यात्री प्राइवेट पार्ट में सोना छिपा कर ला रहे थे | संदेह होने पर तीनों यात्रियों के शरीर में जांच से सोना होने की बात सामने आई | मुंह में सोना निगलने वाले यात्री का ऑपरेशन कर और दोनों यात्रियों के प्राइवेट पार्ट से कुल एक किलो सोना निकाला गया |

केस 2: यात्री के शरीर से आधा किलो सोना जब्त

इस वर्ष जनवरी में एक यात्री आधा किलो सोना शरीर में छिपाकर ले आया | संदेह में एयरपोर्ट पर काफी देर तक रोका गया | चार कैप्सूल पेट में रहने पर यात्री को तकलीफ होने लगी | तब उसने कस्टम अधिकारियों को शरीर में सोना छिपे होने की जानकारी दी | यात्री के पेट से पेस्ट की शक्ल में बने 25 लाख रुपए का सोना के दो कैप्सूल निकाले गए |

केस 3: सोने के दो बटन जीभ के नीचे रख लाया

इस वर्ष फरवरी में एक यात्री 5.79 लाख रुपए कीमत सोने के दो बटन जीभ के नीचे रखकर ले आया | एयरपोर्ट पर यात्री के मुंह से 117 ग्राम के दोनों बटन बरामद किए गए|

केस 4: पेस्ट की शक्ल में बने सोने के 58 कैप्सूल

एयरपोर्ट पर हाल ही में एक यात्री को पकड़ा गया | यात्री पेट में पेस्ट की शक्ल में बने सोने के 58 कैप्सूल ले आया | अस्पताल में उपचार के दौरान सोने को जब्त कर यात्री की रिमांड अवधि पूरी होने पर जेल भेजा गया |

केस 5: जूते में 19.45 लाख का सोना हुआ जब्त

इस वर्ष एक यात्री ने एयरपोर्ट से बाहर आते ही जूते खोल कर रख दिए और बैग से दूसरे जूते निकालकर पहन लिए | संदेह होने पर फस्टम अधिकारियों ने जूतों की पड़ताल की तो पेस्ट की शक्ल में सोना मिला | एयरपोर्ट के बाहर आकर जूते बदले तो 19.45 लाख का सोना पकड़ाया | सूत्रों के मुताबिक, एयरपोर्ट से सोना लाने वाले तस्कर अधिक सक्रिय हैं और सख्त जांच होने पर पकड़े भी जा रहे हैं | सोना तस्करी करने वाले गिरोह इन दिनों कूरियर सेवा, बस और रेलवे के जरिये सोने की सप्लाई इधर से उधर करते हैं |

कोरोना संकट के दौर में स्मगलर्स भी हो गए हैं क्रिएटिव, जानिए कैसे-कैसे तरीके अपना रहे हैं

सोने के मामले में दुनिया के दूसरे सबसे बड़े उपभोक्ता भारत में सोने के आयात (Gold Import) पर भारी टैक्स की वजह से सोने की तस्करी बढ़ी है। कस्टम और डीआरआई अधिकारियों के अनुसार मध्य पूर्व के देशों से सोने की तस्करी के मामले ज़्यादा आते हैं क्योंकि मध्य पूर्व के देशों और भारत में सोने की कीमतों में काफी अंतर है, जिससे तस्करों को सीधा मुनाफा होता है।

फेस मास्क में सोने की स्मगलिंग

विदेश से इन चीजों की तस्करी करने वाले धोखेबाज अब फेस मास्क, इमरजेंसी लाइट, टीवी और पास्ता बनाने वाली मशीन में छुपाकर सोने की तस्करी कर रहे हैं।पिछले कुछ समय में कई ऐसे तस्कर भी पकड़े गए हैं जो सोने को पिघलाकर उसका नॉब एरोप्लेन के वाटर हीटर कैप में लगाकर विदेश से भारत तक ला रहे हैं। सोने की तस्करी करने वाले लोग अपने शरीर के उन अंगों में भी सोना छुपा कर ला रहे हैं जहां कोई शक नहीं कर सकता।

इसके साथ ही स्मगलिंग के लिए टी-शर्ट की बुनाई करते हुए ही उसमें धागे की तरह सोने को स्मगल किया जा रहा है। इसके साथ ही अगर पिछले 19 और 27 अप्रैल 2021 की बात करें तो एक महिला और एक पुरुष को सोने की तस्करी करते हुए पकड़ा गया था। इन दोनों मामलों में सोने की वैल्यू 25 लाख से अधिक आंकी गई थी। जानकारों का कहना है कि विदेश में बड़े पैमाने पर छंटनी की वजह से कोरोना संकट में गोल्ड की स्मगलिंग बढ़ी है। भारत के जिन लोगों की नौकरी चली गई है वह विदेश से वापस लौटते समय अपनी कुछ दिनों की आमदनी सुनिश्चित करने के हिसाब से गोल्ड की स्मगलिंग कर रहे हैं।

ड्रग्स की बढ़ी तस्करी

कोरोना संकट में ड्रग्स की तस्करी भी बढ़ी है। 15 अप्रैल 2021 के बाद से दिल्ली एयरपोर्ट पर हेरोइन की पांच बड़ी खेप पकड़ी जा चुकी है। इसकी कुल वैल्यू ₹160 करोड़ के करीब है एक अकेले मामले में ₹98 करोड़ की हेरोइन की तस्करी पकड़ी गई है। कस्टम अधिकारियों ने जनवरी में एक अफगान नागरिक को रोककर तलाशी ली तो उसके पेट में प्लास्टिक की 89 टेबलेट में ड्रग्स मिला। इन कैप्सूल से लगभग 635 ग्राम हेरोइन निकला था। इसकी कीमत 4.50 करोड़ थी।

फ्लाइट की संख्या घटी

1 अप्रैल से 19 मई के बीच 22 मामलों में 23 किलो सोने की तस्करी पकड़ी गई इसकी वैल्यू करीब ₹10 करोड़ रुपये है। चेन्नई एयरपोर्ट के एक अधिकारी ने यह जानकारी दी है। दिलचस्प है कि जैसे एयरपोर्ट पर रोजाना सिर्फ तीन से छह इंटरनेशनल फ्लाइट आती हैं। अप्रैल की शुरुआत में इस तरह के फ्लाइट की संख्या 10 से 13 थी। ऐसा समझा जा रहा है कि फ्लाइट की संख्या घटने के बाद भी सोने की तस्करी के मामले बढ़ने के पीछे भारत में सोने की बढ़ती कीमत और दुनिया भर में आर्थिक संकट है।

टॉयलेट के डिस्क में गोल्ड

इस बारे में कस्टम के एक अधिकारी ने कहा, "हम अभी देख रहे हैं कि सोने की तस्करी करने वाले लोग फेस मास्क, एलईडी टेलीविजन और इमरजेंसी लाइट का प्रयोग कर रहे हैं। इसके साथ ही अब टैंग जैसे

इंस्टैंट ड्रिंक के कंटेनर और पोस्टल पार्सल में भी सोना लाया जा रहा है। एक एरोप्लेन के वाटर हीटर के कैप पर गोल्ड डिस्क फिट किया गया था।" यह गोल्ड डिस्क फ्लाइट के टॉयलेट में ही छोड़ दिया जाता है और जब यह फ्लाइट किसी डोमेस्टिक रूट पर उड़ान भरती है तो इसमें कोई दूसरा पैसेंजर इस डिस्क को निकाल कर ले जाता है, उसे पहले से इस बात की खबर होती है।

जयपुर अंतरराष्ट्रीय एयरपोर्ट पर सीमा शुल्क अधिकारियों ने मस्कट से सलाम एयर की उड़ान संख्या ओ.वी.767 के एक यात्री को रोका | पूछताछ करने पर उस पर शक हुआ | यात्री पूछताछ में सहयोग नहीं कर रहा था | इसी बीच मशीन में चेक करने पर लोहे की प्रेस में कुछ मेटल सा दिखाई दिया |

आयरन प्रेस की प्लेट सोने से बनी मिली

यात्री से पूछताछ की गई तो उसने ऐसी किसी भी वस्तु को रखने और ले जाने से इंकार किया | चेकिंग में बैग खोला गया और यात्री के चेक इन बैगेज में एक आयरन प्रेस मिली जिसे खोलने पर देखा गया तो उसकी प्लेट सोने की बनी हुई थी | जांच करने पर पता चला कि वह शुद्ध सोना है जिसका वजन 2331.800 ग्राम था जिसकी कीमत 1,22,41,950 रुपये हैं |

16

30 किलो सोने की तस्करी

क्या है गोल्ड स्मगलिंग केस

केरल में सोना तस्करी का मामला जुलाई 2020 में सामने आया था। डिप्लोमेटिक बैगेज की आड़ में सोने की तस्करी का मामला स्वप्ना सुरेश से शुरू हुआ और फिर इसके तार मुख्यमंत्री पिनराई विजयन के दफ्तर तक पहुँच गए। स्वप्ना सुरेश पर आरोप था कि उन्होंने फर्जी डाक्यूमेंट्स पेश कर 2 जुलाई 2020 को 'डिप्लोमेटिक इम्युनिटी' का प्रयोग कर खाड़ी देशों से 30 किलो सोने की तस्करी की। इसका खुलासा 6 जुलाई 2020 को तब हुआ, जब कस्टम के अधिकारियों ने यूएई कॉन्सुलेट के एक अधिकारी से पूछताछ की, जो PRO के पद पर तैनात था।

स्वप्ना सुरेश को सनसनीखेज सोने की तस्करी मामले में गिरफ्तारी के 16 महीने बाद जेल से रिहा किया गया था। यहां संयुक्त अरब अमीरात (यूएई) वाणिज्य दूतावास की एक पूर्व कर्मचारी सुरेश को 11 जुलाई, 2020 को बेंगलुरु से एक अन्य आरोपी संदीप नायर के साथ एनआईए ने हिरासत में लिया था। इससे पहले 5 जुलाई, 2020 को तिरुवनंतपुरम हवाई अड्डे पर यूएई वाणिज्य दूतावास के राजनयिक सामान से 15 करोड़ रुपये मूल्य के सोने की जब्ती के साथ एक रैकेट

का भंडाफोड़ किया गया था। एनआईए, प्रवर्तन निदेशालय (ईडी) और सीमा शुल्क ने इसकी अलग-अलग जांच की।

5 जुलाई 2020 - केरल की राजनीति में भूचाल लाने वाला गोल्ड स्मगलिंग केस एक बार सुर्खियों में आ गया । मामले में मुख्य आरोपी स्वप्ना सुरेश के सनसनीखेज आरोपों के बाद विपक्ष एलडीएफ सरकार के खिलाफ हमलावर हो गया । कांग्रेस ने कहा कि सीएम ऑफिस में देश विरोध काम हुए हैं। कांग्रेस ने सीएम पिनराई विजयन के इस्तीफे की मांग की। गौरतलब है कि स्वप्ना सुरेश ने विजयन पर गंभीर आरोप लगाते हुए दावा किया था कि उन्होंने दुबई में सीएम को नोटों से भरा बैग दिया था।

कांग्रेस नेता रमेश चेन्नीथला ने कहा, स्वप्ना सुरेश ने चौंकाने वाले खुलासे किए हैं। केरल के सीएम पर आरोप लगा है और उनके अधिकारी गोल्ड स्मगलिंग केस में शामिल हैं। वे इसे राजनीतिक साजिश बताकर इनकार नहीं कर सकते। रमेश ने आगे कहा, 'सीएम ऑफिस से देश विरोधी काम हुए हैं। हम उनके इस्तीफे की मांग करते हैं। कोर्ट के तहत मामले की जांच होनी चाहिए। हम केंद्रीय एजेंसियों पर यकीन नहीं कर सकते।'

कांग्रेस नेता ने आगे कहा, 'उनके पास एक नापाक मंशा है। बीजेपी और सीपीएम की आपस में मिलीभगत है। ये लोग कांग्रेस को कमजोर करना चाहते हैं।' आरोपों पर कड़ी प्रतिक्रिया जताते हुए मुख्यमंत्री विजयन और सत्ताधारी एलडीएफ ने आरोपों को निराधार करार देते हुए खारिज कर दिया। स्वप्ना सुरेश के आरोपों को सीपीएम ने अपने खिलाफ राजनीतिक साजिश करार दिया है। सीपीएम ने स्वप्ना के आरोपों के पीछे की कथित साजिश की जांच की मांग की।

कौन है स्वप्ना सुरेश ?

संयुक्त अरब अमीरात के अबू धाबी में स्वप्ना सुरेश का जन्म हुआ। वहीं पढ़ाई-लिखाई के बाद एयरपोर्ट में उसे नौकरी मिल गई थी। शादी हुई मगर जल्द ही तलाक हो गया तो वह बेटी के साथ तिरुवनंतपुरम रहने चली आई।एक ट्रेवल एजेंसी में काम करने के दौरान

2013 में उसे एयर इंडिया सैट्स में नौकरी मिली। 2016 में जब धोखाधड़ी के एक केस में क्राइम ब्रांच ने उसकी जांच शुरू की तो स्वप्ना फिर अबू धाबी चली गई। अब यहां पर UAE कांसुलेट में वह कांसुलेट जनरल की सेक्रेटरी बन गई।

जब स्वप्ना एयर इंडिया सैट्स में ट्रेनर थी तो उसपर एक ऑफीसर को फंसाने का आरोप लगा था। स्वप्ना ने माना था कि उसने झूठे आरोप लगाए और एक महिला को फर्जी नाम के साथ इंक्वायरी कमिटी के आगे पेश किया।

UAE कांसुलेट में नौकरी स्वप्ना की जिंदगी का टर्निंग पॉइंट साबित हुई। यहां उसने बड़े-बड़े लोगों से अपनी पहचान बढ़ानी शुरू की। बड़े होटल्स में होने वाली पार्टियों में वह अक्सर शिरकत करती थी। अरबी समेत कई भाषाएं जानने वाली स्वप्ना केरल आने वाले अरब नेताओं की टीम में होती थी।

जब एक्ट्रेस शामना खान एक्सटॉर्शन केस में पुलिस ने पूछताछ की तो किसी महिला का नाम आया। 'डील वुमन' के नाम से मशहूर इस महिला के बारे में जानकारी मिली तो कस्टम वालों ने 13.5 करोड़ रुपये का सोना डिप्लोमेटिक बैगेज से बरामद किया।पुलिस को पता चला कि गोल्ड स्मगल करने वाला गैंग मॉडल्स और एक्ट्रेसेज के जरिए सोने की तस्करी कर रहा है। जब और पूछताछ की गई तो पता चला कि स्वप्ना सुरेश ही दरअसल 'डील वुमन' है। जो इस गैंग को सीरियस केसेज से बाहर निकालती थी।

केरल सरकार के इलेक्ट्रॉनिक्स एंड इंफॉर्मेशन टेक्नोलॉजी सेक्रेटरी एम शिवशंकर का नाम इस पूरे मामले में आया। उन्होंने ही स्वप्ना को IT डिपार्टमेंट के तहत नौकरी दिलाई थी। वह स्वप्ना के आवास पर अक्सर आते-जाते रहे हैं।

जनता का सामना करने से डर रही सीपीएमः केंद्रीय मंत्री

विदेश राज्य मंत्री और बीजेपी नेता वी मुरलीधरन ने भी सत्तारूढ़ सरकार पर हमला बोला। मंत्री ने कहा, 'सीपीएम का यह कहना कि केरल के सीएम पर सोने की तस्करी मामले में आरोप राजनीति से प्रेरित है, असली मुद्दे से दूर भागना है। सीपीएम जनता का सामना करने से

डरती है।'

स्वप्ना ने कोच्चि में एक मैजिस्ट्रेट कोर्ट के सामने पेश होने के बाद कहा कि उन्होंने सीआरपीसी की धारा 164 के तहत एक बयान दिया है। इसमें उन्होंने तस्करी मामले में मुख्यमंत्री, उनके परिवार के सदस्यों और शीर्ष नौकरशाहों की कथित भूमिका का खुलासा किया है।

स्वप्ना सुरेश ने क्या कहा?

स्वप्ना ने एर्नाकुलम जिला अदालत में संवाददाताओं से कहा कि विजयन, उनकी पत्नी कमला, बेटी वीना, शिवशंकर, पूर्व निजी सचिव सीएम रवींद्रन, पूर्व मंत्री के टी जलील और पूर्व आईएएस अधिकारी नलिनी नेट्टो की राजनयिक चैनल के माध्यम से सोने की तस्करी में संलिप्तता थी।

स्वप्ना ने कहा, '2016 में मुख्यमंत्री दुबई गए थे। तभी शिवशंकर ने मुझसे पहली बार संपर्क किया। शुरुआत में यह एयरपोर्ट, प्रोटोकॉल और व्यवस्था को लेकर था। बाद में उन्होंने फोन किया और कहा कि सीएम अपने साथ एक बैग ले जाना भूल गए हैं और बैग को तुरंत दुबई ले जाना है। तब संयुक्त अरब अमीरात के वाणिज्य दूतावास से एक राजनयिक को बैग ले जाने वाले महावाणिज्य दूत के निर्देश पर दुबई भेजा गया था। जब वाणिज्य दूतावास में स्कैनिंग (एक्सरे) मशीन में बैग की जांच की गई, तो हम समझ गए कि बैग में मुद्रा है। इसके अलावा, शिवशंकर के निर्देशों के अनुसार कई बार भारी वजन वाले बिरयानी के बड़े डिब्बों में गोल्ड वाणिज्य दूतावास वाहनों में क्लिफ हाउस जवाहर नगर में सीएम के आवास में भेजा गया।'

केरल में सोना तस्करी मामले में मुख्य आरोपी स्वप्ना सुरेश के खुलासे से राजनीति गरमा गई है। केरल की कैंटोमेंट पुलिस ने स्वप्ना सुरेश के खिलाफ एफआईआर दर्ज की है। स्वप्ना के खिलाफ सीपीआई(एम) नेता और पूर्व मंत्री केटी जलील ने शिकायत की थी। स्वप्ना के खिलाफ आईपीसी की धारा 153 और 120 के तहत केस दर्ज हुआ था।केरल के पूर्व मंत्री और सीपीआईएम नेता केटी जलील ने

बुधवार को सोना तस्करी मामले में खुद को घसीटे जाने के खिलाफ पुलिस में शिकायत दर्ज कराई। जलील का आरोप है कि पूर्व विधायक पीसी जॉर्ज, स्वप्ना और बीजेपी उनके खिलाफ साजिश रच रहे हैं।केटी जलील ने कहा था, 'मेरे खिलाफ आरोप तर्करहित है। यह बीजेपी औप यूडीएफ की साजिश है। ये लोग वर्तमान सरकार की छवि बिगाड़ना चाहते हैं। इस साजिश की जांच होनी चाहिए।'

सोना तस्करी मामले में स्वप्ना सुरेश ने मुख्यमंत्री पिनराई विजयन, उनकी पत्नी और बेटी समेत अन्य लोगों के संलिप्त होने का दावा किया था। स्वप्ना ने दावा किया था कि साल 2016 में जब विजयन दुबई में थे तो उन्हे नकदी से भरा एक बैग दिया गया था।

के टी जलील पर स्वप्ना सुरेश के आरोप
के टी जलील मुख्यमंत्री और उनके परिवार के अलावा उन अन्य हाई प्रोफाइल व्यक्तियों में शामिल हैं जिनके खिलाफ सुरेश ने गंभीर आरोप लगाए थे। स्वप्ना ने कहा था, 'मैं कोर्ट में एम.शिवशंकर (केरल सीएमओ के तत्कालीन प्रिंसिपल सचिव), मुख्यमंत्री, मुख्यमंत्री की पत्नी कमला, मुख्यमंत्री की बेटी वीणा, उनके सचिव सीएम रवींद्रन, तत्कालीन मुख्य सचिव आईएएस अधिकारी नलिनी नेट्टो और तत्कालीन मंत्री केटी जलील की इस मामले में संलिप्तता के बारे में घोषणा कर चुकी हूं।'

के टी जलील ने पुलिस से स्वप्ना सुरेश के सीएम विजयन और उनके परिवार के खिलाफ लगाए गए नए आरोपों के पीछे की कथित साजिश की जांच की मांग की। मुख्यमंत्री विजयन और सत्ताधारी एलडीएफ ने आरोपों को निराधार करार देते हुए इन्हें खारिज किया।
मीडिया के सामने रो पड़ीं केरल गोल्ड स्मगलिंग केस की मुख्य आरोपी स्वप्ना सुरेश, बोलीं- 'मुझे मारकर कहानी खत्म करो' मीडिया के सामने भावुक होकर स्वप्ना सुरेश ने कहा, 'मैं ठीक नहीं हूं. मुझे भी जीने का मौका दो | बिना किसी वजह के मुझे पर आतंकवादियों की तरह निशाना साधा जा रहा है | और कितने आरोप मुझ पर लगाओगे? मेरे

पास इतने पैसे नहीं है कि मैं एक-एक करके वकील बदलती रहूं | मैं आज भी अपने बयान पर कायम हूँ | यह आंसू किसी कायर के नहीं हैं, बल्कि उस महिला के हैं जो बहुत कुछ झेल रही है | मेरे आस-पास के लोगों को चोट न पहुंचाएं | मुझे चोट पहुंचाएं, कृपया मुझे मार दें ताकि कहानी खत्म हो जाए |' केरल के मुख्यमंत्री पिनराई विजयन, उनकी पत्नी और बेटी पर कैश लेने का आरोप लगाने के बाद स्वप्ना सुरेश की मुसीबतें और बढ़ गई हैं | उन पर चौतरफा हमले हो रहे हैं, एक के बाद एक आरोप लगाए जा रहे हैं | केरल हाईकोर्ट ने उनकी अग्रिम जमानत याचिका भी खारिज कर दिया|

कौन हैं स्वप्ना सुरेश, कैसे है इतने हाई प्रोफाइल लोगों से उनका संपर्क?

स्वप्ना ने शादी भी की, लेकिन जल्द ही तलाक हो गया | वह बेटी के साथ केरल के तिरुवनंतपुरम रहने चली आईं | भारत आने के बाद स्वप्ना सुरेश ने 2 साल तक तिरुवनंतपुरम में एक ट्रैवल एजेंसी में काम किया | 2013 में स्वप्ना की एयर इंडिया एसएटीएस में एचआर एक्जीक्यूटिव के तौर पर नौकरी लग गई | जब स्वप्ना एयर इंडिया एसएटीएस में ट्रेनर थीं तो उन पर एक ऑफिसर को झूठे केस में फंसाने का आरोप लगा था | स्वप्ना पर फर्जी नाम से उस अधिकारी के खिलाफ 17 शिकायतें और जांच समिति के सामने झूठे सबूत पेश करने का आरोप लगा | वर्ष 2016 में जब धोखाधड़ी के इस केस में क्राइम ब्रांच ने जांच शुरू की तो स्वप्ना वापस अबू धाबी चली गईं और वहां यूएई महावाणिज्य दूतावास में महावाणिज्य दूत की सचिव बन गईं |

स्वप्ना सुरेश ने 2019 में यह नौकरी छोड़ दी थी | हालांकि, पुलिस का कहना है कि उन्हें नौकरी से निकाला गया था | आरोप हैं कि यूएई महावाणिज्य दूतावास जब तिरुवनंतपुरम में शुरू हुआ तो स्वप्ना ने यहां बड़े-बड़े लोगों से अपनी पहचान बढ़ानी शुरू किया | बड़े होटलों में होने वाली पार्टियों में वह अक्सर शामिल होती थीं | अरबी समेत कई भाषाएं जानने वाली स्वप्ना बाद में केरल आने वाले अरब नेताओं की टीम में भी शामिल होने लगीं | अपने प्रभाव के जरिए स्वप्ना ने इस दौरान सामाजिक, नौकरशाही और राजनीतिक लोगों से भी संपर्क स्थापित

किए | कई बार वे खुद को एक राजनयिक भी बतातीं |

केरल में एक अभिनेत्री से जबरन वसूली केस में जब पुलिस ने पूछताछ की तो किसी महिला का नाम सामने आया | 'डील वुमन' के नाम से मशहूर इस महिला के बारे में जानकारी मिली तो कस्टम अधिकारियों ने 13 करोड़ रुपये का सोना डिप्लोमेटिक बैगेज से बरामद किया | पुलिस को पता चला कि सोना तस्करी करने वाला गैंग मॉडल्स और अभिनेत्रियों के जरिए सोने की तस्करी कर रहा है | पुलिस का कहना है कि जांच में पता चला कि स्वप्ना सुरेश ही 'डील वुमन' हैं | वह इस गैंग के सदस्यों के गंभीर मामलों में फंसने पर, केरल में अपने राजनीतिक संपर्कों की मदद से उन्हें बचाने का काम करती थीं.

सोने की तस्करी मामले में मुख्य आरोपी स्वप्ना सुरेश ने केरल उच्च न्यायालय का रुख किया. सुरेश ने अपनी याचिका में आरोप लगाया कि उसे गलत तरीके से इस मामले में फंसाया गया है. इस याचिका में मुख्यमंत्री पिनाराई विजयन समेत अन्य अधिकारियों और पूर्व मंत्रियों के खिलाफ गंभीर आरोप लगाए गए हैं.

राजनयिक सामान के जरिये सोने की तस्करी मामले में मुख्य आरोपी स्वप्ना सुरेश ने उसके हालिया खुलासों के कारण केरल में दंगा भड़काने से जुड़ी कथित साजिश को लेकर उसके खिलाफ दर्ज प्राथमिकी को रद्द करने के अनुरोध के साथ केरल उच्च न्यायालय का रुख किया|

सुरेश ने अपनी याचिका में आरोप लगाया कि उसे गलत तरीके से इस मामले में फंसाया गया है | साथ ही आरोप लगाया कि अदालत के समक्ष पूर्व मंत्री के.टी. जलील से जुड़ी "अवैध गतिविधियों" की जानकारी साझा करने के चलते पूर्व मंत्री ने उसके खिलाफ शिकायत दर्ज कराई|

सुरेश ने अपनी याचिका में केरल के मुख्यमंत्री पिनराई विजयन उनके परिवार के दो सदस्यों, पूर्व मंत्री के.टी. जलील, पूर्व विधानसभा अध्यक्ष पी. श्रीरामकृष्णन, मुख्यमंत्री के पूर्व प्रधान सचिव एम. शिवशंकर और कुछ शीर्ष नौकरशाहों की "सोने की तस्करी सहित संयुक्त अरब अमीरात के वाणिज्य दूतावास में राष्ट्र-विरोधी गतिविधियों में संलिप्तता का भी आरोप लगाया."

याचिका में आरोप लगाया गया कि यूएई के महावाणिज्य दूत के साथ मिलकर ''इन लोगों ने बड़ी ही चतुराई से उसका इस्तेमाल किया.'' जलील ने हाल ही में पुलिस को शिकायत दी थी, जिसके बाद स्वप्ना सुरेश के खिलाफ भारतीय दंड संहिता की धारा 153 (दंगा भड़काने के लिए इरादे से उकसाना) और धारा 120बी (आपराधिक साजिश) के तहत प्राथमिकी दर्ज की गई थी.

इस मामले को लेकर केरल के सभी जिलों में कांग्रेस ने सीएम पिनराई विजयन की इस्तीफे की मांग करते हुए प्रदर्शन किए | दरअसल, सोने की तस्करी के मामले की मुख्य आरोपित स्वप्ना सुरेश ने पुलिस की पूछताछ में खुलासा किया कि उसने अपराध में सीएम पिनराई विजयन, उनकी पत्नी और बेटी की संलिप्तता के बारे में अदालत में गवाही दी थी |कांग्रेस और युवा कांग्रेस के कार्यकर्ताओं ने सीएम पिनराई विजयन और एलडीएफ सरकार के खिलाफ नारेबाजी करते हुए राज्य भर के कलेक्ट्रेट और जिला मुख्यालयों तक मार्च निकाला| पुलिस ने प्रदर्शनकारी कार्यकर्ताओं पर लाठीचार्ज किया और उन्हें तिरुवनंतपुरम, कोझिकोड, मलप्पुरम, कन्नूर समेत विभिन्न जिलों में तितर-बितर करने के लिए पानी की बौछारों का इस्तेमाल किया |

यह पहली बार नहीं है जब स्वप्ना सुरेश ने सोने की तस्करी और मनी लॉन्ड्रिंग से जुड़े किसी मामले में सीधे केरल सीएम और उनके परिवार पर आरोप लगाए हैं। इससे पहले कोर्ट में सुनवाई के दौरान भी उन्होंने विजयन का नाम लिया था।

****

केरल सोना तस्करी मामले की मुख्य आरोपित स्वप्ना सुरेश को 6 जुलाई, 2022 को नौकरी से निकाल दिया गया। वह पलक्कड़ में हाईरेंज रूरल डेवलपमेंट सोसाइटी (HRDS) एनजीओ के साथ काम कर रही थीं। एनजीओ ने स्वप्ना सुरेश को इस साल फरवरी में नियुक्त किया था। NGO ने राज्य सरकार पर आरोप लगाया है कि वह उनके साथ आतंकियों की तरह बर्ताव कर रही है। वहीं स्वप्ना सुरेश भी लगातार यह बात कहती रही हैं कि सीएम का नाम लेने के बाद से उन पर दबाव डाला जा रहा है।

एचआरडीएस सचिव अजीकृष्णन ने एक बयान में कहा कि मुख्यमंत्री पिनराई विजयन पर सोना तस्करी मामले में स्वप्ना सुरेश ने गंभीर आरोप लगाए थे। अब वे (NGO) राज्य सरकार से 'लड़ने' में असमर्थ हैं, इसलिए उन्होंने सुरेश को नौकरी से निकाल दिया है। बयान में आगे कहा गया है, "चार महीने पहले स्वप्ना सुरेश को नौकरी देने के कारण एचआरडीएस को राज्य सरकार द्वारा प्रताड़ित किया गया है।"

अजीकृष्णन ने कहा कि एचआरडीएस ने तय किया था कि सोने की तस्करी मामले के आरोपितों मुख्यमंत्री के पूर्व प्रधान सचिव एम शिवशंकर और स्वप्ना सुरेश में से एक को फिर से नौकरी पर रखा जाएगा। इसलिए स्वप्ना को नौकरी दिए जाने में कुछ भी गलत नहीं था।

बयान में यह भी कहा गया है, "हमें उम्मीद है कि जो राज्य सरकार स्वप्ना सुरेश की नियुक्ति के लिए एचआरडीएस के साथ आतंकियों जैसा बर्ताव कर रही है, वह एम शिवशंकर को बर्खास्त करके मिसाल कायम करेगी। इसके साथ ही सरकार खुद को इस आरोप से बचा सकती है कि वे शिवशंकर का बचाव नहीं कर रही है।"

उल्लेखनीय है कि 5 जुलाई, 2022 को स्वप्ना सुरेश ने कहा था, "मुझे गिरफ्तारी का कोई डर नहीं है। मैंने डरने के लिए कुछ भी नहीं किया। यह फर्जी केस है। यह शुरुआत में जमानती था, लेकिन बाद में इसे गैर जमानती बना दिया गया। मुझे इसका सामना करने दो।"

स्वप्ना सुरेश को 18 फरवरी, 2022 को संगठन ने सीएसआर महिला सशक्तिकरण विभाग की निदेशक के तौर पर नियुक्त किया था। अधिकारी ने कहा उनके नियुक्त होने के बाद से ही एनजीओ पर दबाव बनाया जाने लगा। उनके स्टाफ सदस्य भी काफी दबाव में आ गए हैं, क्योंकि पुलिस उनसे पूछताछ कर रही है। बयान में यह भी कहा गया है कि उनकी सैलरी (सुरेश) एचआरडीएस के फंड से दी गई थी। एचआरडीएस इंडिया के उपाध्यक्ष केजी वेणुगोपाल, जो आरएसएस से जुड़े रहे हैं, उन्होंने कहा था कि जब तक वह उनके संगठन की कर्मचारी हैं, तब तक हम उनकी रक्षा करेंगे।

गौरतलब है कि सोना तस्करी मामले की मुख्य आरोपित स्वप्ना सुरेश ने 7 जून 2022 को मुख्यमंत्री विजयन पर कई गंभीर आरोप

लगाए थे। कोच्चि की अदालत में पेशी के बाद उसने मीडिया से बात करते हुए कहा था कि विजयन डिप्लोमेटिक बैगेज की आड़ में सोने की तस्करी में शामिल थे। उसने कहा था, "इस मामले में मैंने अदालत से केरल के मुख्यमंत्री, उनके पूर्व प्रमुख सचिव एम. शिवशंकर, विजयन की पत्नी कमला, बेटी वीणा, उनके अतिरिक्त निजी सचिव सी.एम. रवींद्रन, पूर्व नौकरशाह नलिनी नेट्टो और पूर्व मंत्री के.टी. जलील की संलिप्तता के बारे में भी बताया है। साथ ही मैंने कोर्ट में अपनी सुरक्षा की माँग करते हुए याचिका भी दायर की है।"

17

26 साल बाद

यूपी का एक व्यक्ति झूठे रेप केस में 20 साल जेल में काटने के बाद रिहा हुआ

रिहा होने के बाद विष्णु तिवारी ने कहा, मेरा शरीर टूट गया है और मेरा परिवार भी, शादी भी नहीं हुई, जेल से बाहर आने से पहले जेल प्रशासन से 600 रुपये मिले, मेरे पास बस यही है

जनवरी 2021 में इलाहाबाद हाईकोर्ट द्वारा निर्दोष करार दिया गया एक व्यक्ति बलात्कार के मामले में 20 साल जेल में बिताकर बाहर आया | उत्तर प्रदेश में मध्यप्रदेश की सीमा से सटे ललितपुर जिले का यह व्यक्ति आगरा सेंट्रल जेल से निकलकर अपने गांव गया | विष्णु तिवारी नाम के 43 साल के इस व्यक्ति को 16 सितंबर सन 2000 में गिरफ्तार किया गया था | उस पर रेप और एट्रोसिटीज के तहत एससी/एसटी एक्ट में केस दर्ज किया गया था | साल 2003 में उसे ललितपुर की अदालत ने रेप के मामले में 10 साल और एससी/एसटी एक्ट में आजीवन कारावास की सजा दी | कोर्ट के आदेश के मुताबिक दोनों सजाएं साथ-साथ चलनी थीं | तिवारी पर आरोप था कि उसने गांव की एक महिला का उस समय बलात्कार किया जब वह घर से खेत में काम करने के लिए जा रही थी |

आगरा सेंट्रल जेल के विजुअल्स में तिवारी जेल के गेट से बाहर आते हुए दिखाई दे रहे हैं | उनकी रिहाई का आदेश उनके हाथ में है | उन्हें लेने के लिए कोई भी नहीं आया लेकिन उन्होंने मीडिया से कहा कि वे

ओवरनाइट बस से ललितपुर के अपने गांव पहुंचना चाहते हैं | तिवारी ने एक इंटरव्यू में एनडीटीवी को बताया कि "मैं 20 साल से जेल में हूं, मुझे आगे क्या देखना चाहिए? मेरा शरीर टूट गया है और मेरा परिवार भी | मेरा केवल एक छोटा भाई है | मेरी शादी भी नहीं हुई है | मेरे हाथों को देखो, जेल की रसोई में काम करने से फफोले पड़ गए हैं | आज जेल से बाहर आने से पहले मुझे जेल प्रशासन से 600 रुपये मिले | मेरे पास बस यही है |

जनवरी 2021 में तिवारी को बरी करते हुए, इलाहाबाद हाईकोर्ट ने कहा - "चिकित्सीय साक्ष्यों में जबरन संभोग के कुछ लक्षण दिखाई देने चाहिए, भले ही हम अभियोजन पक्ष के उस वर्जन के अनुसार चले जाएं जिसके अनुसार अभियुक्त ने उसे जमीन पर पटक दिया | ऐसे में पूरी तरह शारीरिक रूप से विकसित महिला को कुछ चोटें लगी होंगी | हमने पाया कि चिकित्सा साक्ष्य में डॉक्टर को कोई स्पर्म नहीं मिला था | डॉक्टर ने स्पष्ट रूप से कहा कि जबरन संभोग का कोई संकेत नहीं मिला | यह भी पाया गया कि महिला को कोई अंदरूनी चोट नहीं थी | तथ्यों और सभी तीन गवाहों से जिरह में भी कई विरोधाभास सामने आए हैं |"

विष्णु तिवारी को बरी करने का आदेश देते हुए अदालत ने कहा कि रिकॉर्ड में आए तथ्यों और सबूतों के मद्देनजर हम आश्वस्त हैं कि आरोपी को गलत तरीके से दोषी ठहराया गया है | इसलिए लगाए गए फैसले और आदेश को उलट दिया जाता है और आरोपी को बरी किया जाता है | " अदालत ने इस बात पर भी कड़ा रुख अख्तियार किया कि इतनी लंबी अवधि की अपील के लिए आदमी जेल में कैसे था? ये है हमारे देश की न्याय व्यवस्था !

18

किडनी रैकेट

अगस्त 2021 - कोलकाता में किडनी तस्कर गिरोह का भंडाफोड़ हुआ है | अखबार में विज्ञापन देकर किडनी खरीदने के नाम पर ठगी करने का आरोप लगा है | कोलकाता में किडनी तस्करी के पीड़ित अरूप डे ने इस बाबत लालबाजार पुलिस मुख्यालय में शिकायत दर्ज की है कि उससे किडनी ले लिए गए, लेकिन पैसे नहीं दिए गए |

किडनी तस्करी का कोलकाता में यह नया मामला नहीं है | लगभग दो साल पहले उत्तराखंड और हावड़ा सिटी पुलिस ने संयुक्त अभियान चलाकर हावड़ा से अंतरराज्यीय किडनी तस्करी गिरोह की एक सक्रिय महिला सदस्य को गिरफ्तार किया था | वह तस्करी के लिए कोलकाता और उत्तराखंड प्राय: आना-जाना किया करती थी | जगाछा स्थित जीआइपी कालोनी में वह स्वास्थ्य केंद्र के आड़ में किडनी तस्करी का धंधा चला रही थी |

अरूप के बयान के मुताबिक, 2000-2001 में उन्होंने आर्थिक तंगी के लिए अखबार में विज्ञापन देखकर किडनी डोनेट की थी, लेकिन नीतीश गुप्ता ने तीन लाख रुपये देने के लिए कहने के बावजूद उन्हें कोई पैसा नहीं दिया |पुलिस ने संयुक्त अभियान चलाकर हावड़ा से अंतरराज्यीय किडनी तस्करी गिरोह की एक सक्रिय महिला सदस्य को गिरफ्तार

किया था |

किडनी बिक्री के लिए अखबार में छपा था विज्ञापन

अब इस नये मामले में आरोपी बताया अखबार में छपे विज्ञापन से उसे पता चला था कि किडनी बेचने पर उन्हें 3 लाख रुपये मिलेंगे | अरूप डे ने पैसों की जरूरत की वजह से किडनी बेचने के लिए तैयार हो गए | उनकी किडनी ऑपरेशन कर निकाल ली गई , लेकिन कोई पैसा नहीं दिया गया | जिस नंबर से उसे कॉल की गई थी, वह भी तब से बंद है | अरूप ने बताया कि उसने अखबार में छपे विज्ञापन और नंबर देखकर फोन किया था | किडनी व्यापार के नाम पर इसी तरह से धोखाधड़ी हो रही है | उन्होंने लालबाजार में नीतीश गुप्ता और रणबीर रजक के नाम से शिकायत दर्ज कराई है | कोलकाता पुलिस ने शुरू की है जांच

****

महाराष्ट्र के अकोला में पुलिस ने एक अंतरराष्ट्रीय किडनी रैकेट का भंडाफोड़ किया है और इस सिलसिले में एक साहूकार की गिरफ्तारी ने पूरे मामले को ज़्यादा गंभीर और सनसनीखेज़ बना दिया है। बताया गया है कि अकोला के इस साहूकार ने एक मज़दूर को 20 हज़ार रुपये बतौर कर्ज दिए और जब वह रकम चुकाने में नाकाम रहा तो उसे किडनी बेचने का रास्ता दिखा दिया। साहूकार ने एक एजेंट के साथ मिलकर इस कारनामे को अंज़ाम दिया था और अब उसका दिखाया यह रास्ता पड़ोसी मुल्क श्रीलंका तक पहुंच चुका है।

पुलिस उन सब लोगों से पूछताछ कर रही है जो एजेंट और साहूकार के संपर्क में थे। मामले में उन अस्पतालों की भी जांच की जाएगी, जिन्होंने पीड़ित के शुरुआती परीक्षण किए थे। पुलिस को शक है कि रैकेट के तार पूरे विदर्भ में फैले हो सकते हैं। हज़ारों किसानों की खुदकुशी के केंद्र विदर्भ में गिरोह के फलने-फूलने की तमाम वजहें मौजूद हैं।

जानकारों का कहना है कि लगातार खराब होती फसलों की वजह से कर्ज में डूबे किसानों और मज़दूरों को आसानी से निशाना बनाया जा सकता है। पुलिस ने अब तक इस केस में साहूकार आनंद जाधव और उसके एजेंट देवेंद्र को गिरफ्तार किया है। शुरुआती पूछताछ से पता चला है कि इन दोनों ने मिलकर दो और मज़दूरों को श्रीलंका भेजा था।

गिरफ्तार किए गए आठ भारतीयों में से छह के गुर्दे निकाले गए थे। मामला श्रीलंका में एक कथित अंग प्रतिरोपण गिरोह से जुड़ा है। उन्हें तीन मार्च को कथित रूप से वीजा की मियाद पूरी होने के बावजूद श्रीलंका में रुके होने के लिए दक्षिणी कोलंबो के वेल्लावट्टा वार्ड के पेनीक्वीक रोड से गिरफ्तार किया गया था।

कोलंबो क्राइम डिवीजन ने मजिस्ट्रेट अदालत से कहा कि गिरफ्तार किए गए आठ में से छह भारतीयों के गुर्दे गायब थे। मामला कथित अंग प्रतिरोपण गिरोह से जुड़ा है। पुलिस ने मामले की जांच के घेरे में गुर्दा प्रतिरोपण गिरोह को शामिल कर लिया है।

श्रीलंका के स्वास्थ्य मंत्रालय ने भारतीय पुलिस की शिकायतों के बाद स्थानीय डॉक्टरों के कामकाज की जांच शुरू कर दी है। भारतीय पुलिस ने 60 गुर्दा प्रत्यारोपणों के लिए छह श्रीलंकाई डॉक्टरों के खिलाफ मामले दर्ज किए हैं।

****

हरियाणा के इस अस्पताल में चल रहा था मानव अंगों की तस्करी का खेल! दिल्ली पुलिस को मिले कई सबूत

दिल्ली के रहने वाले एक शख्स ने पुलिस को शिकायत दी थी कि गोहाना में स्थित श्री रामचंद्रा हॉस्पिटल में किडनी ट्रांसप्लांट का गोरखधंधा चलता है| यहाँ किडनी बदलने के नाम पर लाखों रुपये लोगों से ऐंठे जाते हैं | इसी सूचना के आधार पर हॉस्पीटल में दिल्ली पुलिस ने छापेमारी की |

दिल्ली स्वास्थ्य विभाग नेमानव अंगों की तस्करी के मामले में गोहाना के एक निजी हॉस्पिटल में छापेमारी की | इस दौरान दिल्ली पुलिस भी वहां मौजूद रही | स्वास्थ्य विभाग की यह कार्रवाई पांच से छह घंटे चली | जानकरी के मुताबिक, पुलिस और स्वास्थ्य विभाग की टीम हॉस्पिटल से भारी मात्रा में सबूत ले गई | बताया जा रहा है कि दिल्ली कुछ दूर होने के कारण यहां दिल्ली से डॉक्टर आकर किडनी निकालने व डालने का काम करते थे | इस मामले में दिल्ली पुलिस कार्रवाई कर रही है | आसपास के लोगों ने बताया कि यहां रात-रात भर गाड़ियां बाहर से आती जाती रहती थीं | यहां पर काफी दिनों से यह काम चल रहा था |

थोड़ी से जगह में बने इस छोटे से हॉस्पिटल मानव अंग तस्करी का काम डेढ़ साल से चल रहा था।

****

मानव अंग तस्करी का खुलासाः 24 लाख में युवक की किडनी का सौदा, विशाखापट्टनम ले जाकर निकलवाई, दो गिरफ्तार

एटा का एक युवक मानव अंग तस्करी करने वाले गिरोह के जाल में फंस गया। युवक को विशाखापट्टनम ले जाकर किडनी निकलवा ली गई। जिसका सौदा 24 लाख रुपये में हुआ था। रकम नहीं मिलने पर पूरे मामले का खुलासा हुआ।

मानव अंग तस्करी गिरोह एटा में भी सक्रिय है। शहर के मोहल्ला भगीपुर निवासी युवक की किडनी का सौदा 24 लाख रुपये में हुआ था। विशाखापट्टनम ले जाकर उसकी किडनी निकलवाई गई। बाद में रुपयों का भुगतान न होने पर मानव तस्करी अंग गिरोह का मामला उजागर हुआ। पुलिस ने दो लोगों को गिरफ्तार किया है।

शहर के भगीपुर निवासी राजकुमार ने कोतवाली नगर में दर्ज कराई रिपोर्ट में बताया कि 23 फरवरी 2022 को उसका 23 वर्षीय भाई किशन शहर के मोहल्ला श्याम नगर निवासी रॉकी उर्फ अश्वनी के साथ विशाखापट्टनम गया था। भाई के फेसबुक अकाउंट के माध्यम से रॉकी द्वारा दिए गए नंबरों पर किडनी बेचने की बात हुई।

युवक को दिया गया था 24 लाख का चेक

किशन और रॉकी विशाखापट्टनम में श्रीलेखा लॉज में जाकर रुके। जहां 24 लाख रुपये में किडनी का सौदा तय हुआ। विशाखापट्टनम के ही श्री दुर्गा अस्पताल में किशन की किडनी निकाली गई। इसके एवज में भाई को 24 लाख रुपये का चेक लखनऊ स्थिति एसबीआई बैंक मोहनलालगंज का दिया गया। चेक लेकर किशन और रॉकी लखनऊ में बताए गए साथी शिवाजी शुक्ला के पास गए। इसे देखकर शिवाजी शुक्ला ने सीधे ब्रांच से कैश कराने की बात कह दी, लेकिन चेक का भुगतान नहीं हुआ। इस दौरान किशन की तबीयत खराब हो गई। 18 अप्रैल को उसकी कॉल आई और बताया कि वह लखनऊ में है। तबीयत खराब है, आकर ले जाओ।

राजकुमार को चारबाग स्टेशन पर किशन मिला और रोने लगा। उससे पूछा तो पेट पर निशान दिखाकर उसने पूरे मामले की जानकारी दी। 19 अप्रैल को उसे एटा ले आए। 21 अप्रैल को तबीयत खराब होने पर उसे छोटा भाई बॉबी अस्पताल लेकर जा रहा था। जहां प्रेमनगर चौराहा के पास रॉकी दिख गया। किशन के कहने पर उसको मोहल्ले के लोगों ने पकड़ लिया।

पुलिस ने पकड़े गए आरोपी रॉकी उर्फ अश्वनी से पूछताछ की। उसने गंगानगर निवासी साथी दीपक उपाध्याय का नाम बताया। पुलिस ने दोनों आरोपियों को गिरफ्तार कर जेल भेज दिया। वहीं पूछताछ के आधार पर आरोपियों द्वारा विशाखापट्टनम निवासी राजेश, चिकित्सक माधव व लखनऊ निवासी शिवाजी शुक्ला के खिलाफ रिपोर्ट दर्ज की गई है।

रॉकी को मिला 1.20 लाख रुपये का कमीशन

पुलिस के अनुसार किशन गांधी मार्केट में टिक्की की रेहड़ी लगाता है। रॉकी का विशाखापट्टनम निवासी राजेश उर्फ प्रतीक नामक व्यक्ति से फेसबुक पर संपर्क हुआ। जहां राजेश ने कहा यदि कोई किडनी बेच कर पैसा कमाना चाहे तो वह उससे संपर्क कर सकता है। जिस पर अश्वनी ने किशन सिंह से बात की।

एक किडनी देने के लिए 24 लाख रुपये भुगतान की बात तय हुई। इसमें रॉकी को एक लाख बीस हजार रुपये अलग से कमीशन के तौर पर दिए गए। वहीं राजेश द्वारा विशाखापट्टनम आने के लिए टिकट भेजे गए। किशन व अश्वनी के विशाखापट्टनम पहुंचने पर राजेश उर्फ प्रतीक ने उन्हें श्रीलेखा लॉज में रुकवाया। इससे आधा किमी दूर स्थित दुर्गा हॉस्पिटल में डॉक्टर माधव ने ऑपरेशन कर किडनी निकाली।

विशाखापट्टनम से लौटने के बाद किशन शहर के गंगानगर निवासी दीपक के घर चार दिन रुका। एक अप्रैल को किशन, अश्वनी व दीपक लखनऊ गए। वहां शिवाजी शुक्ला ने उन तीनों को एक होटल में ठहराया। बताया कि बड़ी रकम का चेक है, एटा में लगाएंगे तो जांच हो

सकती है। जिस पार्टी को किडनी दी गई है, वह लखनऊ के ही रहने वाले हैं। उन्हीं के माध्यम से आपको बैंक से कैश दिला देंगे। शिवाजी शुक्ला ने यह भी बताया कि इस काम में कुछ दिन का वक्त लग सकता है। इस कारण रॉकी व दीपक एटा लौट आए थे।

वरिष्ठ पुलिस अधीक्षक उदय शकर सिंह ने बताया कि जांच में मामला निकलकर आया कि एक युवक ने फेसबुक के माध्यम से संपर्क किया था। अस्पताल के लोगों द्वारा पीड़ित को बुलाया गया, जहां किडनी निकाली गई। उसे 24 लाख रुपये का चेक दिया गया। जिसका भुगतान नहीं हो पाया। मामले में दो आरोपियों को गिरफ्तार कर लिया गया है।

****

किडनी रैकेट का खुलासा, दो डॉक्टरों समेत 10 गिरफ्तार

जुलाई 2022 -साउथ दिल्ली की हौज खास थाना पुलिस ने आखिरकार दिल्ली से ऑपरेट किए जा रहे एक बड़े किडनी रैकेट का भंडाफोड़ कर दिया। मामले में अब तक 10 लोगों को गिरफ्तार किया जा चुका है। इनमें दो डॉक्टर शामिल हैं। इनमें से एक डॉक्टर दिल्ली के एक बड़े प्राइवेट अस्पताल में प्रैक्टिस भी कर रहा है। जबकि दूसरे की अभी एमबीबीएस की पढ़ाई पूरी नहीं हुई है। इन सभी आरोपियों को दिल्ली, हरियाणा और उत्तराखंड तीन राज्यों से पकड़ा गया है। मामले में अभी और भी आरोपियों को गिरफ्तार किया जाना बाकी है। इस मामले का सबसे पहले 29 और 30 मई 2022 को एनबीटी ने खबर छापकर खुलासा किया था।साउथ दिल्ली पुलिस ने बताया कि इस रैकेट को हौज खास थाने की एसएचओ शिवानी, इंस्पेक्टर रोहित और इंस्पेक्टर भरत की टीम ने खुलासा किया। मामले में सबसे पहले 25-26 मई को हौज खास थाना पुलिस को इस मामले में जानकारी मिली थी। जिस पर बड़े ही गुपचुप तरीके से काम करते हुए पुलिस ने सबसे पहले तीन लोगों को गिरफ्तार किया। इनमें से एक शख्स एम्स के पास उन लोगों के ब्लड और अन्य टेस्ट कराता था। जिनकी किडनी निकाली जानी होती थी। शिकार में फंसाए लोगों की सोनीपत के गोहाना में ले जाकर किडनी निकाली जाती थी। जहां आरोपियों ने ऑपरेशन थियेटर बना रखा था।

पुलिस ने सोनीपत जाकर इस ओटी का भंडाफोड़ किया। यहां से एक डॉक्टर को गिरफ्तार किया गया। साथ ही चार लोगों को बचाया भी गया। जिनकी किडनी निकालने के लिए यहां लाया जा चुका था। किडनी निकालने के लिए रैकेट शिकार में फंसाए गरीब लोगों को दो से तीन लाख रुपये प्रति किडनी देता था। फिर निकाली गई किडनी को 20-30 लाख और इससे भी अधिक कीमत पर जरूरत लोगों को बेचते थे।इस मामले में अभी और भी राज्यों के नाम सामने आ रहे हैं। जिन लोगों की किडनी निकाली गई। वह नॉर्थ-ईस्ट राज्यों, साउथ इंडिया, गुजरात और महाराष्ट्र राज्यों से संबंध रखते हैं। पुलिस को ऐसे पीड़ित भी मिल गए हैं। जिनकी किडनी निकाली जानी थी या निकाल ली गई थी।

सूत्रों का कहना है कि इस मामले में हौज खास थाना पुलिस को सबसे पहले 25-26 मई को एक इनपुट मिला था। जिसमें एम्स के पास कोई किडनी रैकेट चलने की बात बताई गई थी। पुलिस ने मिले इस इनपुट पर काम करते हुए अगले दिन ही एक शख्स को पकड़ लिया। उसके बाद दो और आरोपी धर लिए गए। इनके पास से बरामद लैपटॉप और मोबाइल फोन से किडनी रैकेट में आगे की जानकारी पुलिस को हाथ लगी। जिसमें कुछ लोगों के नंबर मिलने समेत सोनीपत में बनाई गई ओटी के बारे में भी जानकारी मिली। पुलिस ने सोनीपत में छापा मारा।

पुलिस सूत्रों ने बताया कि यह रैकेट फेसबुक और इंस्टाग्राम पर भी फर्जी नाम से अकाउंट बनाकर किडनी बेचे जाने का गोरखधंधा चला रहा था। पुलिस सूत्रों का कहना है कि मामले में जल्द ही कुछ और बड़े नाम सामने आ सकते हैं।साउथ दिल्ली की डीसीपी बेनिता मेरी जयकर ने बताया कि गिरफ्तार किए गए आरोपियों में कुलदीप रे विश्वकर्मा उर्फ केडी किडनी रैकेट का मास्टरमाइंड बताया गया है, जबकि सर्वजीत और शैलेश शिकार को ढूंढकर लाते थे। मोहम्मद लतीफ हौज खास की उस टेस्टिंग लैब में फील्ड बॉय के तौर पर काम करता है।

बिकास उर्फ विकास रंजीत के माध्यम से गोहाना, सोनीपत के लिए

ट्रांसपोर्ट और रहने का इंतजाम कराता था। रंजीत गुप्ता पश्चिम विहार में उन लोगों को रखता था, जिन्हें किडनी निकालने के लिए सोनीपत ऑपरेशन थियेटर में ले जाना होता था और जिनकी किडनी ट्रांसप्लांट कर दी जाती थी। सोनू रोहिल्ला गोहाना में उस सेटअप का मालिक है, जहां किडनी निकाली और ट्रांसप्लांट की जाती थी।

डॉक्टर सौरभ मित्तल दिल्ली के एक बड़े प्राइवेट हॉस्पिटल में प्रैक्टिस करता है। इसका काम अवैध रूप से अन्य डॉक्टरों की मदद से किडनी निकालना और ट्रांसप्लांट करना था। कुलदीप रे इस रैकेट का मास्टरमाइंड होने के साथ ही ओटी टेक्निशियन भी था। ओम प्रकाश और मनोज तिवारी किडनी ट्रांसप्लांट में अपनी भूमिका निभाते थे। पुलिस ने गुजरात, गुवाहाटी, पश्चिम बंगाल और केरल के चार उन पीड़ितों को भी रेस्क्यू कराया है, जिनकी किडनी निकाली गई थी। इनकी उम्र 21 से 32 साल के बीच की है। पुलिस ने बताया कि किडनी निकालने के लिए 20 से 30 साल की उम्र वाले गरीब लोगों को चुना जाता था।

****

एटा में मानव अंग तस्कर गैंग का मामला सामने आया है। एटा के युवक की किडनी आंध्र प्रदेश के विशाखापट्नम के निजी अस्पताल में निकलवाई थी। पकड़े गए तस्कर गैंग के सरगना समेत दो आरोपितों की गिरफ्तारी के बाद यह राज खुला है। उधर पीड़ित युवक को लेकर पुलिस मेडिकल कालेज पहुंची, जहां से उसे आगरा रेफर कर दिया गया।

शहर कोतवाली क्षेत्र के मुहल्ला नई बस्ती निवासी 23 वर्षीय किशन को 23 फरवरी को कचहरी के पास से अज्ञात लोग गाड़ी में डालकर ले गए थे। उसे बेहोश करके आरोपित विशाखापट्नम ले गए, जहां दुर्गा हास्पीटल में युवक की किडनी निकलवा दी और फिर दो माह तक घुमाने के बाद उसे लखनऊ में छोड़ दिया। 19 अप्रैल को यह युवक एटा पहुंचा और परिवार को आपबीती बताई। गुरुवार को यह युवक घर से निकलकर शिकोहाबाद रोड पर जा रहा था, तभी तस्कर गैंग ने उस पर हमला किया ओर गाड़ी में डालने की कोशिश की।

इस दौरान लोगों ने एक आरोपित शहर के मुहल्ला श्याम नगर निवासी अश्वनी उर्फ रॉकी को पकड़ लिया और उसे पेड़ से बांध दिया।

रॉकी से जब पूछताछ हुई तो उसने अपने साथियों के नाम बताए। इनमें से एक कोतवाली देहात क्षेत्र के गांव गंगनपुर निवासी दीपक उपाध्याय को पुलिस ने उसके घर से पकड़ लिया। किशन और दीपक से जब पूछताछ हुई तो उन्होंने पुलिस के समक्ष सारा राज उगल दिया।

पीड़ित के भाई राजकुमार ने रॉकी और दीपक के खिलाफ नामजद तहरीर देकर साजिश, गैर इरादतन हत्या का प्रयास, धोखाधड़ी, मानव अंग प्रत्यारोपण कानून के तहत मुकदमा दर्ज कराया है। पीड़ित युवक मजदूरी करता है, जबकि आरोपित आपराधिक प्रवृति के हैं। उन्होंने कबूला है कि पांच साल से वे तस्करी के नेटवर्क के संपर्क में हैं।

किशन और दीपक ने पुलिस के समक्ष कबूला है कि वे कई साल से लोगों की किडनी निकलवाने का काम कर रहे हैं, अगर किसी को किडनी की जरूरत होती है तो वे बड़ी रकम का सौदा कर किडनी उपलब्ध कराने का काम करते हैं। पहले लोगों को राजी करके फंसाते हैं और कभी अगर राजी से व्यवस्था नहीं बनती तो लोगों को उठाकर जबरन ले जाकर किडनी निकलवा देते हैं। आरोपितों ने कबूला कि दो दर्जन से ज्यादा किडनियों का सौदा वे कर चुके हैं।

लाखों में होता है सौदा

किडनी की आवश्यकता वाले लाखों रुपये खर्च करते हैं। 25 से 50 लाख रुपये तक मानव अंग तस्कर गैंग के सदस्य सौदा करते थे। यह आरोपित एक तरह से कमीशन एजेंट हैं। पुलिस सूत्रों के मुताबिक आरोपितों ने पुलिस को बताया है कि जिस युवक को पकड़कर विशाखापट्नम ले गए उससे 24 लाख का सौदा हुआ था।

किडनी तस्कर गैंग के हाथ लंबे हैं और तस्करों का बड़ा नेटवर्क है। अगर बारीकी से पड़ताल की जाए तो बड़े रैकेट का पर्दाफाश हो सकता है। इस मामले में यह भी देखा जाना जरूरी है कि जिस अस्पताल में किडनी निकाली गई क्या उसे यह अधिकार है। शहर कोतवाली प्रभारी निरीक्षक डीएन मिश्रा ने बताया कि आरोपितों ने जो कुछ कबूला है उसके आधार पर तथ्यों की छानबीन की जाएगी और विशाखापट्नम के अस्पताल के बारे में भी पता किया जाएगा।

यहां जो आरोपित पकड़े गए हैं वे कमीशन एजेंट के रूप में काम करते थे। अखबारों में विज्ञापन देखकर किडनी की आवश्यकता वालों से संपर्क करते थे और फिर लोगों को ले जाकर किडनी निकलवाते थे। युवक की किडनी निकलवाने से पहले ऐसा ही एक विज्ञापन आरोपितों ने देखा था। यह पता किया जा रहा है कि किडनी की आवश्यकता किसे थे और किसने विज्ञापन निकलवाया था। एटा ही नहीं बल्कि बाहर के आरोपित भी इस गिरोह में शामिल हैं, पुलिस उन तक पहुंचेगी।मानव अंग तस्करों के गिरोह का पर्दाफाश हुआ है। पकड़े गए दोनों आरोपितों ने गिरोह के बारे में अहम जानकारियां दी हैं, जिसके आधार पर पुलिस छानबीन कर रही है। आरोपितों को जेल भेज दिया गया है।

****

ब्लड सैंपल बदलकर हो रही किडनी-लीवर की तस्करी

ब्लड सैंपल बदलकर डोनर, ऑर्गन पाने वाले का रिश्तेदार बन जाता है। इसके बाद किडनी, लीवर सहित दूसरे मानव अंगों की तस्करी आसानी से की जाने लगती है। सारे नियम-कानून मुंह ताकते रह जाते हैं।

डॉक्टरों का कहना है कि मानव अंगों की तस्करी सबसे ज्यादा रिश्तेदार में होने वाले डोनेशन में संभव हो रहा है। लोग आसानी से एक टेस्ट के जरिए यह साबित करने में सफल हो जाते हैं कि डोनर, मरीज का करीबी रिश्तेदार है। डॉक्टरों की मांग है कि डॉक्युमेंटस की जांच फुलप्रूफ बनाई जाए। उनका कहना है कि किसी भी सूरत में लोगों को नई जिंदगी देने वाले इस तरीके को गोरखधंधे से बचाया जाना जरूरी है।

दिल्ली के अस्पतालों को अंगदान के लिए लाइसेंस देने वाली कमिटी के प्रमुख डॉ. अनिल अग्रवाल ने कहा कि पिछली बार ऐसा मामला सामने आया था। उस समय जांच में पता चला कि जो अंगदान के लिए आता है उसका ब्लड सैंपल रिश्तेदार साबित करने के लिए जांच के लिए भेजा जाता है। इस सैंपल में हेराफेरी कर दी गई थी। उन्होंने कहा कि इसे रोकने के लिए कानून है, फिर भी इसका दुरुपयोग हो रहा है। डॉक्टर अग्रवाल ने कहा कि जब किसी का सैंपल लिया जाता है तो उसकी फोटो भी सैंपल पर होनी जरूरी है। मगर, इसकी अनदेखी की जाती है।

डॉक्टर अग्रवाल ने कहा कि सरकार ने एडवाइजरी जारी की है। लोग गलत तरीके से अंगदान करते हैं। उन्होंने कहा कि आमतौर पर डॉक्युमेंट्स में हेराफेरी की जाती है। लोग गलत तरीके से कागज बनवा लेते हैं। इसका वेरिफिकेशन में पता नहीं चलता है। इसके लिए डबल वेरिफिकेशन जरूरी है।

सफदरजंग के किडनी ट्रांसप्लांट सर्जन और केंद्र सरकार के एपेक्स ऑर्गन ट्रांसप्लांट ऑथराइजेशन कमिटी के मेंबर डॉक्टर अनूप कुमार ने कहा कि लाइव डोनेशन के जरिए होने वाले ट्रांसप्लांट में सबसे ज्यादा गड़बड़ी रिश्तेदार में ही होने लगा है। दूर के रिश्तेदार अंग देते हैं, तो इसके लिए जो ऑथराइजेशन कमिटी बनती है उसमें दिल्ली सरकार के भी एक प्रतिनिधि होते हैं, इसलिए इसमें गड़बड़ी आसान नहीं होती है। करीबी रिश्तेदार जब डोनर होते हैं तब इसमें खेल होता है, क्योंकि जिस अस्पताल में सर्जरी होती है उसके एचओडी ही अंतिम फैसला करते हैं।

डॉक्टर अनूप ने कहा कि जिस प्रकार बार-बार प्राइवेट अस्पतालों पर सवाल उठ रहे हैं, आने वाले समय में करीबी रिश्तेदार डोनर की जांच में एक सरकारी प्रतिनिधि का होना जरूरी हो सकता है। किडनी बेंचने और खरीदने का यह अपराधचक्र अभी भी चल रहा है इसकी वजह यह है कि इसके लिए कठोर सजा का प्रावधान नहीं है |

19

बलात्कार के झूठे मामले

बलात्कार, एक ऐसा संगीन जुर्म, जिसका पूरा सच कोई नहीं जानता!

भारतीय दंड संहिता की धारा 376 : बलात्कार, ये शब्द सुनते ही सिर से लेकर पांव तक झुरझुरी दौड़ जाती है। और एक ही झटके में कई सवाल आपको घेर लेते हैं। लेकिन उन तमाम सवालों से पहले वो हालात किसी भी संजीदा इंसान को डरा देते हैं जिन हालात में बलात्कार जैसा घिनौना अपराध अंजाम दिया जाता है।बलात्कार के मामले में आपके और हमारे अंदाज़ से कहीं ज़्यादा उस इंसान को ख़ासतौर पर महिला को मानसिक और शारीरिक तक़लीफ़ से गुज़रना पड़ता है। उस तक़लीफ़ को शायद शब्दों में बयां करना किसी भी भाषा और बोली में बता पाना मुश्किल ही नहीं क़रीब क़रीब नामुमकिन है।

सवाल यही है कि आखिर बलात्कार होता क्या है?

यूं तो बलात्कार वो जुर्म है जिसे जुबानी या अल्फ़ाज़ से बताना नामुमकिन है। लेकिन फिर भी क़ानून बनाने वालों ने इस जुर्म की एक अपनी परिभाषा दी है। और उस क़ानूनी परिभाषा के मुताबिक़-

जब कोई पुरुष किसी भी महिला के साथ उसकी इच्छा के ख़िलाफ़, उसकी सहमति के बगैर, उसे डराकर, या धमका कर, दिमागी तौर पर कमज़ोर या मानसिक तौर पर पागल महिला को धोखा देकर, शराब या

किसी भी नशीले पदार्थ के असर में लाकर उसके साथ संभोग करता है, उसे बलात्कार कहा जाता है।

धारा 376 क्या हैं?

भारतीय दंड संहिता जिसे हम सब IPC के नाम से जानते हैं, उसकी धारा 376 है । जिसके तहत जब भी किसी महिला के साथ ज़ोर ज़बरदस्ती शारीरिक संबंध बनाया जाता है उसे बलात्कार मानते हुए इसी श्रेणी में दर्ज किया जाता है। और जब इस मामले को अदालत के पटल तक पहुँचाया जाता है, यानी इसे अदालत की कार्यवाही के लिए रखा जाता है तो धारा 376 के तहत मुकदमा दर्ज होता है।

झूठे धारा 376 के आरोप में बचाव के उपाय क्या है?

झूठे आरोप यानी धारा 376 का झूठा केस दर्ज होने पर बचाव के उपाय क्या हो सकते हैं?

इसे समझने के लिए सबसे पहले ये समझना बेहद ज़रूरी है कि आखिर इस मामले में क़ानून क्या कहता है।

क़ानून क्या कहता है?

IPC की धारा 376 के तहत बलात्कार का मुकदमा दर्ज होता है। और आरोप साबित होने पर अपराधी को कम से कम सात साल की सज़ा मिलती है। कभी कभी कुछ मामलों में ये सज़ा कम से कम दस साल तक भी हो सकती है।कई बार ये भी देखा जाता है कि कुछ लोगों के ख़िलाफ़ बलात्कार का झूठा केस भी दर्ज करवा दिया जाता है। ऐसी सूरत में उसके पास बचने के क्या क्या रास्ते या उपाय हो सकते हैं।

पहला- गिरफ़्तार होने से पहले

अगर किसी व्यक्ति को ये महसूस होता है कि उसके ख़िलाफ़ ऐसा आरोप लगाया जा सकता है तो वो पहले अपने लिए अग्रिम ज़मानत के लिए कोर्ट में याचिका दे सकता है ताकि पुलिस हिरासत में लेकर परेशान न करे।

दूसरा- चार्जशीट फ़ाइल होने के बाद

इसमें भी दो हिस्से हैं(1)- CrPC यानी कोड ऑफ क्रिमिनल प्रोसीडिंग की धारा 482 के तहत आवेदन किया जा सकता है, ताकि FIR में लगी आपराधिक कार्यवाही को खारिज करवाई जा सके। उसके लिए

ज़रूरी है कि आरोपी को ये साबित करना पड़ता है कि उसके ख़िलाफ़ प्रथम दृष्टतया ये केस नहीं बनता, या फिर इस बात के सबूत पेश करे कि ऐसा करना असम्भव है।

और ये साबित कर दे कि ये प्रक्रिया उसे सिर्फ परेशान करने के लिए की जा रही है। इनके सबके साथ हाईकोर्ट को ये यकीन हो जाए कि आवेदन करने वाला व्यक्ति वाकई तमाम शर्तों को पूरी करता है, तो अदालत FIR की आपराधिक कार्यवाही को खारिज कर सकता है।

(2)- हाईकोर्ट के सामने रिट याचिका दायर करना। जब ये आशंका हो कि इस मामले में पुलिस या निचली अदालत में जानबूझकर आरोपी के ख़िलाफ़ कार्यवाही की जा रही है तो हाईकोर्ट संबंधित अधिकारियों को ये आदेश दे सकती है कि अपना फर्ज़ उचित रुप से निभायें।

ये भी हो सकता है कि हाईकोर्ट रिट ऑफ प्रोहिबिशन (निषेधाज्ञा का अधिकार) जारी करके आवेदनकर्ता के ख़िलाफ़ निचली अदालत में चल रही आपराधिक कार्यवाही पर रोक लगा सकता है। संविधान के अनुच्छेद 226 में ऐसा प्रावधान है।

एक सवाल यहां और उठता है किआखिर भारत में बलात्कार के लिए क्या क़ानून है?

IPC की धारा 376 के तहत बलात्कार के अपराध के लिए कठोर दंड का प्रावधान है। क़ानून के तहत बलात्कार के मुक़दमें धारा 376, 376 A, 376 B, 376 C के अलावा 376 D और 376 E के तहत इस संगीन अपराध के लिए दंड का बंदोबस्त किया गया है। धाराए 376 में दो उप धाराएं भी हैं।

376 (क)- ये धारा कहती है कि पति पत्नी के अलग अलग रहने के दौरान अगर पुरुष पत्नी के साथ संभोग करता है तो वो भी बलात्कार की श्रेणी में आएगा। जिसमें दो साल की सज़ा और जुर्माना है, जबकि

376 (ख)- ये धारा कहती है कि आपके संरक्षण में रहने वाली किसी भी स्त्री के साथ संभोग इसी अपराध की श्रेणी में आएगा, जिसमें पांच साल की सज़ा और जुर्माने का प्रावधान है।

अब यहां एक सवाल ये भी पैदा होता है कि अगर बलात्कार हुआ तो कितने दिनों तक रेप के सैंपल से रिज़ल्ट मिलता है और वो भी सही

बलात्कार के 12 से 24 घंटों के भीतर लिया जाना चाहिए। यही आदर्श स्थिति है, वर्ना नतीजे पर असर पड़ सकता है। अगर वजाइना में यौनांग डाला जाता है तो तीन से पांच दिनों के भीतर सैंपल ले लिया जाना चाहिए। वरना सही नतीजे नहीं आ पाते।सरकारी गाइडलाइन कहती है कि रेप की शिकायत पर पीड़ित का सैंपल 96 घंटों के भीतर ही लिया जाना चाहिए, तभी रिपोर्ट सही आ पाती है।

सैंपल इकट्ठा होने के बाद बलात्कार की पुष्टि कैसे की जाती है, ये सवाल यहां आकर खड़ा होता है?

क़ानून के बनाए नियमों के मुताबिक़ शिकार या पीड़ित की जांच के लिए लड़की, महिला या पुरुष को सफ़ेद कपड़े पर खड़ा करके उसको झाड़ा जाता है, ताकि छोटे से सबूत भी मिल जाएं, मसलन बाल, बटन, कोई रेशा इत्यादि। उन छोटे सबूतों को फिर विश्लेषण किया जाता है। इसके अलावा शरीर पर कहीं कोई खून का निशान या फिर योनि स्राव (VAGINAL SECRETION), लार (SALIVA)और योनि उपकला कोशिकाओं का परीक्षण किया जाता है।

बलात्कार जैसी वारदात के सामने आने के बाद हम सभी एक परीक्षण के बारे में अक्सर सुनते रहते हैं टू फ़िंगर टेस्ट (Two Finger Test), यानी ये दो उंगली परीक्षण क्या बला है?

देश में इस TFT यानी टू फिंगर टेस्ट के ज़रिए पीड़ित महिला की वजाइना के लचीलेपन की जांच की जाती है। इसके तहत योनि यानी वजाइना में दो उंगलियों को प्रवेश करवाया जाता है जिसके आधार पर डॉक्टर ये अपनी राय देता है कि महिला सक्रिय सेक्स लाइफ़ में है या नहीं।

एक सवाल यहां ज़रूर पैदा होता है कि आखिर किन्हीं हालातों में रेप के झूठे आरोप लगें तो उसका बचाव कैसे किया जा सकता है?

आज के इस ज़माने में किसी भी महिला और पुरुष के दोस्ती के बाद शारीरिक सम्बन्ध का बनना कोई बड़ी बात नहीं। ऐसे में कई बार देखा गया है कि महिला पुरुष से नाजायज फ़ायदा उठाने के लिए बलात्कार का झूठा केस लगा देती हैं ऐसे में उसके बचने के कुछ उपाय क़ानून में हैं-

1- अगर रेप के कोई ठोस सबूत नहीं हो तो आप शारीरिक सम्बन्ध नकार सकते हैं और मेडिकल टेस्ट में TFT की रिपोर्ट पर ज़ोर देकर महिला को ग़लत साबित कर सकते हैं

2- अगर शारीरिक सम्बन्धों के सबूत फॉरेंसिक रिपोर्ट या वीडियो अथवा फोटो में है तो आप सम्बन्ध बनाना स्वीकार करें और सम्बन्ध धोखे से नहीं बनाए गए हैं ये साबित करें, लेकिन ये तभी कारगर है जब लड़की की उम्र 18 या उससे ज़्यादा है

3- अगर महिला ने कभी आपको शारीरिक सम्बन्धों के लिए आमंत्रित किया है और उसका कोई सबूत आपके पास है तो उसे कोर्ट में पेश करें। गवाह भी पेश कर सकते हैं

4- आरोपों के अनुसार महिला से पूछा जा सकता है कि सम्बन्ध बनाते वक्त उसने क्या सोचकर सम्बन्धों को सहमति दी थी और विरोध क्यों नहीं किया। कितनी बार सम्बन्ध बनाए और इस बारे में पुलिस को सूचना क्यों नहीं दी।

5- मेडिकल रिपोर्ट में कमिया देखें और उसका इस्तेमाल अपने बचाव में करें |

6- धारा 376 केस ज़्यादा गंभीर है तो चार्जशीट जल्दी दाखिल करवाने को कहें।

7- धारा 376 बलात्कार के मामले में FSL (Forensic Science Laboratory) रिपोर्ट हमेशा देर से आती है उसके आधार पर ज़मानत के लिए कोर्ट पर दबाव बनाएं |

8- धारा 376 के मामलों में घरेलू मजबूरियों का हवाला देकर भी ज़मानत मिल सकती है।

****

धारा 376 आईपीसी- बलात्कार के लिए दण्ड

जो भी व्यक्ति, धारा 376 के उप-धारा (1) या उप-धारा (2) के तहत दंडनीय अपराध करता है और इस तरह के अपराधिक कृत्य के दौरान लगी चोट एक महिला की मृत्यु या सदैव शिथिल अवस्था का कारण बनती है तो उसे एक अवधि के लिए कठोर कारावास जो कि बीस साल से कम नहीं होगा से दंडित किया जाएगा, इसे आजीवन कारावास तक बढ़ा

या जा सकता हैं, जिसका मतलब है कि उस व्यक्ति के शेष प्राकृतिक जीवन के लिए या मृत्यु होने तक कारावास की सज़ा।

किसी भी महिला से बलात्कार किया जाना, चाहे वह किसी भी उम्र की हो, भारतीय कानून के तहत गंभीर श्रेणी में आता है। इस संगीन अपराध को अंजाम देने वाले दोषी को भारतीय दंड संहिता में कड़ी से कड़ी सजा का प्रावधान है। इस अपराध के लिये भारतीय दंड संहिता में धारा 376 के तहत सजा का प्रावधान है। तो क्या है धारा 376 और क्या हैं इसके तहत सजा का प्रावधान

लागू अपराध

1. बलात्कार

सजा - 7 वर्ष से कठोर आजीवन कारावास + आर्थिक दण्ड

यह एक गैर-जमानती, संज्ञेय अपराध और सत्र न्यायालय के द्वारा विचारणीय है।

2। एक पुलिस अधिकारी या एक सरकारी कर्मचारी या सशस्त्र बलों के सदस्य या जेल के प्रबंधन / कर्मचारी, रिमांड घर या अन्य अभिरक्षा की जगह या महिला / बच्चों की संस्था या प्रबंधन पर किसी व्यक्ति द्वारा बलात्कार द्वारा बलात्कार या किसी अस्पताल के प्रबंधन / कर्मचारी द्वारा बलात्कार और बलात्कार पीड़ित के किसी भरोसेमंद या प्राधिकारिक के व्यक्ति द्वारा जैसे किसी नज़दीकी संबंधी द्वारा बलात्कार|

दंड - 10 साल से कठोर आजीवन कारावास (शेष प्राकृतिक जीवन तक के लिए) + आर्थिक दण्ड

यह एक गैर-जमानती, संज्ञेय अपराध और सत्र न्यायालय के द्वारा विचारणीय है।

यह अपराध समझौता करने योग्य नहीं है।

क्या है धारा 376?

किसी भी महिला के साथ बलात्कार करने के आरोपी पर धारा 376 के तहत मुकदमा चलाया जाता है, जिसमें न्यायालय में पुलिस द्वारा जाँच पड़ताल के बाद इकट्ठे किये गए सबूतों और गवाहों के बयानों के

आधार पर दोनों पक्षों के वकील दलीलें पेश करते हैं, दलीलों के आधार पर जज अपने अनुभव और विवेक से निर्णय लेते हैं, अंत में अपराध सिद्ध होने की दशा में दोषी को कम से कम सात साल व अधिकतम 10 साल तक कड़ी सजा और आजीवन कारावास दिए जाने का प्रावधान है। जिससे कि अपराधी को अपने गुनाह का अहसास हो और भविष्य में वह कभी भी बलात्कार जैसे संगीन अपराध को करने कि कोशिश भी न करे।

क्या धारा 376 पत्नी से दुष्कर्म करने पर भी लागू हो सकती है?

दिल्ली हाईकोर्ट ने आदेश दिया है कि 15 वर्ष से कम उम्र की लड़की के साथ विवाह के बाद जब संभोग होता है, तो उसे बलात्कार ही माना जाएगा। हाईकोर्ट ने कहा है कि संभोग के लिए भले ही लड़की की रजामंदी हो या न हो, तब भी इसे बलात्कार ही माना जाएगा, और ऐसे मामलों में पुरुष को उसके धार्मिक अधिकारों के तहत कोई भी संरक्षण हासिल नहीं है। तत्कालीन मुख्य न्यायाधीश ए. के. सीकरी की अध्यक्षता वाली तीन सदस्यीय पीठ का कहना था कि, "15 वर्ष से कम उम्र की पत्नी के साथ संभोग आई. पी. सी. की धारा 376 के तहत एक अपराध है। इस कानून के विषय में कोई अपवाद नहीं हो सकता है और इसे सख्ती से लागू किया जाना चाहिए।"

आई. पी. सी. की धारा 375 परिभाषित करती है दुष्कर्म को

जब कोई पुरुष किसी महिला के साथ उसकी इच्छा के विरुद्ध, उसकी सहमति के बिना, उसे डरा धमका कर, दिमागी रूप से कमजोर या पागल महिला को धोखा देकर या उस महिला के शराब या नशीले पदार्थ के कारण होश में नहीं होने पर संभोग करता है, तो उसे बलात्कार कहते हैं। इसमें चाहे किसी भी कारण से संभोग क्रिया पूरी हुई हो अथवा नहीं, कानूनन वो बलात्कार की श्रेणी में ही रखा जायेगा। यदि महिला की उम्र 16 वर्ष से कम है तो उसकी सहमति या बिना सहमति से होने वाला संभोग भी बलात्कार के अपराध में ही गिना जाता है। इस अपराध को अलग-अलग हालात और श्रेणी के हिसाब से भारतीय दंड संहिता में इसे धारा 376, 376 (क), 376 (ख), 376 (ग), 376 (घ) के रूप में विभाजित किया गया है।

यह कानून प्रत्येक स्थिति में लागू होता है

भारतीय दंड संहिता की धारा 376 की उप धारा (2) के अनुसार यह बताया गया है कि कोई पुलिस अधिकारी पुलिस थाने परिसर की सीमा के अंदर और बाहर या कोई सरकारी कर्मचारी अपने पद और आधिकारिक या शासकीय शक्ति और स्थिति का दुरुपयोग महिला अधिकारी या कर्मचारी के साथ संभोग करेगा, तो वह भी बलात्कार ही माना जाएगा। यह कानून जेल, चिकित्सालय, राजकीय कार्यालयों, बाल एवं महिला सुधार गृहों पर भी लागू होता है। इस प्रकार के सभी बलात्कार के दोषियों को कठोर कारावास की अधिकतम सजा हो सकती है। जिसकी अवधि दस वर्ष या उससे अधिक हो सकती है, या आजीवन कारावास और जुर्माने से भी दण्डित किया जा सकता है।

यदि संबंध आपसी सहमति से बना है तो बलात्कार की श्रेणी में नहीं आएगा

बॉम्बे हाईकोर्ट ने अपने एक आदेश में कहा था कि अगर कोई शिक्षित और 18 वर्ष से अधिक उम्र की लड़की रिलेशनशिप में किसी पुरुष के साथ अपनी सहमति से संबंध बनाती है, तो रिश्ते खराब होने के बाद वह उस व्यक्ति पर बलात्कार का आरोप नहीं लगा सकती है। कोर्ट ने यह भी कहा है, चूँकि अपने समाज में यौन संबंध बनाना सही नहीं माना जाता है, तब भी यदि कोई महिला यौन संबंधों के लिए अपने प्रेमी या उस व्यक्ति से जिससे वह यौन सम्बन्ध बना रही है, से इंकार नहीं करती है, तो फिर उसे आपसी सहमति से बनाया गया यौन संबंध ही माना जाएगा।

क्या केवल धारा 376 में ही बलात्कार की सजा दी गयी है

भारतीय दंड संहिता,1860 में बलात्कार के दोषी के लिए धारा 376 में कड़ी सजा का प्रावधान दिया गया है, किन्तु कई परिस्तिथियां ऐसी भी होती हैं जहाँ धारा 376 की सभी शर्तें पूर्ण नहीं होती हैं, तब ऐसी अवस्था में भारतीय दंड संहिता में आपराधिक कानून संशोधन अधिनियम, 2013 के तहत कुछ अन्य धाराओं का प्रावधान दिया गया है, जिससे यदि किसी व्यक्ति ने किसी भी प्रकार से बलात्कार जैसे संगीन अपराध को अंजाम दिया है तो वह अपराधी किसी भी तरह से बच न सके और न्यायलय द्वारा उसे कड़ी से कड़ी सजा प्रदान की जाये। तो

आइये जानते हैं कि धारा 376 के अतिरिक्त वह और कौन सी धाराएँ हैं-

1. **376 (क)**- यदि कोई व्यक्ति किसी भी प्रकार के विभाजन के तहत अलग रहने के दौरान अपनी पत्नी के साथ उसकी मर्जी के विरुद्ध संभोग करता है तो वो भी बलात्कार की श्रेणी में ही आता है। जिसके लिए कानून में दो वर्ष तक की सजा और आर्थिक दंड का प्रावधान दिया गया है।

2. **376 (ख)** यदि किसी सरकारी कर्मचारी द्वारा उसकी हिरासत में किसी भी स्त्री के साथ संभोग किया जाता है, तो इस दुष्कर्म को बलात्कार के अपराध की श्रेणी में गिना जाएगा। जिसके लिए भारतीय दंड संहिता, 1860 के अनुसार पांच वर्ष तक की जेल की सजा के साथ आर्थिक दंड भी देना पड़ेगा।

3. **376 (ग)** जब कोई अधिकारी, सरकारी कर्मचारी, जेल, रिमांड होम, हिरासत के किसी अन्य स्थान, स्त्रियों या बालको की संस्था का अधीक्षक या प्रबंधक या अस्पताल का कर्मचारी होते हुए, ऐसी किसी स्त्री, जो की उसकी हिरासत में है या उसके अधीन है या परिसर में उपस्थित है उस स्त्री को अपने साथ शारीरिक सम्बन्ध बनाने के लिए उत्प्रेरित करने लिए अपनी शक्ति का दुरूपयोग करता है, तो उस व्यक्ति को पांच साल या दस साल की कारावास की सजा से दण्डित किया जाता है और जुर्माने से भी दण्डित किया जा सकता है।

4. **376 (घ)** जहाँ किसी स्त्री के साथ एक या एक से अधिक वयक्तियों द्वारा मिलकर या समूह बना कर सामूहिक बलात्कार किया जाता है, तो उन सभी व्यक्तियों में से प्रत्येक व्यक्ति के बारे में यह समझा जायेगा की उसने बलात्कार का अपराध किया है। ऐसे में दोषी अपराधियों को न्यायलय द्वारा दण्डित किया जायेगा, जो की बीस साल की कारावास की सजा या आजीवन कारावास की सजा और जुर्माने के साथ भी दण्डित किया जाएगा। लेकिन ऐसा जुर्माना पीड़िता के चिकित्सीय खर्चो को पूरा करने और पुनर्वास के लिए न्यायोचित होगा।

आपसी सहमति से बने संबंध को बलात्कार कैसे कहा जा सकता है !!

इंडियन पीनल कोड की धारा 376 की तहत किसी महिला के साथ जबरन शारीरिक संबंध बनाना बलात्कार की श्रेणी में रखा जाता है | अगर कोई व्यक्ति ऐसा करता है तो वह इस कानून की नजर में दोषी है और उस पर कार्यवाही करने का प्रावधान है | जब किसी महिला-पुरुष का पारस्परिक मसला कोर्ट के दायरे में आ जाता है तो समाज की सांत्वना तो महिला के साथ रहती ही है लेकिन न्यायालय और भारतीय दंड संहिता की धाराएं भी उस महिला के पक्ष में ही दिखाई देती हैं | दहेज, छेड़छाड़, बलात्कार आदि कुछ ऐसे ही अपराध हैं जिनके खिलाफ रिपोर्ट लिखवाने पर अधिक संभावना इसी बात की रहती है कि निर्णय महिला के ही पक्ष में होगा |

निश्चित तौर पर भारतीय पुरुष प्रधान समाज को कानून के संरक्षण की सख्त आवश्यकता है लेकिन कई बार ऐसे हालात भी उजागर होते हैं जिनमें महिलाएं ही पुरुषों पर हावी नजर आती हैं जिसका इसका सीधा और शायद एकमात्र कारण बनता है भारतीय कानून|

हाल ही में एक ऐसा ही मसला सामने आया जिसमें एक महिला ने अपने प्रेमी पर यह आरोप लगाया कि शादी का झांसा देकर वह एक लंबे समय तक उसके साथ बलात्कार करता रहा | लेकिन जब विवाह की बात आई तो उसने किसी और को अपनी जीवनसंगिनी बना लिया | इन सब से आहत पीड़ित महिला ने अपने पूर्व प्रेमी पर आइपीसी की धारा 376 के तहत बलात्कार और धारा 420 (धोखाधड़ी) का आरोप लगाया |

लेकिन जब यह मामला बॉम्बे हाइकोर्ट पहुंचा तो न्यायाधीश ने यह कहते हुए उस आरोपी पुरुष को जमानत दे दी कि धारा 420 संपत्ति, कागजात और पैसों से जुड़ी धोखाधड़ी पर केन्द्रित है और किसी महिला का कौमार्य उसकी संपत्ति नहीं कही जा सकती | हालांकि एक अन्य हाइकोर्ट ने महिला के कौमार्य को उसकी संपत्ति का दर्जा दिया था लेकिन बॉम्बे हाइकोर्ट इस बात से सहमत नहीं है | वहीं दूसरी ओर आरोपी पुरुष पर लगाई गई बलात्कार की धारा भी वापस ले ली गई है क्योंकि न्यायालय के निर्णय के अनुसार विवाह से पहले दोनों ने आपसी सहमति

से संबंध बनाए थे, इसीलिए अगर विवाह नहीं भी हुआ तो इसके लिए किसी भी रूप में पुरुष अकेला दोषी नहीं कहा जा सकता | महिला को इस बात की जानकारी थी कि वह अविवाहित है और भारतीय समाज में विवाह से पहले शारीरिक संबंध बनाना अनैतिक है |

उपरोक्त मसले और न्यायालय के निर्णय पर गंभीरता से विचार किया जाए तो कुछ नारीवादी लोग भले ही इस मुद्दे को महिला के साथ होता अन्याय समझेंगे लेकिन क्या जानबूझ कर और पूरे होश में बनाए गए आपसी संबंध पुरुष को ही दोषी ठहराते हैं? क्या इसमें महिला की कोई गलती नहीं है जो उसने विवाह से पहले केवल विश्वास के आधार पर अपने प्रेमी के साथ संबंध बनाए | लिव इन संबंधों में भी रहने वाले जोड़े कानून के संरक्षण में दायरे में नहीं आते तो ऐसे में विवाह पूर्व अपनी मर्जी से शारीरिक संबंध स्थापित करने वाले जोड़े में पुरुष को दोषी क्यों कहा जाए, क्या महिला इसके लिए समान रूप से दोषी नहीं है?

भारतीय कानून व्यवस्था हमेशा महिलाओं की पक्षधर रही है और इसमें कोई दो राय नहीं है कि बहुत सी महिलाएं कानून को अपने फायदे के लिए भी प्रयोग करती हैं | पति और ससुराल वालों पर दहेज का झूठा आरोप लगाना, किसी पुरुष को सजा दिलवाने के लिए उस पर छेड़छाड और बलात्कार का आरोप लगाना आदि कुछ ऐसे ही मसले हैं जिन पर विचार होता नितांत आवश्यक है |

भले ही महिला द्वारा लगाए गए आरोप झूठे और बेमानी हों लेकिन समाज में महिला आज भी एक पीड़िता के रूप में ही देखी जाती है | ऐसा भी नहीं है कि सब महिलाएं झूठी और पुरुष शोषक की भूमिका में ही रहती हैं लेकिन अगर परिस्थितियों का निष्पक्ष रूप से विश्लेषण किया जाए तो यह समाज के हित के लिए ही सहायक होगा |

****

बलात्कार की लगातार आ रही खबरों के बाद देश शर्मसार है। बलात्कार की आ रही इन घटनाओं की भयावह सच्चाई के बीच कुछ ऐसे मामले भी सामने आए जो चौंकाते है। बात दरअसल ये थी कि महिलाओं ने झूठे आरोप लगाकर पुरुषों को फंसाया। यहां तक कि उनपर बलात्कार के झूठे आरोप भी लगाए। मामला तब खुला जब पुलिस ने कड़ाई से जांच

पड़ताल की, सीसीटीवी खंगाला और पूछताछ के दौरान सवाल जबाव भी किए। यानी सारा मामला झूठा था जिनमें महिलाओं ने पुरुषों को ऐसे कृत्य के लिए फंसाया था जो उन्होंने किया ही नहीं। पढ़िए ऐसे 10 मामले जिन्हें पढ़कर आप चौंक जाएंगे।

2 of 10

1. मामला 2016 का है जब एक महिला ने इंसाफ की मांग के साथ कोर्ट का दरवाजा खटखटाया और अपने ब्वाय फ्रेंड पर इसलिए बलात्कार का आरोप लगाया क्योंकि वह उससे एक हफ्ते से बात नहीं कर रहा था। महिला की शिकायत के बाद कोर्ट ने उसे गिरफ्तार किया। पूछताछ के बाद खुलासा हुआ की लड़की झूठ बोल रही है। लड़की की सच्चाई जानकर 28 साल के युवक को कोर्ट ने बलात्कार के मामले में बरी कर दिया। आज वह महिला उस युवक की पत्नी है और उसने माना कि उसने अपने पति के खिलाफ 'फेक केस' किया था। महिला ने यह भी बताया कि 2015 में वह गर्भवति भी हुई थी लेकिन उसे गर्भपात कराना पड़ा था।

2. दूसरा मामला दिल्ली के एक प्रॉपर्टी डीलर का है। 44 साल के प्रॉपर्टी डीलर के खिलाफ उसकी ही एक कर्मचारी ने बलात्कार का आरोप लगाया था। जून 2015 में लगाए गए इस आरोप की वजह से उसकी जिंदगी बर्बाद हो गई। यह मामला तब शुरू हुआ जब डीलर ने अपनी महिला कर्मचारी को काम के दौरान हेरा-फेरी करते हुए पाया। महिला ने पकड़े जाने के बाद अपनी महिला साथी के साथ मिलकर फ्लैट खरीदने के नाम पर उसे लुभाया और मिलने को मजबूर किया। इसके बाद उसे फ्लैट पर बुलाया लिया लेकिन डीलर गुप्ता ने कुछ भी नहीं किया था और जब सबूत के तौर पर सीसीटीवी फुटेज पेश किया गया तो मामला महिला पर ही भारी पड़ गया।

3. 2016 में ऐसे ही एक और झूठे बलात्कार के मामले में इंदौर की एक महिला ने शख्स को फंसाने का आरोप लगाया। महिला ने मुंबई के एक व्यवसायी पर होटल के कमरे में बलात्कार का आरोप लगाया। बिजनेसमैन ने खुद को यह साबित कर किसी तरह बचाया कि उस पर जिस समय रेप किए जाने का आरोप लगाया जा रहा है वह वहां था ही

नहीं। मोबाइल फोन और सीसीटीवी फुटेज की जांच के बाद महिला के आरोप झूठे साबित हुए। इसके बाद महिला को अंजुना पुलिस ने इंदौर से गिरफ्तार कर लिया।

4. एक और मामला 32 साल की महिला ने छह लोगों पर बलात्कार का आरोप लगाया। महिला ने कहा कि 25 जुलाई को 6 लोगों ने उसके साथ बलात्कार किया और उसपर रसायन फेंका। महिला होम मेकर थी। उसने पूरी कहानी गढ़ी। मामले का खुलासा तब हुआ जब महिला का मेडिकल कराया गया जहां पता चला कि महिला की छाती पर हल्की फुल्की चोट के निशान है लेकिन उसके साथ किसी तरह की जबरदस्ती का जांच में पता नहीं चला जैसा उसने शिकायत में कहा था।

महिला के बोले जा रहे झूठ का खुलासा पुलिस ने महिला और उसकी 14 साल की बेटी से अलग अलग बातचीत में पता लगाया। दोनों के बयान एक दूसरे से मिल नहीं रहे थे। मामले से जुड़े तीन लोगों सहित पुलिस ने बताया की कालबर्गी कर्नाटक से कालवा से इतने कम समय में पहुंचना मुश्किल ही नहीं नामुमकिन है।

5. मामला 7 जुलाई का है जब 20 साल की लड़की चरकोप पोलिस स्टेशन पहुंची और उसने कहा कि उसका तीन लोगों ने अपहरण कर चलती कार में बलात्कार किया है। उसने पुलिस को बताया कि गुरुवार की सुबह जब वह कॉलेज जा रही थी तब इको कार रुकी और उसमें मौजूद लोगों ने उसे कार में खींच लिया। उसने यह भी किया की बलात्कार के बाद उसे वो लोग अक्सा बीच पर फेंक कर चले गए। उस दौरान उन्होंने पैर रस्सी से बांध दिया था। लड़की के झूठ का खुलासा तब हुआ जब पुलिस ने सीसीटीवी फुटेज खंगाला। लड़की ने पुलिस को जो जगह बताया वहां वह मौजूद नहीं थी। झूठ के खुलासे के बाद लड़की ने बताया कि वह झूठ बोल रही है उसने लड़के को इसलिए फंसाया था क्योंकि लड़के ने लड़की मां को गाली दी थी।

6. ठाणे के अस्पताल में काम करने वाली 26 साल की एक नर्स जब हर दिन अपने घर की लड़ाई से परेशान हो गई तो उसने अपने पति को परेशान करने के लिए अपहरण और हरासमेंट की झूठी कहानी गढ़ी। नौपाड़ा पुलिस ने केस रजिस्टर किया और जांच में पाया कि पूरा मामला

फेक यानी झूठा है। उसने 13 जून को शिकायत रजिस्टर कराई जिसमें बताया कि उसका अपहरण ऑटो रिक्शे वाले ने दो अन्य लोगों के साथ मिलकर किया था। उसने कहा कि उसका अपहरण क्लोरोफॉर्म सुंघा कर किया गया। क्लोरोफॉर्म की वजह से वह बेहोश हो गई उसके बाद उसका शारीरिक शोषण भी किया गया। उसने बताया कि वह नौपाड़ा के पास हरी नगर से रिक्शा लिया था।

7. एक और मामला हेमंत रेड्डी का है। 38 साल के हेमंत पर बलात्कार का आरोप एक 17 साल की लड़की ने लगाया था। हेमंत को 22 फरवरी को सेशन अदालत ने बाइज्जत बरी कर दिया। जब अदालत ने लड़की से सवाल जबाव किया तो पता चला कि लड़की अपने दोस्त के भाई के साथ शारीरिक रिश्ते में थी।वह पांच महीने की गर्भवती थी। उसे अपने परिवार वालों का बहुत डर था इसलिए उसने रेड्डी पर बलात्कार का आरोप लगा दिया।

8. 20 साल की लड़की ने 34 साल के एक आदमी पर इसलिए बलात्कार का आरोप लगाया क्योंकि उसने शादी का झांसा देकर शारीरिक संपर्क बनाया लेकिन शादी नहीं की। वैसे लड़की आदमी पर चीटिंग का आरोप लगा कर पुलिस में मामला दर्ज किया था लेकिन पुलिस ने उसे आईपीसी की धारा 376 के तहत केस दर्ज कर दिया। केस 2016 में रजिस्टर किया गया एक साल बाद मामले को रफा-दफा किया गया।

9. वहीं दिल्ली की एक बेहद गंभीर घटना के बारे में पता चला कि एक महिला ने तीन पुरुषों को झूठे बलात्कार के मामले में फंसाया है। सारा मामला जून 2014 में शुरू हुआ जब हरी नगर पुलिस स्टेशन में महिला ने बलात्कार की शिकायत दर्ज की। बाद में जांच में यह पता चला कि महिला ने अपने पति और उसके दोस्त के कहने पर ऐसा किया था, जो मानते थे कि तीनों आरोपी ने महिला के घर से सोने के गहने चुराए थे।

10. रेप के झूठे केस न्याय प्रक्रिया का मजाक: बॉम्बे हाई कोर्ट

बॉम्बे हाई कोर्ट ने 20 साल की महिला से रेप करने के आरोप में गिरफ्तार हुए व्यक्ति को रिहा करने के आदेश दिए हैं। कोर्ट ने यह

आदेश पीड़िता और उसकी मां के इस बयान के आधार पर दिया कि उन्होंने आरोपी से पैसों की वसूली करने के लिए रेप का झूठा केस दायर किया था। जस्टिस साधना जाधव ने मां और बेटी को झूठी आरोप लगाने पर फटकार लगाई। उन्होंने कहा, 'यह बहुत ही दुर्भाग्यपूर्ण है कि एक व्यक्ति को इतने गंभीर मामले के झूठे आरोपों के चलते करीब एक साल सलाखों के पीछे रहना पड़ता है।'जज ने कहा, 'कोर्ट इस बात से बेखबर नहीं हो सकता कि ऐसी झूठी शिकायतों की वजह से रेप और यौन हमलों की असल पीड़ितों को गलत नजर से देखा जाता है।' वह आगे कहती हैं, 'चार्जशीट दायर करने में पुलिस ने अपना कीमती वक्त और अन्य साधन लगा दिए। जांच का कीमती वक्त खराब हुआ।' हाई कोर्ट ने आरोपी राजेश यादव (बदला हुआ नाम) को 25 हजार रुपये और लोगों की जमानत पर बेल दे दी। पुलिस द्वारा दायर की गई चार्जशीट के मुताबिक, राजेश को केस से छुटकारे के लिए ट्रायल कोर्ट जाना होगा।

बीते साल 12 फरवरी को पुलिस ने राजेश को पीड़िता की शिकायत पर गिरफ्तार कर लिया था। उसने आरोप लगाया था कि राजेश ने शादी का वादा कर उससे शारीरिक संबंध बनाए थे। शिकायत के मुताबिक, शादीशुदा राजेश ने पीड़िता को अबॉर्शन कराने और 1.7 लाख रुपये चुराने के लिए मजबूर किया। जुलाई 2015 में कोर्ट ने राजेश की बेल की अर्जी खारिज कर दी। इसके बाद एक और बेल की अपील दायर की गई। इस बार अर्जी के साथ एक हलफनामा भी दिया गया जिसमें पीड़िता ने दावा किया कि उसने परिवार के दबाव में एफआईआर दर्ज कराई थी। उसने कहा कि वह जानती थी कि राजेश शादीशुदा है और उसने उससे सहमति से संबंध बनाए थे। इसके बाद कोर्ट ने उसकी मां के खिलाफ नोटिस जारी कर दिया।

सुनवाई में झूठ आरोपों की बात सामने आने पर मां ने माफी की मांग की। कोर्ट से मिले नोटिस पर मां ने दावा किया था कि राजेश ने 1.7 लाख रुपये नहीं लौटाए थे। पीड़िता ने बताया कि राजेश को सबक सिखाने के लिए उस पर परिवार की ओर से जबर्दस्त दबाव था। सरकारी वकील ने मां और बेटी की माफी का विरोध किया है।

कोर्ट ने रेप के झूठे केसों पर दुख प्रकट किया। उसने कहा कि चार केसों में देखने में आया है कि बेल के मौके पर पेश हुई पीड़िता ने कहा कि उसने भावावेश में आकर या बदला लेने के इरादे से ऐसा किया। कोर्ट ने कहा, 'यह न सिर्फ न्यायिक प्रक्रिया का दुरुपयोग है, बल्कि न्याय का उपहास भी है। किसी भी नागरिक को बदला लेने के लिए कानून का गलत इस्तेमाल नहीं करने दिया जा सकता। कोर्ट इस पर मूक दर्शक नहीं बन सकता। इससे समाज को गलत संदेश जाएगा।'

****

पुरुषों को रेप के झूठे मामलों से बचाने की जरूरतः अदालत

रेप के मामले से एक वकील को आरोपमुक्त करते हुए दिल्ली की एक कोर्ट ने कहा कि अब समय आ गया है कि ऐसे झूठे मामलों के प्रभाव से पुरुषों को सुरक्षा देने के लिए कदम उठाया जाए। कोर्ट ने रेप के इस मामले में कहा कि यदि वकील चाहे तो वह क्षतिपूर्ति के लिए शिकायतकर्ता के खिलाफ केस दायर कर सकता है।

महिला ने आरोप लगाया था कि साल 2010 से 2012 तक यहां की एक अदालत में आरोपी के चैंबर में उसके साथ बार-बार रेप किया गया था। अडिशनल सेशन जज निवेदिता अनिल शर्मा ने कहा, 'इस बात को नजरअंदाज नहीं किया जा सकता कि आरोपी, जो कि एक वकील है, उन्हें इस मामले की वजह से कानूनी खर्च के अलावा, अपमान, परेशानी और मुसीबत का सामना करना पडा।'

जज ने कहा, 'उनके लिए परेशानी आरोपमुक्ति के बाद भी जारी रह सकती है क्योंकि इस मामले में उनके फंसने पर समाज में इतना शोरगुल हुआ होगा लेकिन उनकी आरोपमुक्ति पर शायद ध्यान भी न दिया जाए। वह रेप मामले के आरोपी होने का दंश लगातार झेलते रहेंगे।' कोर्ट ने कहा, 'उनका सम्मान लौटाना संभव नहीं और न ही उन्हें हुई परेशानी, अपमान या मुसीबत की क्षतिपूर्ति ही की जा सकती है।'

अदालत ने पुरुषों को ऐसे झूठे मामलों से सुरक्षा प्रदान करने की जरूरत

पर जोर देते हुए कहा कि अब एक कदम उठाने का समय आ गया है। जज ने कहा, 'कोई भी पुरुषों के सम्मान को लेकर चर्चा नहीं कर रहा है क्योंकि सभी सिर्फ महिलाओं के अधिकारों और सम्मान के लिए लड़ रहे हैं।'

उन्होंने कहा, 'महिलाओं की सुरक्षा के लिए कानून बनाए जा रहे हैं लेकिन ऐसे समय पर पुरुषों को सुरक्षा देने वाला कानून कहां है, जब उसे ऐसी किसी महिला द्वारा झूठे मामले में फंसाया और परेशान किया जा रहा हो। मौजूदा मामले में ऐसा ही हुआ है। अब समय आ गया है कि कदम उठाया जाए।'

अभियोजन के अनुसार, आरोपी के साथ एक क्लर्क के तौर पर काम करने वाली महिला ने यह आरोप लगाते हुए शिकायत दर्ज कराई थी कि आरोपी ने दो साल तक उसके साथ बार-बार रेप किया और साथ ही उसे धमकी भी दी कि यदि वह यह बात किसी और को बताएगी तो वह उसकी हत्या कर देगा।

आरोपी के खिलाफ IPC की धारा 376(2)(n) (बार-बार एक महिला के साथ रेप करना), 354A (यौन उत्पीडन), 354D (पीछा करना) और 506 (आपराधिक धमकी) के तहत आरोपपत्र दाखिल किया गया था। हालांकि अदालत में महिला अपनी बात से पलट गई और उसने कहा कि आरोपी निर्दोष है और उसने गुस्से में आकर शिकायत दर्ज करा दी थी।

अदालत ने कहा, 'शिकायतकर्ता की गवाही के आधार पर ऐसी घटना का कभी घटित हुआ होना बेहद असंभावित है। उसने स्पष्ट तौर पर यह कहा है कि आरोपी ने न तो उसका रेप किया और न ही उसे और उसके परिवार को मारने की धमकी दी। उसे आरोपी के खिलाफ कोई शिकायत नहीं थी। उसने आरोपी की आरोप मुक्ति के लिए प्रार्थना तक की है।'

अदालत ने कहा, 'आपराधिक दंड संहिता की धारा 313 के तहत आरोपी को आरोपमुक्त किया जाता है क्योंकि उसके खिलाफ कोई चीज है ही नहीं।'

****

शादी का दबाव बनाने के लिए रेप के 'झूठे' केस में फंसाने वाली महिला परहाईकोर्ट ने लगाया 10 हजार का जुर्माना

इलाहाबाद हाई कोर्ट ने टिप्पणी करते हुए कहा कि हमारे देश में न्याय व्यवस्था पहले से ही केसों के अधिक बोझ से जूझ रही है. कानूनी प्रक्रिया का दुरुपयोग स्थिति को और अधिक जटिल करने वाला है, जो अदालत और जांच एजेंसियों का कीमती समय बर्बाद कर रहा है | यदि जांच एजेंसी और अदालत दोनों को झूठे मामलों से निपटने में समय लगायेगी तो वास्तविक मामलों का निपटारा नहीं हो सकेगा | याची पर आरोप लगाया गया कि उसने शादी का वायदा कर शिकायतकर्ता के साथ शारीरिक संबंध स्थापित किए | फिर शादी करने से इनकार कर दिया| उसके साथ दुराचार किया गया है | हालांकि बाद में दोनों ने शादी कर ली और समझौता कर लिया.

इलाहाबाद हाईकोर्ट ने एक महत्वपूर्ण फैसले में शादी से पहले पति के खिलाफ बलात्कार के 'झूठे' आरोपों पर एफआईआर दर्ज कराने वाली महिला पर 10 हज़ार रूपये का हर्जाना लगाया है| महिला ने बाद में आरोपी से ही शादी कर ली थी | कोर्ट ने आरोपी पति के खिलाफ दर्ज झूठी एफआईआर भी रद्द कर दी है | यह आदेश जस्टिस अंजनी कुमार मिश्र और जस्टिस दीपक वर्मा की खंडपीठ ने सलमान उर्फ मोहम्मद सलमान की याचिका पर दिया |याची पर आरोप लगाया गया कि उसने शादी का वायदा कर शिकायतकर्ता के साथ शारीरिक संबंध स्थापित किए| फिर शादी करने से इनकार कर दिया | उसके साथ दुराचार किया गया है| हालांकि बाद में दोनों ने शादी कर ली और समझौता कर लिया|

बलात्कार का आरोप झूठा

इसके बाद, महिला (अब आरोपी की पत्नी) ने जांच अधिकारी के समक्ष आवेदन किया, और कहा कि कुछ लोगों ने पहले उसके और सलमान (आरोपी) के बीच दरार पैदा कर दी थी| इसलिए एफआईआर निरस्त कर दी जाए| कोर्ट ने कहा कि अपने आवेदन में महिला ने स्पष्ट रूप से कहा कि सलमान और उसके बीच कोई शारीरिक संबंध नहीं थे और वह केवल सलमान से प्यार करती थी. बलात्कार का आरोप झूठा है |

****

'इसे सबक सिखाना चाहिए': मध्य प्रदेश हाईकोर्ट ने कथित रूप से बलात्कार का झूठा मामला दर्ज कराने पर शिकायतकर्ता के खिलाफ जांच का आदेश दिया

मध्य प्रदेश हाईकोर्ट ने हाल ही में जिला सीहोर के एसपी को एक शिकायतकर्ता के खिलाफ उचित जांच करने का निर्देश दिया। इसने कथित तौर पर बलात्कार का झूठा मामला दर्ज किया था। जस्टिस संजय द्विवेदी ने कहा कि इस तरह की कार्रवाई कानून के प्रावधानों के दुरुपयोग के अलावा और कुछ नहीं है और अदालत को शिकायतकर्ता जैसे व्यक्तियों को सबक सिखाना चाहिए। जस्टिस संजय द्विवेदी ने आदेश दिया, "पुलिस अधीक्षक, सीहोर को मामले में उचित जांच करने का निर्देश दिया जाता है। यदि शिकायतकर्ता के आवेदक के खिलाफ झूठा आरोप लगाने सही पाया जाता है तो उसके खिलाफ झूठी शिकायत करने के लिए कानून के अनुसार अपराध दर्ज किया जाए।" इसमें कहा गया कि यदि शिकायतकर्ता के खिलाफ झूठी शिकायत करने के लिए कोई गैर-जमानती अपराध बनता है तो पुलिस कानून के अनुसार आगे बढ़ने के लिए स्वतंत्र होगी। कोर्ट भारतीय दंड संहिता (आईपीसी) की धारा 376, 365 और 323/34 के तहत आरोपी द्वारा पेश की गई अग्रिम जमानत के आवेदन पर विचार कर रहा था। आवेदक का मामला यह था कि शुरू में शिकायतकर्ता द्वारा उसके खिलाफ शिकायत की गई। इसमें आरोप लगाया गया कि उसने उसके साथ बलात्कार किया। इसके बाद शिकायतकर्ता ने सीआरपीसी की धारा 164 और 161 के तहत दर्ज एफआईआर में लगाए गए अपने आरोपों को दोहराया। यह कहते हुए कि निचली अदालत के समक्ष आवेदक द्वारा पेश की गई अग्रिम जमानत के लिए आवेदन की सुनवाई के दौरान, शिकायतकर्ता ने एक हलफनामा दिया। इसमें कहा गया कि यदि आवेदक को जमानत दी जाती है तो उसे कोई आपत्ति नहीं होगी। उसने आगे स्वीकार किया कि गगन अग्रवाल (आवेदक) ने उसके साथ बलात्कार नहीं किया था। पुलिस के कहने पर ही उसने उसके खिलाफ बलात्कार का आरोप लगाया था। इसलिए, आवेदक ने प्रस्तुत किया कि पूर्वोक्त के मद्देनजर, यह

स्पष्ट था कि वह निर्दोष था और कथित अपराध में झूठा फंसाया गया था। इस तरह, वह अग्रिम जमानत की सुरक्षा पाने का हकदार है। राज्य ने आवेदक के साथ सहमति व्यक्त की और प्रस्तुत किया कि मामला शिकायतकर्ता द्वारा कानून के दुरुपयोग के अलावा और कुछ नहीं है। आगे यह प्रस्तुत किया गया कि हालांकि, एफआईआर में और सीआरपीसी की धारा 164 और 161 के तहत दर्ज किए गए बयान में उसने स्पष्ट रूप से आवेदक के खिलाफ बलपूर्वक बलात्कार का आरोप लगाया था। उसने बाद में ट्रायल कोर्ट के समक्ष एक झूठा शिकायत की। दोनों पक्षों की दलीलों पर विचार करते हुए और मामले के गुण-दोष पर कुछ भी टिप्पणी किए बिना अदालत ने आवेदन को स्वीकार कर लिया और आरोपी को अग्रिम जमानत दे दी। अदालत ने शिकायतकर्ता के व्यवहार पर कड़ी आपत्ति जताई और एसपी, जिला सीहोर को मामले को देखने का निर्देश दिया। इसने संबंधित अधिकारी को आदेश की तारीख से 15 दिनों के भीतर जांच रिपोर्ट प्रस्तुत करने का भी निर्देश दिया। केस शीर्षक: गगन अग्रवाल बनाम मध्य प्रदेश राज्य

20

बाल अपराध

Protection of Children from Sexual Offenses (POCSO) Act-2012

किशोरी के परिवार के कहने पर युवक पर पुलिस का पॉक्सो एक्ट लगाना दुर्भाग्यपूर्ण : दिल्ली हाईकोर्ट

लड़की के संबंधों पर आपत्ति जताते हुए परिवार के कहने पर पुलिस द्वारा लड़के के खिलाफ यौन उत्पीड़न के प्रावधान लगाने के चलन को लेकर चिंता प्रकट करते हुए दिल्ली हाईकोर्ट ने कहा है कि यौन अपराधों से बच्चों का संरक्षण (पॉक्सो) कानून (POCSO Act) का दुरुपयोग हो रहा है। हाईकोर्ट ने एक नाबालिग लड़की से दुष्कर्म के आरोपी 21 वर्षीय युवक को जमानत देते हुए कहा कि वह उन दोनों (युवक-लड़की) के बीच दोस्ती से इनकार नहीं कर सकता है। साथ ही, कहा कि ऐसा लगता है कि एफआईआर लड़की के परिवार के कहने पर दर्ज की गई, जो उसके गर्भवती होने के बारे में जानकारी मिलने पर शर्मिंदगी महसूस कर रहा था। आरोपी ने लड़की के साथ प्रेम संबंध रहने का दावा किया था।

हाईकोर्ट ने कहा कि आपसी सहमति से यौन संबंध कानून के अस्पष्ट क्षेत्र में है क्योंकि नाबालिग (लड़की) द्वारा दी गई सहमति को कानून की नजरों में वैध सहमति नहीं कहा जा सकता है। यहां यह सवाल उठता है कि याचिकाकर्ता (युवक) को जमानत दी जानी चाहिए, या नहीं।

जस्टिस सुब्रमण्यम प्रसाद ने कहा कि यह एक दुर्भाग्यपूर्ण चलन बन गया है कि पुलिस लड़की के परिवार के कहने पर पॉक्सो के मामले दर्ज कर रही है, जिसने युवक से उसकी दोस्ती और प्रेम प्रसंग पर आपत्ति जताई थी। इस तरह, कानून के प्रावधान का दुरुपयोग किया जा रहा है।

हाईकोर्ट ने कहा कि युवक और लड़की की उम्र, दोनों के बीच प्रेम संबंध होने की ओर इंगित करने वाली तस्वीरें और मेडिकल रिपोर्ट दर्ज किए जाते समय बयानों में विसंगतियां, एफआईआर, ये सभी ऐसे तथ्य हैं जो आरोपी को जमानत देने की ओर ले जाते हैं।

हाईकोर्ट ने कहा कि ऐसा प्रतीत होता है कि समाज में शर्मिंदगी से बचने और गर्भपात कराने के लिए इस एफआईआर के दर्ज कराए जाने ने इसे यौन शोषण का रूप दिया और इसे पॉक्सो कानून के दायरे में ला दिया।

कोर्ट ने इस बात का जिक्र किया कि लड़की को युवक को जमानत मिलने से कोई आपत्ति नहीं है। अदालत ने कहा कि वे दोनों ही तकरीबन हमउम्र हैं और इस तथ्य की अनदेखी नहीं की जा सकती कि आरोपी सिर्फ 21 साल का है, जिसका अभी पूरा जीवन शेष है। अदालत को बताया गया कि जमानत पर रिहा होने के बाद व्यक्ति उत्तर प्रदेश के हरदोई जिले में अपने माता-पिता के पास रहेगा और उसके पते का अभियोजन ने सत्यापन किया है।

अदालत ने युवक को 50,000 रुपये का एक निजी मुचलका और इतनी ही रकम की दो जमानत देने तथा अदालत में हाजिर होने के अलावा जिले से बाहर नहीं जाने का निर्देश दिया।

एफआईआर के मुताबिक, लड़की ने शिकायत की थी कि वह 16 वर्ष की है और पिछले साल जनवरी में 12वीं कक्षा की छात्रा थी तथा युवक उसका पीछा किया करता था और उससे दोस्ती करने का उसे प्रस्ताव दिया था, लेकिन उसने इनकार कर दिया था।

दूसरी ओर, जमानत का अनुरोध कर रहे आरोपी का कहना था कि स्कूल में ही उसकी इस लड़की से दोस्ती हो गई थी और इस लड़की की उम्र 18 साल और उसकी उम्र 21 साथ थी। आरोपी का यह भी कहना था कि शिकायतकर्ता को उसके परिवार के सदस्यों ने एफआईआर दर्ज

कराने के लिए डराया-धमकाया है।

****

"POCSO Act में 'प्रेम संबंध' जमानत का आधार नहीं", SC ने रद्द किया झारखंड हाईकोर्ट का आदेश

पीठ ने अपने आदेश में कहा, "अभियोजन पक्ष की उम्र और अपराध की प्रकृति एवं गंभीरता को देखते हुए जमानत देने का कोई मामला नहीं बनता."

सुप्रीम कोर्ट ने कहा है कि लड़की और आरोपी के बीच "प्रेम संबंध" तथा कथित तौर पर "शादी से इनकार" जैसे आधारों का पोक्सो के मामले में जमानत के मुद्दे पर कोई असर नहीं पड़ेगा| न्यायमूर्ति डी वाई चंद्रचूड़ और न्यायमूर्ति सूर्यकांत की पीठ ने यौन अपराधों से बच्चों के संरक्षण (पॉक्सो) अधिनियम 2012 और IPC के तहत दर्ज मामले में एक आरोपी को जमानत देने के झारखंड उच्च न्यायालय के एकल न्यायाधीश के आदेश को रद्द कर दिया|

पीठ ने कहा कि प्रथम दृष्टया अदालत के समक्ष सामग्री से प्रतीत होता है कि जब कथित अपराध हुआ था तो अपीलकर्ता की उम्र बमुश्किल तेरह वर्ष की थी| इसने कहा कि इन दोनों आधारों का जमानत देने पर कोई असर नहीं पड़ेगा कि अपीलकर्ता (लड़की) और प्रतिवादी (आरोपी) के बीच 'प्रेम संबंध' थे तथा साथ ही कथित तौर पर शादी से इनकार करने वाली परिस्थितियां थीं|

पीठ ने अपने आदेश में कहा, "अभियोजन पक्ष की उम्र और अपराध की प्रकृति एवं गंभीरता को देखते हुए जमानत देने का कोई मामला नहीं बनता|"शीर्ष अदालत ने निर्देश दिया कि आरोपी को तुरंत आत्मसमर्पण करना चाहिए| लड़की की ओर से वरिष्ठ अधिवक्ता आनंद ग्रोवर और अधिवक्ता फौजिया शकील ने कहा कि पीड़िता की जन्म तिथि एक जनवरी 2005 है और कथित अपराध के समय उसकी उम्र केवल तेरह वर्ष थी| आरोपी की ओर से पेश अधिवक्ता राजेश रंजन की इस दलील पर कि उनका मुवक्किल एक इंजीनियरिंग कॉलेज में पढ़ने वाला छात्र है और उसे पूरे मुकदमे के दौरान जमानत नहीं मिलेगी|पीठ ने कहा कि तथ्यों और परिस्थितियों को देखते हुए विशेष न्यायाधीश, पॉक्सो इस

आदेश की प्रमाणित प्रति प्राप्त होने की तारीख से छह महीने के भीतर मुकदमा पूरा करेंगे | शीर्ष अदालत ने उल्लेख किया कि 27 जनवरी, 2021 को रांची जिले के कांके थाने में भारतीय दंड संहिता की धारा 376 और पॉक्सो अधिनियम के प्रावधानों के तहत दंडनीय अपराधों के आरोप में प्राथमिकी दर्ज की गई थी |प्राथमिकी में याचिकाकर्ता लड़की ने आरोप लगाया था कि जब वह नाबालिग थी तो आरोपी उसे एक आवासीय होटल में ले गया था और उसने शादी करने का आश्वासन देकर उसके साथ यौन संबंध बनाए थे | उसने आरोप लगाया था कि आरोपी उससे शादी करने से इनकार कर रहा है और उसने उसके पिता को कुछ अश्लील वीडियो भेजे हैं |

शीर्ष अदालत ने उल्लेख किया कि आरोपी के अग्रिम जमानत आवेदन को विशेष न्यायाधीश पॉक्सो, रांची ने 18 फरवरी, 2021 को खारिज कर दिया था, जिसके बाद उसने तीन अप्रैल, 2021 को आत्मसमर्पण कर दिया था और जमानत मांगी थी | पुलिस ने 24 मई, 2021 को विशेष न्यायाधीश के समक्ष आरोपपत्र दायर किया था और झारखंड उच्च न्यायालय के एकल न्यायाधीश ने आरोपी की जमानत याचिका को स्वीकार कर लिया |

अध्याय 21 : घरेलू हिंसा IPC Section 498 A का दुरुपयोग

महिला को उत्पीड़न से बचाने वाला कानूनी ढाल क्यों पति के रिश्तेदारों को फंसाने का बना हथियार|

इंडियन पेनल कोड की धारा 498 ए शादीशुदा महिला के साथ ससुराल में क्रूरता के मामले में लगाई जाती है। दहेज उत्पीड़न और दहेज के लिए हत्याओं के मामलों को देखते हुए 1983 में आईपीसी में धारा 498ए शामिल की गई थी।

- सुप्रीम कोर्ट ने आईपीसी की धारा 498 ए के दुरुपयोग पर जताई चिंता
- सुप्रीम कोर्ट ने अदालतों से 498 A से जुड़े मामलों में सावधानी बरतने को कहा है

- किसी महिला के ऊपर दहेज के लिए प्रताड़ित करने पर लगती है आईपीसी की ये धारा
- जिस कानून का मकसद ढाल बन सुरक्षा देना है, उसका हथियार के तौर पर हो रहा दुरुपयोग

दिल्ली के रहने वाले 33 साल के सुमित (बदला हुआ नाम) के मोबाइल नंबर पर पिछले महीने एक दिन लोकल पुलिस स्टेशन से फोन आता है। उन्हें बताया जाता है कि एक महिला ने उनके खिलाफ कुछ शिकायत की है। कैसी शिकायत है, ये नहीं बताया जाता है। जब सुमित थाने पहुंचते हैं तो पुलिस उन्हें रेप के आरोप में गिरफ्तार कर लेती है। उनकी मां पर भी गिरफ्तारी की तलवार लटक रही होती है लेकिन अग्रिम जमानत मिल जाने से वह जेल जाने से बच जाती हैं। कहने को ते ये रेप से जुड़ा मामला है लेकिन ये भारत में दहेज उत्पीड़न (Harassment for dowry) और घरेलू हिंसा (Domestic Violence) से जुड़े कानूनों के दुरुपयोग का जीता-जागता उदाहरण है। क्यों और कैसे, ये आगे समझते हैं। सुप्रीम कोर्ट ने एक अलग मामले की सुनवाई के दौरान आईपीसी की धारा 498-A के दुरुपयोग (Misuse of IPC section 498 A) को लेकर बेहद तल्ख टिप्पणियां की हैं।

पति-पत्नी में विवाद। धीरे-धीरे दूरियां। फिर ससुराल वालों को सबक सिखाने के लिए कानून का हथियार के तौर पर इस्तेमाल करना। पति, सास, ससुर, देवर, ननद सब जेल में। कभी-कभी तो पति के रिश्तेदार माता-पिता सदमा बर्दाश्त नहीं कर पाते हैं और आत्महत्या तक कर लेते हैं। दहेज उत्पीड़न से जुड़ी आईपीसी की धारा 498 ए के दुरुपयोग की यही कहानी है। ससुराल वालों को सबक सिखाने और प्रताड़ित करने के लिए 498 ए के साथ-साथ आईपीसी की धारा 376 (रेप) तक का इस्तेमाल होने लगा है।

पति के साथ विवाद और पूरे परिवार को फंसा दिया

सुमित के मामले में शिकायतकर्ता कोई और नहीं बल्कि उनके बड़े भाई से अलग रह रही उनकी पत्नी हैं। शिकायतकर्ता महिला और सुमित के

भाई की 2006 में शादी हुई। कुछ महीने बाद ही दंपती में अनबन होने लगी। अक्टूबर 2007 में महिला ने पति समेत ससुराल वालों पर दहेज के लिए उत्पीड़ित करने का आरोप लगाया। मई 2008 में महिला ने पति, सास और देवर (सुमित) के खिलाफ घरेलू हिंसा का केस दर्ज कराया। 2011 में महिला ने आरोपों को वापस ले लिया लेकिन रिश्तों में खटास बरकरार रही।

2016 में रोहिणी की महिला कोर्ट ने पति को हर महीने 15 हजार रुपये गुजारा भत्ता देने का आदेश दिया। पति-पत्नी अलग-अलग रहने लगे। पति हर महीने 15 हजार रुपये देता रहा। महिला के ससुरालियों का आरोप है कि महिला कुछ महीनों से और ज्यादा पैसे की मांग करने लगी थी। ऐसा नहीं होने पर सबक सिखाने की बात कहती थी। पति से अलग रहने के करीब 6 साल बाद अचानक महिला ने अपने देवर (सुमित) के खिलाफ रेप का आरोप लगा दिया। सुमित गिरफ्तार कर लिया गया और करीब एक महीने बाद उसे निचली अदालत से जमानत मिल पाई।

आईपीसी की धारा 498A के तहत पति और उसके रिश्तेदारों के खिलाफ फर्जी मामलों के मद्देनजर सुप्रीम कोर्ट ने अर्नेश कुमार मामले में दिए अपने फैसले में इस तरह के मामलों में बेगुनाह पति और उसके रिश्तेदारों को गिरफ्तारी से प्रोटेक्शन दिया था। कोर्ट ने कहा था कि 498A पीड़ित महिला के लिए शील्ड है और उसका हथियार के तौर पर इस्तेमाल करना गलत है। लेकिन उस फैसले के बाद भी इस धारा का दुरुपयोग हो रहा है।

शिकायत में न कथित अपराध वाले दिन, समय या जगह का जिक्र महिला ने सुमित के खिलाफ पुलिस को दी अपनी शिकायत में आरोप लगाया कि उसने उसके साथ 'गलत काम' किया था और वह लोकलाज की वजह से चुप रही थी। शिकायत में इसका तब जिक्र नहीं था कि कथित रेप कब और कहां हुआ। सुमित ने जमानत के लिए दलील दी कि महिला ने न तो 2007 के केस में कथित यौन उत्पीड़न का जिक्र किया, न ही 2008 में घरेलू हिंसा से जुड़ी शिकायत में इसका जिक्र किया। पति-पत्नी के बीच कानूनी विवाद के दौरान महिला ने कभी भी खुद के साथ

कथित यौन उत्पीड़न का जिक्र नहीं किया था। सुमित के वकील प्रशांत मनचंदा ने कोर्ट में दलील दी कि उनके मुवक्किल को फर्जी रेप केस में फंसाया गया है। आखिरकार कोर्ट ने सुमित को जमानत दे दी।

इस तरह ससुराल वालों पर केस नहीं चला सकते, दहेज प्रताड़ना मामले में सुप्रीम कोर्ट का बड़ा आदेश

मनचंदा कहते हैं, 'आईपीसी की धारा 498A के तहत पति और उसके रिश्तेदारों के खिलाफ फर्जी मामलों के मद्देनजर सुप्रीम कोर्ट ने अर्नेश कुमार मामले में दिए अपने फैसले में इस तरह के मामलों में बेगुनाह पति और उसके रिश्तेदारों को गिरफ्तारी से प्रोटेक्शन दिया था। कोर्ट ने कहा था कि 498A पीड़ित महिला के लिए शील्ड है और उसका हथियार के तौर पर इस्तेमाल करना गलत है। लेकिन उस फैसले के बाद भी इस धारा का दुरुपयोग हो रहा है। यहां तक कि पति और उसके रिश्तेदारों के खिलाफ रेप जैसे गंभीर आरोप तक लगाए जा रहे हैं ताकि पूरे परिवार को परेशान किया जा सके। ऐसे मामलों में फैमिली मेंबर गिरफ्तार भी हो रहे हैं। कानून ढाल की तरह हैं, इनका दुरुपयोग करते हुए बेगुनाहों के खिलाफ हथियार की तरह इस्तेमाल पर रोक लगनी ही चाहिए।'

498 ए का दुरुपयोग

सुमित का मामला कानून के दुरुपयोग का कोई इकलौता मामला नहीं है। दहेज लेना या देना कानूनन तो अपराध है ही, सामाजिक रूप से भी ये बहुत बड़ा पाप है। ये हकीकत है कि देश में आज भी हजारों, लाखों महिलाओं को दहेज को लेकर यातनाएं सहनी पड़ती हैं। यहां तक कि उनकी हत्या भी कर दी जाती है। दहेज उत्पीड़न को रोकने के लिए ही आईपीसी में 498A का प्रावधान किया गया है। लेकिन इस कानून का बड़े पैमाने पर दुरुपयोग हो रहा है जिस पर सुप्रीम कोर्ट समय-समय पर तल्ख टिप्पणी कर चुका है। डॉक्युमेंट्री फिल्म मेकर और ऐक्टिविस्ट दीपिका नारायण भारद्वाज 498A के दुरुपयोग के खिलाफ अलख जला रही हैं। उन्होंने इसे लेकर 'मार्टर्स ऑफ मैरिज' नाम से डॉक्युमेंट्री फिल्म

भी बनाई हैं। भारद्वाज कहती हैं, 'दुरुपयोग के मामलों को आप ये कहकर नहीं खारिज कर सकते कि ये गिने-चुने हैं। मेरे पास सैकड़ों की तादाद में ऐसे पुरुष मदद मांग चुके हैं जिन्हें कथित तौर पर झूठे केस में फंसाया गया है।'

भारत में इस वक्त वैवाहिक रिश्ते में बलात्कार के कानून को लेकर बात हो रही है। दिल्ली उच्च न्यायालय ने सरकार को सिर्फ दो हफ्ते दिए हैं इस पर अपना मत देने के लिए। ये केस बताता है की किस तरह बलात्कार की धारा का पारिवारिक विवादों में दुरुपयोग हो रहा है और सवाल भी उठाता है कि अगर कानून आ गया तो पतियों को इस तरह के झूठे इल्ज़ामों से कौन बचाएगा। FIR में सिर्फ एक लाइन की वजह से इस इंसान को बलात्कारी बना दिया गया और जेल में डाल दिया गया। कौन इसकी भरपाई करेगा?

मैरिटल रेप के मामले में भी यही आशंका जताई जा रही है कि अगर इसे आपराधिक बनाया गया तो इसका भी 498A की तरह बड़े पैमाने पर दुरुपयोग किया जा सकता है। दीपिका नारायण भारद्वाज कहती हैं, 'भारत में इस वक्त वैवाहिक रिश्ते में बलात्कार के कानून को लेकर बात हो रही है। दिल्ली उच्च न्यायालय ने सरकार को सिर्फ दो हफ्ते दिए हैं इस पर अपना मत देने के लिए। ये केस बताता है की किस तरह बलात्कार की धारा का पारिवारिक विवादों में दुरुपयोग हो रहा है और सवाल भी उठाता है कि अगर कानून आ गया तो पतियों को इस तरह के झूठे इल्ज़ामों से कौन बचाएगा। FIR में सिर्फ एक लाइन की वजह से इस इंसान को बलात्कारी बना दिया गया और जेल में डाल दिया गया। कौन इसकी भरपाई करेगा?'

<u>10 साल जेल में काटे, अब नाबालिग के रूप में रिहा होगा 52 साल का व्यक्ति</u>

क्या है 498 A

इंडियन पेनल कोड की धारा 498 ए शादीशुदा महिला के साथ ससुराल में क्रूरता के मामले में लगाई जाती है। दहेज उत्पीड़न और दहेज के लिए हत्याओं के मामलों को देखते हुए 1983 में आईपीसी में धारा 498ए

शामिल की गई थी। ये एक गैरजमानती धारा है। इसका मुख्य उद्देश्य महिला को पति या उसके रिश्तेदारों की प्रताड़ना से बचाना था। अगर किसी पति या उसके रिश्तेदार महिला का उत्पीड़न करते हैं तो उन्हें 3 साल तक की सजा के साथ-साथ जुर्माना भी हो सकती है।

धारा किसी महिला पर उसके पति या ससुराल वालों की तरफ से हो रही प्रताड़ना पर लागू होती है। पति या पति के रिश्तेदार अगर महिला पर क्रूरता करते हैं तो उनके खिलाफ इस धारा का इस्तेमाल होता है। इस धारा के तहत 'क्रूरता' मानी जाती है-

A- ऐसा कृत्य जो महिला को आत्महत्या के लिए उकसाता हो या उसकी जान के लिए खतरा हो या उसे गंभीर चोट पहुंचाता हो या उसके शारीरिक या मानसिक स्वास्थ्य के लिए खतरा हो |

B- महिला से प्रॉपर्टी या मूल्यवान चीजों की गैरकानूनी डिमांड करना और मांग पूरी न होने पर उसका उत्पीड़न करना |

2014 में सुप्रीम कोर्ट में अर्नेश कुमार बनाम बिहार सरकार मामले में 498 A के दुरुपयोग पर चिंता जताई थी। कोर्ट ने अपने फैसले में कहा कि धारा 498 A का दुरुपयोग किया जा रहा है। इसके तहत झूठे केस दर्ज किए जा रहे हैं। सुप्रीम कोर्ट ने कहा कि ऐसे मामलों में आरोपी की तत्काल गिरफ्तारी न हो, बल्कि जांच-पड़ताल के बाद अगर आरोपों में दम दिखे तभी गिरफ्तारी हो।

सुप्रीम कोर्ट ने 8 फरवरी को दहेज प्रताड़ना मामले में बड़ा आदेश दिया है। उसने कहा है कि 498ए (दहेज प्रताड़ना) मामले में पति के रिलेटिव के खिलाफ स्पष्ट आरोप के बिना केस चलाना कानूनी प्रक्रिया का दुरुपयोग है। शीर्ष न्यायालय के अनुसार, पति के रिश्तेदार (महिला के ससुरालियों) के खिलाफ सामान्य और बहुप्रयोजन वाले आरोप के आधार पर केस चलाया जाना कानूनी प्रक्रिया का दुरुपयोग है। इस तरह

केस नहीं चलाया जा सकता है। सुप्रीम कोर्ट ने महिला के ससुरालियों के खिलाफ चल रहे दहेज प्रताड़ना के केस को खारिज कर दिया। दहेज उत्पीड़न से जुड़े कानूनी प्रावधानों का पति के रिश्तेदारों की घसीटने के लिए हो रहे दुरुपयोग का जिक्र करते हुए सुप्रीम कोर्ट ने कहा कि अदालतों को इस तरह की शिकायतों के मामले में बहुत सावधानी बरतनी होगी।

महिला ने पति के रिश्तेदारों को फंसाया

महिला के पति और उसके रिलेटिव (ससुरालियों) के खिलाफ दहेज प्रताड़ना का केस दर्ज किया गया था। एफआईआर और कानूनी कार्रवाई खारिज करने के लिए पति और उसके रिश्तेदारों ने पटना हाई कोर्ट में अर्जी दाखिल की थी। हाई कोर्ट ने अर्जी खारिज कर दी जिसके बाद सुप्रीम कोर्ट में पति के रिश्तेदारों यानी महिला के ससुरालियों ने अर्जी दाखिल कर क्रिमिनल केस खारिज करने की गुहार लगाई। याचिका में कहा गया कि उन्हें प्रताड़ित करने के लिए यह केस दर्ज किया गया है। वहीं महिला का आरोप था कि उसे दहेज के लिए मानसिक और शारीरिक तौर पर प्रताड़ित किया गया। सुप्रीम कोर्ट ने कहा कि सवाल यह है कि क्या पति के रिश्तेदारों यानी महिला के ससुरालियों के खिलाफ जनरल और बहुप्रयोजन वाले आरोप को खारिज किया जाए या नहीं?

21

वेश्यावृत्ती पेशा है

भारत देश में स्त्रियों के एक खास वर्ग की सामाजिक दशा और सामाजिक न्याय का काला सच दिखाती हुई यह कहानी जहां हम यह कहते नहीं थकते " बेटी बचाओ, बेटी पढ़ाओ" आपको सोचने पर मजबूर कर देगी की हमारे देश का एक हिस्सा ऐसा भी है | दैनिक भास्कर की पत्रकार मृदुलिका झा का इंटरव्यू उन महिलाओं से जो आज भी इस धंधे का दंश झेल रही हैं |

छोटी-सी थी, जब पहली बार पापा ही मेरे लिए कस्टमर लेकर आए, कहा- यही रिवाज है, तब से रोज रेप झेल रही हूं | 'पंद्रह की थी, जब हाईवे पर खड़ी होकर कस्टमर बुलाने शुरू किए। आज सात साल बीते। कभी तबीयत ढीली हो और काम से मना करूं तो मां गुस्सा करती है। बाप मेरी फोटो दिखाकर ग्राहक बुला लाता है और मुझे घर के किनारे वाले कमरे में धकेल देता है। धंधा करना हमारी परंपरा है। पहले मां ने किया, अब मेरी बारी है।'

उदयपुर होते हुए जब हम नीमच पहुंचते हैं तो हाईवे पर इस 'परंपरा' के कई इशारे मिलते हैं। देश के किसी भी नेशनल हाईवे से अलग यहां सड़क किनारे ढेरों कच्चे पक्के मकान हैं | हर मकान के आगे खाट है | और हर खाट पर गुलदस्ते की तरह सजी धजी लड़कियां |

दोपहर की कड़ी धूप में भी इन्हें घर की छांव में सुस्ताने की मोहलत नहीं। जैसे ही हाईवे से कोई गाड़ी गुजरेगी, सब की सब मुस्तैद हो

जाएंगी। कोई वहीं बैठी हुई तीखे इशारे करती हैं, तो कोई उठकर गाड़ी तक चली आती है।

ये पश्चिमी मध्यप्रदेश का बांछड़ा समुदाय है, जो वेश्यावृत्ति को रीत कहता है। बेटियां सेक्स वर्क से कमाकर लाती हैं, तब घर का चूल्हा जलता है। वे शादी नहीं करतीं। हां, कस्टमर से बच्चे हों, खासकर बेटियां, तो मलाल नहीं करतीं, बल्कि खुशियां मनाती हैं और देह में उभार आते ही उसे भी हाईवे पर खड़ा कर देती हैं। परंपरा के नाम पर कच्ची उम्र की बच्चियों के बाजार में हम कई चेहरों से मिले। हरेक की कहानी गहरे बादल से भी स्याह।

नीमच के इस इलाके में सड़क किनारे बने ज्यादातर मकान कच्चे हैं। सबके सामने अमूमन एक खाट लगी होती है। इस पर बैठकर लड़कियां ग्राहकों का इंतजार करती हैं।

'पंद्रह या उससे भी कम की उम्र रही होगी, जब पहली बार ये काम किया। मां ने कहा कि इसमें कोई शर्म नहीं, यही होता आया है। तब से यही कर रही हूं। मां-बाप चाहते तो शादी कर देते, लेकिन की नहीं।' नीली खिड़की पर गहरे नीले रंग का दुपट्टा ओढ़े रजनी धीरे-धीरे बोल रही हैं। जिस कमरे में इंटरव्यू चल रहा है, उसके दरवाजे पर मां खड़ी हैं। बहुत बकझक के बाद भी जाने को राजी नहीं। रजनी जो कह सकेंगी, मुझे उतना ही सुनना है।

बेहद खूबसूरत इस लड़की के घर के सामने जब हमारी गाड़ी रुकी, वो मुझे देख नहीं सकी थी और साथ आए शख्स को इशारे से बुलाने लगी। पीछे से मुझे आता देखकर ऊपर उठे हाथ एकदम से नीचे गिर गए। थोड़ी मनुहार के बाद इंटरव्यू के लिए राजी होती है, साथ में पूछती है आप वीडियो वायरल तो नहीं कर दोगी ?रजनी साफ हिंदी बोलती हैं। घर की अकेली बेटी हैं और अकेली कमानेवाली भी। कहती हैं- अभी जैसे आपने देखा था न, मैं वैसे ही आनेजाने वालों को बुलाती हूँ | गाड़ी में औरतें दिख जाएँ तो रुक जाती हूँ |दिन से लेकर देर रात तक यही करना होता है। कस्टमर आते हैं। मोलभाव होता है। कभी बात बनती है, कभी नहीं भी बनती। कोई साफ-सुथरा आता है, कोई नशे में चूर गंदी डिमांड करता भी आता है। हम किसी को मना नहीं करते।

ये काम छोड़कर कुछ और क्यों नहीं करतीं? वो कहती है – कोई लड़की शौक से ये सब नहीं करती |माँ से काम नहीं होता ,माँ बाप ने इसमे डाल दिया | अब वो बूढ़े हैं | मैं न पढ़ी लिखी हूँ न कोई खेत खलिहान है | ये नहीं करूं तो क्या करूं ?

रजनी बदला हुआ नाम है | इस पेशे में काम करते हुए 7 साल हो गए | वो काम छोड़ना चाहती है लेकिन समुदाय इसकी छूट नहीं देता |दुपट्टे को ऊंगलियों से मोड़ती-ऐंठती रजनी मानो खुद से बोल रही हों, ऐसे कहती हैं मां से कई बार मना भी किया। वो नहीं मानती। पापा गुस्सा करते हैं। कहते हैं कि मुझमें में कौनसी अलग बात है, जो रिवाज तोड़ने की बात करती हूं। फिर वो खुद जाकर ग्राहक बुला लाते हैं। चाहे मैं सो रही होती हूं, या बीमार रहूं, कोई फर्क नहीं पड़ता।सजने की शौकीन रजनी के हाथों पर टैट्टू खुदा हुआ है, लेकिन मेरी नजर उनके बीच दिखती खरोंचों पर है। वे हंसते हुए कहती है एक बार हाथ पर कट मार दिया था गुस्से में , लेकिन कुछ हुआ नहीं | खून रुकते ही काम करना पड़ा |

बेटी हुई तो क्या आप भी उसे इसमें लाएंगी? वे तेजी से सिर हिलाती हुई कहती हैं- नहीं, कभी नहीं! मुझसे जबर्दस्ती हुई, लेकिन अपनी बेटी के साथ ये नहीं होने दूंगी। उसे इस गंदी लाइन में कभी नहीं लाऊंगी। अपने जीते-जी तो नहीं। सुनते हुए मैं सोच रही हूं, शायद रजनी की मां ने भी यही सोचा हो, लेकिन अब वही बाज-सी दरवाजे पर खड़ी है कि बेटी की जुबान फिसले और वो झपट्टा मार दे।

कमरे से निकलते हैं तो दालान में हाथ से पीसने वाली चक्की नजर आती है। मैं पास जाती हूं तो हंसकर वे कहती है देख लो मैडम जैसे इसमें डाल पिसती है वैसे हम लड़कियां भी पिसती हैं | उसकी हंसी नश्तर बनकर भेदती है | हम तेजी से निकाल जाते हैं |

हमारा अगला पड़ाव था जेतपुरा गांव। गाड़ी हाईवे पर ही रोककर, हम पैदल थोड़ा भीतर की ओर जाते हैं। जिस घर के सामने रुके, वो मिट्टी और टिन से बना हुआ था। छोटी-बड़ी उम्र के कई बच्चे दिख रहे थे, साथ में थीं एक अम्मा। अपनी बेटी के लिए पूछने पर वे कहती है सुमन तो तालाब गई है , तीन घंटे बाद आएगी | तभी भीतर का दरवाजा खुला और उनकी बेटी बाहर आई उसके साथ एक शख्स तेजी से बाहर आता है और

चला जाता है | अम्मा खिसिआई हुई कहती है आर तू घर में थी मैं देख नहीं सकी !

पीली सलवार-कमीज पहने सुमन खुद को 21 का बताती हैं, लेकिन अपनी उम्र से काफी बड़ी लगती हैं। उनका असल नाम काफी प्यारा-सा है, तारीफ पर खिल उठती हैं और मतलब बताने लगती हैं। इंटरव्यू की कहने पर मुझे उसी अंदर के कमरे में ले जाती हैं, जहां से कुछ मिनट पहले वो निकली थीं।

नीमच के जेतपुरा गांव की सुमन (बदला हुआ नाम) लंबे समय से सेक्स वर्क का काम कर रही हैं, लेकिन साफ-साफ इसे स्वीकार नहीं करती हैं। उनकी शादी भी एक ग्राहक से ही हुई है, जो ट्रक चलाने का काम करता है।इस कमरे को साथ वाले रूम से जोड़ने के लिए खिड़की है। एक और खिड़की घर के पिछवाड़े पर खुलती है। दोनों ही इतनी चौड़ी कि अच्छी डीलडौल वाला आदमी भी आराम से आ-जा सके। पुलिस का छापा पड़ने पर इसी खिड़की से ग्राहक निकल भागते हैं। ये सारी बातें बांछड़ा समुदाय के ही एक युवक ने बाद में मुझे बताईं।

कस्टमर को निबटाकर आई सुमन लगभग हर सवाल का जवाब गोलमोल तरीके से देती हैं।

वे कहती है हाईवे पर आते जाते उनसे मुलाकात हुई | मेरे पति ट्रक ड्राइवर हैं | यही काम करते करते वे मेरे पास रुकने लगे | फिर एक रोज शादी के लिए पूछा | मैंने हाँ कर दी | अब हमारे पांच बच्चे हैं। मेरी मां भी साथ रहती है। पति ही हमारा सारा खर्चा उठाते हैं। राशन-पानी लाकर रख देते हैं। मैं उस धंधे से निकल चुकी।बिल्कुल ही छोड़ दिया? मैं कुरेदती हूं।वे बोलती हैं- ट्रक लेकर जाते हैं तो 10-12 दिन बाद लौटते हैं। कभी कोई कमी पड़ जाती है, कोई जरूरत आ जाती है, तब 'गलती' से हो जाता है। वैसे यहां सब 'फैमिली टाइप' लोग ही हैं।

इसी बीच दूसरा कस्टमर आ जाता है और घर-घर करते पंखे के बीच पसीने में नहाई सुमन को छोड़कर मैं बाहर निकल आती हूं, जहां उनकी मां पांच बच्चों को संभाल रही हैं। इतनी देर में वे समझ चुकीं कि मैं मीडिया से हूं। बांछड़ाओं की परंपरा का जिक्र छेड़ने पर तपाक से कहती है मेरे तो कोई बेटी नहीं है | होती तो क्या हम कच्चे मकान में रहते ,

हमारा भी पक्का घर होता कूलर ए सी होता | वैसे भी हमारा मकान सड़क से इतनी दूर है। कौन सड़क पार करके इतनी दूर आएगा | मैंने सुना है, आपके समुदाय में लड़कों की शादी नहीं हो पाती। क्यों?

शादी कैसे हो! लड़के वालों को लड़की के घरवालों को 10 से 12 लाख रुपए देने होते हैं। इतने पैसे कहां से आएंगे, जब हमारे पास घर-बार ही नहीं। पैसा नहीं है तो कितने लड़के बिना शादी बूढ़े हो रहे हैं।इन मासूम बच्चियों को शायद नहीं पता कि कल को इन्हें दलदल में धकेला जाना है। इन्हीं को अपने पिता और घर परिवार की जिम्मेदारी उठानी हैं। वो भी अपनी अस्मत और अपना शरीर बेचकर।

पैसे क्यों देने होते हैं?

लाडी (बेटी) लेकर आते हैं तो कुछ न कुछ तो चुकाना होगा अम्मा का तर्क है।

जो वो नहीं कह सकीं, उसका जवाब मुझे इसी समुदाय के एक युवक आकाश चौहान से मिलता है | वे बताते हैं बाछड़ा कम्युनिटी में लड़की ही कमाती है |फिर चाहे वो सालोंसाल सेक्स वर्क करके कमाए, या फिर शादी करके एक साथ 10-15 लाख रुपए ला दे। इसके बाद माँ बाप का वश उस पर नहीं चलता। हां, पति चाहे तो उसे हाईवे पर खड़ा कर सकता है।

बीते कई सालों से देह व्यापार बंद कराने की मुहिम छेड़े हुए आकाश प्याज की तरह बेरहमी से अपने ही समुदाय की परतें उघेड़ते हैं। वे बताते हैं- मैंने अपने सामने सब कुछ होता देखा। किसी को एड्स से मरते। किसी को बुढ़ापे में छाई गरीबी से मरते। छोटी-छोटी बच्चियों को पूरी उमर की औरतों जैसे अपने ही जिस्म का सौदा करते।

नीमच-मंदसौर से लेकर रतलाम तक हाईवे किनारे 68 गांव हैं, जहां हमारी बस्ती है। वहां 2 हजार से भी ज्यादा नाबालिग लड़कियां सेक्स वर्क में एक्टिव हैं। ये डेटा कहां से मिला? इस पर आकाश कहते हैं, मैंने खुद याचिका दायर कर-करके सब इकट्ठा किया। वकील जुटाने में मुश्किल होती थी तो खुद ही लॉ कर लिया।आकाश चौहान बाछड़ा समुदाय से हैं। इस तथाकथित परंपरा के खिलाफ काम करने के दौरान कई बार उन पर हमले हुए।

पिता बाहर बैठा रहता है और बेटी अंदर कस्टमर के साथ होती है। रात 12 बजे कोई गाड़ी हॉर्न दे तो मां-बाप सोती हुई बच्ची को जगा देते हैं। एक ही मकान में, एक ही छत के नीचे ये सब हो रहा होता है। कई बार घरवाले ही अपनी बच्ची का रेप करवाते हैं ताकि ना नुकुर न करे और उसकी आदत हो जाए |रौ में बताते हुए आकाश कहते हैं शुक्र है कि मेरी बहन नहीं है वरना शायद मुझे भी बैठकर खाने की बीमारी लग जाती। फिर कुछ सौ रुपयों के लिए मैं भी उसके लिए क्लाइंट लाता, और कमरे के बाहर बैठकर काम पूरा होने का इंतजार करता।

लेखक की रचनाएं

1. BORDERMAN
2. सीमा प्रहरी
3. आवारा
4. कमीने दोस्त
5. संगिनी
6. काबिल
7. मुक्तिदाता
8. माया
9. चरित्रहीन
10. चक्रव्यूह
11. परिवार
12. प्रेम विवाह
13. वफ़ादार दोस्त
14. जीवन-संघर्ष
15. नारी-शक्ति
16. नारी-महिमा
17. रॉकेट लक्ष्मी
18. अग्निपथ
19. अपराधचक्र

लेखक से पत्र व्यवहार का पता : rps1959@gmail.com , मोबाईल नंबर 7000153809

ये सभी उपन्यास Notionpress.com, Amazon.in and Flipcart पर उपलब्ध हैं |

www.ingramcontent.com/pod-product-compliance
Lightning Source LLC
Chambersburg PA
CBHW031540150726
47990CB00001B/239